토지정책,
무엇이 올바른 길인가

반영운 외 한국토지정책학회 회원

충북대학교 출판부

추 천 사

전 법무부장관
추 미 애

한국토지정책학회가 편찬한 '토지정책, 무엇이 올바른 길인가?'라는 책의 출판을 축하드립니다. 해방 후 농지개혁의 효과는 걸음마 단계였던 우리나라 제조업에 든든한 내수시장을 제공해 현재 대기업들의 성장을 이끌었고, 한국전쟁 당시 '자기 땅'에 기반한 소농들의 저항은 북한의 이념적 공세를 막아내는 물적 토대가 되었습니다. 더욱 극적인 것은 농지개혁을 주도한 두 주역, 이승만 대통령과 조봉암 농림부장관의 콜라보였습니다. 이른바 보수와 진보의 합작품으로 최초의 농지개혁이 이뤄졌다는 점은 토지문제를 진영 간 문제로 치환하고 있는 작금의 시대에 많은 시사점을 주고 있습니다. 그러나 농지개혁으로 '평등한 소농의 나라'로 변신했던 우리나라가 눈부신 경제성장과 민주화로 역동성을 자랑하던 시절도 있었지만 어느새인가 양극화와 불평등, 그리고 저성장에 시달리는 무기력한 사회로 바뀌고 말았습니다. 이러한 문제의 원인은 바로 토지문제, 부동산 문제입니다. 즉, 농지개혁으로 잠시 성립했던 평등지권(平等地權)의 사회가 유지되지 못하고, 소수의 개인과 대기업이 토지와 부동산을 집중·독점한 채 거기서 나오는 막대한 불로소득을 챙기는 '부동산 공화국'으로 전락했기 때문입니다.

1960년대 말 이후, 한국 정부는 지가폭등에 대해 아무런 대비

책도 마련하지 않은 채로 전국 곳곳에서 대대적인 개발사업을 벌였습니다. 그 결과 개발지역 부근에서는 지가가 폭등했고 개발 정보에 접근하기 쉬운 권력자와 주변 인물들은 이를 이용해 막대한 불로소득을 챙겼습니다. 대다수 국민이 땀 흘려 돈을 벌고 열심히 저축해서 재산을 불리던 '땀이 존중받던 사회'는 서서히 투기로 '대박'을 노리는 '지대추구 사회'로 변질되어 갔습니다. 그 후로 대한민국에는 주기적으로 부동산 투기 열풍이 불어 닥쳤고 힘 있고 눈치 빠른 사람들은 돈이 돈을 벌고, 땅이 땅을 버는 '불로소득의 향연'을 벌였습니다. 그 결과는 OECD 최고 수준의 땅값입니다. 비싼 땅값은 중산층과 서민층에 심각한 해악을 끼칩니다. 땅과 집을 가진 사람들은 가만히 있어도 재산이 불어나는데 그 대열에 끼지 못한 사람들은 살아가기 어렵고, 공장을 경영하기도 어려우며, 장사하기도 어렵습니다. 작은 가게를 운영하는 자영업자들은 새벽부터 밤중까지, 주말에도 쉬지 못하고 일에 매달려도 비싼 임대료 내고 나면 별로 남는 게 없습니다. 공식통계가 충분히 발표되지 않아서 정확한 수치를 말하기가 어렵지만, 부동산으로부터 막대한 소득이 발생하고 있다는 사실만큼은 분명히 확인할 수 있습니다. 2018년 현재 부동산에서 발생한 소득(자본이득 + 임대소득)은 잠재 자본이득 기준으로 756조 원, 실현 자본이득 기준으로 448조 원이라는 추계가 나와 있습니다. 이는 각각 그해 GDP의 39.8%, 23.6%에 해당하는 거액입니다. 이 막대한 부동산 불로소득이 축적되는 구조에서는 경제의 활력과 창의와 도전의 기업가정신을 기대할 수 없을 것입니다. 부의 상속과 계층의 양극화는 더욱 가속화될 것입니다. 해방 후 농지개혁으로 새로운 사회의 토대를 마련했는데 수십 년이 지나는 사이에 또다시 새로운 특권계층인 신흥 지주계급이 형성된 것입니다. 2019년 개인 토지 100분위 분포 통계를 활용해 지니계수를 계산한 결과, 0.813이라는 매우 높은 수치가 나왔습니다. 한국의 토지분배 지니계수가 0.8을 넘었다는 것은 토지 소유가 이미 극도로 불평등한 상태임을 뜻합니다. 계층별로 보더라도 2019년에 개인 토지의 경우 상위 10%가 67.7%를, 법인 토지의 경우 상위 1%가 73.3%를 차지하여 소수로의 토지집중이 심각함을 보여줍니다. 최근 투기의 주요 대상이 된 주택의 경우에도 불평등이 더욱 심해지고 있음을 확인할 수 있습니다. 2007년~2018년 사이에 다주택 보유자 상위 1%가 보유한 주택 수는 1인당 평균 3.2채에서 평균 7채로 증가했습니다. 상위 10%와 하위 10% 배율은 2018년 37.6배에서 2019년 40.9배로 늘었습니다.

농지개혁 이후 수십 년이 지나는 사이에 땅과 부동산이 사람보다 높아져 버렸습니다. 평등지권 사회가 부동산 만능 공화국으로 전락한 것입니다. 이대로 계속 갈 수는 없습니다. 불로소득 경제 시스템이 고착화된다면 경제활력은 떨어지고 사회적 갈등은 심해질 것입니다. 고질적인 저성장과 경제 쇠퇴로 부동산이 국민경제를 좌우하는 시대가 될 것입니다. 장기적으로는 국가와 민족이 중대한 위기에 봉착할 수도 있습니다. 따라서 토지 부동산 불로소득을 소수가 독점하여 생기는 불공평한 시스템을 바로잡기 위해서는 지대개혁이 필요합니다. 즉, 부동산 불로소득에 대한 과세의 정상화, 합리적인 공정과세가 필요합니다. 이를 통해 마련된 재원으로 사회배당, 공공복지, 공공임대주택, 청년 일자리에 사용해 양극화와 불평등을 완화하고 새로운 도약과 희망의 사다리를 만들 수 있습니다. 또한, 교육, 보육, 저출산, 초고령 사회 문제를 해결하는 재원으로 활용할 수 있습니다.

지대개혁을 위한 정책 대안은 다음과 같습니다. 먼저, 부동산

정책을 단순히 가격을 안정시키는 목적으로만 시행해서는 안 됩니다. 문제의 근본 원인인 불로소득 경제 시스템을 혁파하지 않고서는 주기적으로 발생하는 부동산값 폭등 문제를 해결할 수 없습니다. 그래서 헌법에서 언급하고 있는 '시장친화적 토지공개념'을 통해 시장원리에 맞는 정책 수단을 구상해야 합니다. 둘째, 비싼 땅값, 주기적 투기 열풍, 부동산 소유의 불평등 같은 경제 현상은 근본적으로 '부동산 불로소득' 때문에 발생합니다. 따라서 부동산 불로소득을 차단·환수할 수 있는 '부동산보유세'를 토지 중심으로 강화할 필요가 있습니다. 2018년 현재 '보유세액/부동산가액'을 뜻하는 실효세율은 0.16%에 불과했습니다. 미국에 비교하면 약 1/6 내지 1/7에 불과한 수준입니다. 부동산 보유세를 강화해 부동산 투기를 근절하도록 정책을 추진해야 합니다. 셋째, 지대개혁의 핵심인 불로소득에 대한 합리적 공정과세를 실현해야 합니다. 합리적 공정과세란 비정상적으로 낮은 세율을 정상화시키는 과세의 정상화로 대다수 서민과 중산층의 삶을 보다 윤택하게 만들고 사회 공동체의 일원으로서 자긍심과 품격을 갖게 합니다. 장기적으로 종합부동산세를 국토보유세로 전환할 필요가 있습니다. 모든 토지소유자에게 부과하고 그 세수 순 증가분을 모든 국민에게 사회적 배당금으로 똑같이 배분해야 합니다. 대한민국의 주권자로서 국토에 대해 평등한 권리를 가진 모든 국민에게 그 권리에 맞춰 배당금을 지급해야 합니다. 이를 통해 보편적 복지의 토대를 이룰 수 있습니다. 한국 사회 최대의 질곡인 부동산 불평등 문제를 해결할 수 있는 지대개혁을 통해 강고하게 뿌리내린 특권 체제와 불로소득 경제 시스템도 바꾸어야 합니다. 필요 없는 땅을 사놓고 불로소득을 추구하며 안주하던 기업들도 활발하게 생산적 투자에 나설 것이고, 자연스럽게 일자리도 늘어날 것입니다. 일자리가 생기고, 집값이 안정되며, '요람에서 대학까지' 국가가 책임질 것이므로, 청년들은 안심하고 결혼해서 자녀를 낳게 될 것입니다. 사람이 땅보다 높은 세상은 이룰 수 없는 꿈이 아닙니다. 정치를 바꾸고 사회 대개혁을 추진하면 이런 세상은 성큼 우리 앞에 다가올 것입니다. 지대개혁으로 사람이 땅보다 높은 세상을 만들 수 있습니다.

한국 토지정책학회가 펴낸 이 책이 바로 지대개혁에 대한 기본적인 철학과 이를 이룰 수 있는 구체적인 정책 방안을 담고 있어 적극적으로 추천합니다. 이 책은 토지문제의 본질과 함께 올바른 토지정책을 다루고 있습니다. 특히, 그동안 토지 및 부동산정책 분야에서 전문가로 일하고 있는 저자들이 토지의 공공성에 근거한 국토보유세, 주택정책, 부동산정책, 금융개혁, 통일시대의 토지정책 등에 대해 제안하고 있습니다. 학생, 일반 시민, 정치인, 공무원, 토지 및 부동산 전문가들까지 이 책을 통해 작금의 토지 및 부동산 문제를 근본적으로 해결할 수 있는 지식과 방법을 배울 수 있습니다. 감사합니다.

서 문

한국토지정책학회 회장
(충북대학교 도시공학과 교수)
반 영 운

토지는 인간이 만들어 낸 것이 아니라 자연적으로 생겨서 인간에게 주어진 것이다. 그런데 인간의 모든 행위는 토지 위에서 행해진다. 이러한 행위의 결과로 결정되는 토지의 가치는 토지 소유자의 노력보다는 공동체 구성원의 노력에 의해 생겨난다. 따라서, 토지 가치는 토지의 소유 여부가 아닌 토지 가치를 창출한 주체인 공동체 구성원 여부에 따라 결정되는 것이 논리적으로 타당하다. 그러나 현재 우리나라 토지정책은 토지 가치의 공유가 아닌 토지 소유를 근간으로 시행되고 있다. 우리나라의 토지 가치의 대부분은 공동체 구성원에게 배분되는 것이 아니라 토지의 대부분을 소유하고 있는 소수의 부유층에게 독점되고 있다. 이렇게 토지의 가치가 불균등하게 분배됨으로써 우리 사회 내에 부의 불평등이 심각하게 나타나고 있다. 이는 소득 계층 간의 문제이기도 하지만 세대 간의 문제이기도 하다. 이러한 불평등 문제는 단지 경제적인 부문만이 아니라 사회, 환경적인 부문까지 영향을 미치게 되어 정의롭지 못한 사회가 되게 한다. 따라서 우리나라의 경제, 사회, 환경적인 불평등 문제를 해결하기 위해서는 토지 가치의 공유를 기초로 하는 토지정책이 올바르게 수립되고 시행되어야 한다.

이 책의 주요 내용은 다음과 같다. 첫 번째, 토지문제의 본질에 대해 다룬다. 우리나라의 전통적인 토지관으로 본 토지 소유와 사용의 개념을 살펴본다. 이후 조선말, 해방 직후에 벌어진 토지문제를 깊이 있게 고찰한 후 현대 부동산 문제에 대해 깊이 다룬다. 토지문제와 함께 부동산 양극화 문제, 주거문제 등을 심도 있게 살펴본다.

두 번째, 이러한 토지문제를 해결하기 위한 바람직한 토지정책에 대해 다룬다. 토지불로소득의 환수를 통한 토지 공공성 회복, 종부세 강화, 주택투기 근절, 토지보유세 강화 등 토지의 공공성을 확보하기 위해 필요한 토지정책을 다룬다.

세 번째, 국토보유세를 구체적으로 다루면서 기본소득 재원으로의 활용가능성을 타진한다. 또한 토지보유세의 과세기준을 지가가 아닌 '공시지대'로 정하도록 제안한다.

네 번째, 토지의 공공성을 실현하기 위한 대안 중의 하나로 토지임대 정책에 대해 구체적으로 살펴본다. 토지임대주택의 본질에 대해 살펴본 후, 맨해튼과 싱가포르의 토지임대정책 사례를 통한 해법을 알아본다. 또한 토지임대의 원리를 산업단지, 환경정의 등에도 적용한다.

다섯 번째, 현장의 부동산 문제를 해결하기 위한 토지공공성 확보 전략을 살펴본다. 먼저 난지도에 관한 부동산 해법, 대한항공 송현동 부지 해법, 대장동 도시개발사업의 현황과 해법, 농지제도의 해법, 3기 신도시 토지 공공성 확보 전략 등을 구체적으로 알아본다.

여섯 번째, 부동산정책의 성공 여부를 가르는 금융정책에 대한 살펴본다. 특히 금융개혁을 통한 부동산정책 실효성 확보 전략에 대해 알아본다. 또한, 토지정책을 효율적으로 실행하기 위한 금융정책의 일환으로 '한국토지은행' 설립을 제안한다.

마지막으로, 통일시대에 펼쳐질 토지정책을 다룬다. 통일시대의 공정하고 지속가능한 경제체제 확립과 해방 후 북한 토지제도 변화를 통해 본 향후 토지정책 방향에 대해 심도 있게 다룬다.

이 책은 토지문제의 본질, 올바른 토지정책을 다룬다. 특히, 토지의 공공성에 근거한 국토보유세, 주택정책, 부동산정책과 금융개혁, 통일시대의 토지정책 등에 대한 정보를 제공한다. 도시공학 및 관련

학문을 공부하는 학생이나 토지정책에 관심 있는 일반인들이 균형 잡힌 정보를 접하고 이성적인 판단을 할 수 있게 도움을 줄 수 있다. 이 책은 그동안 한국에서 토지정책 관련 연구와 실무를 해오고 있는 한국토지정책학회 회원들의 글을 모아 편집한 것이다.

이 책의 출판을 위해 애써 주신 김성훈 홍익대 도시공학과 초빙교수, 김윤상 경북대학교 행정학부 명예교수, 남기업 토지+자유연구소 소장, 배문호 토지주택대학교 겸임교수, 이원영 수원대학교 도시부동산학과 교수, 이태경 토지 + 자유연구소 부소장, 임재만 세종대학교 부동산학과 교수, 장상환 경상대학교 경제학과 명예교수, 정세은 충남대학교 경제학과 교수, 조성찬 하나누리 동북아연구원 원장, 조정흔 하나로감정평가사사무소 감정평가사, 최배근 건국대학교 경제학과 교수 등 저자 여러분께 감사를 드린다. 그리고 이 책의 편집을 위해 수고해주신 충북대학교 출판부 윤소담 선생님과 초기 편집을 맡아 주신 충북대학교 지속가능한 도시계획연구실 유영은 연구원 및 연구실 구성원들에게도 감사를 드린다.

목 차

제1부

토지문제, 무엇이 본질인가

제1부 토지문제, 무엇이 본질인가

1-1. 우리의 전통적인 토지관으로 본 소유와 사용의 개념

이원영(2021년 6월)

예로부터 벼농사는 홍수와 가뭄이 좌우한다. 농사 잘 지으려면 물 관리를 잘 해야 하는데 개인보다 공동으로 하는 게 낫다. 혼자서 할 수 있는 밀농사나 목축과 다르다. 아시아문명권의 정착농경은 이러한 공동체적 노력의 과정이다. 예로부터 벼농사는 물관리 농업토목을 포함해서 조직적인 공동노동에 의해서만 농사가 지속될 수 있었다.

농지이자 토지는 공동의 노동에 의해서 가치가 성립되는 존재라는 것. 이런 공동체의 크기가 커지면서 관개수로와 같은 대규모 공사 조직을 지휘하는 왕의 권력이 성립되고, 왕토사상도 확립되었다. 왕토사상은 왕 개인의 사유지란 뜻이 아니라, 백성이 권력을 위임한 왕권으로 상징되는 국가의 땅이라는 생각이다. 곧 모두의 토지라는 말이다. 공자가 평생을 옆에 끼고 읊조리던 시경(詩經)에는 동아시아 문명권의 토지관을 한마디로 설명하는 구절이 들어 있다.

> "하늘 아래 왕의 땅 아닌 데가 없고, 땅 끝까지 왕의 신하 아닌 사람은 없네."

이 왕토사상은 동아시아 문명권의 보편적인 개념으로 내려왔다. 왕토사상이 현실의 공간에서 작동한 것이 바로 수조권(收租權)이다.

토지로부터 나오는 수확량 가운데 일정량을 국가에서 토지사용료의 개념으로 거두는 것이다. 수조(收租)는 오늘날 용어로는 지대(地代)를 걷는 것을 말한다. 정확하게는 공공지대(公共地代)다.

수조권과 대토지 소유한 특권계층의 등장

세금이라고도 할 수 있겠지만 세금과는 다르다. 토지의 사용으로 인한 수확량이 발생했을 때 징수하는 것이므로, 일반세금과는 달리 사용료의 개념이다. 경작하지 않은 빈 땅에 대해서는 수조권이 발동되지 않았고 세금도 거두지 않았다. 토지사용시장이 예전부터 자연스럽게 형성되어 내려왔던 것이다. 수조 즉 사용료를 납부하면서도 점유권(경작권)은 인정하고 세습도 가능해주었기 때문에 땅문서가 존재했지만, 국가가 징수하는 수조의 권리는 엄연히 존재하면서 내려왔다.

한편, 고대에서부터도 세상이 점차 복잡해지면서 사적 소유개념도 등장한다. 농사공동체의 개념이 옅어지고 새로운 권력자 혹은 중간권력자(귀족)가 득세하는 세상이 되면 토지는 사용적 존재에서 소유적 존재로도 다변화하게 된다. 일부이지만 왕으로부터 대토지를 하사받아 소유한 지주계층이 등장한다. 귀족과 사원 등의 특권세력이다. 이들은 국가에 대한 부담을 지지 않고 토지 생산물을 독점하여 소유하면서 소유권을 정착시킨다.

일반백성에게도 이러한 소유적 개념이 받아들여져서 양도나 매매도 가능해졌다. 다만 이런 경우에도 수조권은 유효하였다. 그러나 대토지를 소유한 특권 세력이 득세하면 국가의 재정이 빈약해지고 백성의 부담은 과중해진다. 민심이 이반되고 왕조가 흔들린다. 왕조교체기의 배경에는 예외 없이 토지제도의 문란이 있었던 것이다. 한나라 때 동중서(董仲舒)라는 이는 “백성들이 토지를 매매할 수 있게 되자 부자의 밭은 천백리를 이어지나 가난한 자는 송곳으로 찌를 땅도 없다"고 했다.

대토지 소유의 폐해가 심해지면 민란이 나거나 왕조가 몰락했다. 우리도 신라말 고려초 때 그랬고, 고려말 조선초 때 그랬고, 구한말과 일제강점의 격변기가 그랬다. 언제나 왕조 말기가 되면 귀족이나 기득권층들이 토지를 독과점하면서 백성의 삶이 피폐해진다. 민심이 사나워지면서 왕조교체의 에너지가 형성되는 것. 역사는 반복된다.

이상의 왕토사상과 수조권이 말해주는 것은 토지가 소유물로 다루어지기보다 농산물을 생산하는 '사용' 중심의 존재였다는 것이다. 모든 구성원들이 함께 노력하여 치수를 하고, 관개를 하는 노력이 들어가므로 생산수단으로서의 토지는 개별적 존재 이전에 공동체적 존재였다고 할 만하다. 동아시아 문명권의 왕토사상의 배경에는 농업의 특징이 함께 하고 있다.

토지사용개념의 실종

지난 시절을 돌아보면 현대적 토지문제의 시발점은 일제강점기다. 어디까지나 국토의 일부에 국한되었던 소유권의 개념을 전국토에 확장해서 적용하기 시작했기 때문이다. 지주적 입장의 개혁이다. 토지소유제와 소작제를 고착화시킨 것이다. 토지를 생산에 사용하든 안하든 사적 소유의 재산이라는 개념으로 재산세가 징수된다. 생산에 의해 징수되는 토지사용료인 수조권의 개념이 어느새 실종된 것이다.

남북분단도 토지문제의 이데올로기가 원인이다. 분단 후, 서로 이기려고 토지개혁을 경쟁적으로 했다. 남북 모두 토지의 개혁이 있었고 이를 통해 부의 평등을 이루는 기회를 가졌다. 북한은 그 이후 사정이 간단하지 않지만, 남한은 이제 그 효과가 한계에 달했다. 땅을 싸게 나눠주는 것만으로는 불평등이 되살아나는 것을 막을 수 없다. 불평등이 완화되면 세월이 흘러 다시 집중이 심화되는 일이 되풀이됐다.

왕토사상이 지배했던 왕조시대에도 토지에 대한 기본정신은 경자유전(耕者有田) 그리고 농자득전(農者得田)이었다. 땅은 필요한 사람이 쓰도록 하자는 것. 하지만 현재도 문제다. 과거 농지의 식량생산기능에서 이젠 고밀사회의 주거문제로 불이 붙었다.

1-2. 조선말에서 해방직후까지 토지를 둘러싼 큰 사건들

조성찬(2018년)

조선, 특권에 지다

1894년 동학농민전쟁이 일어난 당시 조선을 방문한 오스트리아 여행가 헤세 바르텍(Ernst von Hesse-Wartegg)은 그가 쓴 책 『조선, 1894년 여름』을 통해 당시 조선의 관리를 통렬하게 비판한다. 그의 책에 이런 장면이 나온다. 일본의 군대가 무기 소리를 내며 수도를 향해 행군하고 있다. 이 때 조선의 농부들은 오래된 숙적을 신경 쓰지 않고 평화롭게 일한다. 그 이유를 여행가는 이렇게 서술한다.

> "하긴 왜 그런 걱정을 하겠는가? 일본 천황의 군대가 이들에게 조선 정부보다 더 심각한 위해를 끼칠 수 있을까? 조선 정부는 마지막 푼돈까지 쥐어짜고, 쌀과 곡물을 마지막 한 톨까지 빼앗아가지 않았는가?"(75쪽).

정부의 부패가 이렇다보니 백성들이 자기 영토를 지킬 생각을 하지 않는다. 노동도 기피한다. 만일 그들이 필요한 생계비보다 더 많이 번다면 관리들에게 빼앗길 것을 알기 때문이다. 그래서 바르텍은 관리들이 조선의 몰락과 이곳에 만연한 비참함의 가장 주요한 원인이라고 보았다. 관리들의 탐욕이 백성들의 이윤 획득 및 소유에 대한 모든 욕구와 노동 의지 그리고 모든 산업을 질식시켰다고 강하게 비판했다(87~88쪽).

같은 해에 방문한 영국의 여행가 이사벨라 버드 비숍(Isabella Bird Bishop)이 쓴 『조선과 그 이웃나라들』 역시 관점이 비슷하다. 이 책에 따르면, 관리들의 수탈이 아주 견딜 수 없게 되고, 생존할 수 있는 최소한의 수입마저도 빼앗겼을 때 조선 농민들이 마지막으로 선택한 것이 폭력이었다.

그녀는 농학농민전쟁이 발발한 이유를 설명한 것이다. 조선 말 토지문제의 심각성을 상징적으로 보여주는 동학농민전쟁은 사실 관리 부패와 동전의 양면이었다.

농학농민군을 진압하기 위해 당시 무력했던 조정이 청나라를 불러들이고 이를 이유로 일본 역시 한반도에 들어오면서 결과적으로 일본의 식민지 지배를 위한 발판이 마련되었다. 조선말 정부가 강력하게 부패를 시정하고 농민들의 요구를 들어주었다면 역사는 어떻게 재편되었을까?

비현실적인 가정이지만, 일본이 한반도에 들어올 근거가 없었을 것이며, 설령 들어왔다 하더라도 농민들이 자기 땅을 지키기 위해 목숨 걸고 싸웠을 것이다. 이 지점이 필자가 남북 분단의 원인을 외부의 이데올로기적인 국제정치 맥락에서 찾는 시각에 큰 불편함을 느끼는 이유다.

일제에 나라를 빼앗긴 이유는 조선 말 조정의 부패와 무능, 그리고 특권층의 토지독점에 따른 농민 수탈이었다. 해방 후 나라가 분단된 이유는 구조적으로 미국과 러시아를 중심으로 하는 자본주의와 공산주의 이데올로기 대립의 결과로 볼 수 있지만, 내부적으로 일제가 제도화한 지주소작제로 인해 사회갈등이 최고조였다는 점이 중요하게 작용했다.

해방 후 북의 토지공유제 실시 및 법제화

1910년 일제 강점 이후, 관리의 부패 문제 및 토지독점 문제는 새로운 방식으로 전개된다. 식민지 지배를 구축하기 위해 일본은 동양척식주식회사를 중심으로 토지조사사업을 실시하고, 근대법에 기초하여 지주소작제를 제도화하였다. 그로 인해 농민들은 식민지 국가에서 지주에 수탈당하는 이중의 고통을 겪어야 했다. 일제 강점기 시대 조선의 농지 중 86%가 지주 소유였으며 농민의 60% 정도가 소작농이었다고 한다.

1945년 8월 15일 해방이 되자 3.8선 북측은 일제강점기 지주소작제의 폐단을 극복하기 위해 1946년 3월 '토지개혁에 관한 법령'을 공표하고 3월 8일부터 3월 31일 사이에 20여일 만에 토지개혁을 실시해 버렸다. 북측의 조선 노동당은 신속하게 권력 기반을 다치기 위해서라도 농민의 숙원인 토지를 무상몰수 무상분배 방식으로 해결한 것이다. 그리고 각종 토지문서를 소각해 버렸다.

반면 3.8선 이남의 이승만 정부에서는 법제정이 지지부진해지면서 농지개혁을 바라던 소작인들의 분노가 끓어올랐다. 이러한 사회 분위기가 남측에서 남조선 노동당 등 좌파가 강력하게 활동하게 된 요인이 되었다. 그리고 공산주의자 세력의 확대를 두려워한 미군정과 이승만 정권은 가혹하게 이들을 탄압하면서 한편으로는 조봉암 농림부장관을 중심으로 농지개혁을 준비했다.

그나마 1950년 3월에 '농지개혁법'이 공포되고 1950년 6.25 전쟁 발발 직전에 유상몰수 유상분배 방식으로 농지개혁이 진행되었다.

1-3. 이명박부터 박근혜를 지나 문재인까지…부동산 정책의 진짜 맥락

– 침체기에도, 호황기에도 정부 눈길은 '오직 주택 공급뿐'

조정흔(2020년 8월)

미래통합당 윤희숙 국회의원의 '저는 임차인입니다'라는 연설이 화제였다. "집주인들이 전세를 월세로 바꾸거나 집을 비워둘 것이므로, 임대인이 집을 세놓는 것을 두려워하게 만들어서는 안 된다"는 게 해당 연설의 핵심 주장이다. 이는 집값 하락으로 인하여 나타났던 현상을 임차인의 피해(월세 전환)로 비틀어서 결국 임대인을 보호(집값을 떠받쳐야한다)해야 한다는 식의 이상한 논리로 비약하는 억지 주장이다.

6년 전 3억 전셋집의 전세금은 4억 5천이 되었고, 당시 5~6억이던 주택 매매가격은 15억 원을 호가하고 있다. 다주택자들이 걱정 없이 편안하게 전세를 주고 그 전세금으로 또다시 주택을 구입하여 계속 가격을 올리고, 불안감을 이기지 못한 2030젊은이들의 영혼을 끌어 모은 추격 매수로 계속 가격이 올라가는 현상은 임대인과 임차인간의 심각한 자산 격차와 불균형을 초래하는데다 가계부채비율을 높여 국가 경제에 심각한 타격을 줄 것이 뻔히 예상되는 일인데, 임차인 보호를 위해 높을 대로 높아진 부동산 가격을 유지하거나 계속 올려야한다는 것인가.

"부동산 시장과 주택 공급 조속한 정상화, 민간부문을 중심으로 주택 건설 급속히 감소, 주택건설 인허가 실적이 외환위기 이후 최저수준으로 하락, 수급 불균형에 따른 주택가격 앙등 및 서민 주거안정 저해 우려."

위의 내용은 이명박 정부가 2009년 2월 주택공급 정상화를 위한 민간택지 분양가상한제 폐지를 추진하며 추진 배경으로 설명한 내용이다. 당시 보도 자료는 국내총생산(GDP)의 약 15%를 차지하는 건설업이 심각한 침체에 빠져 있다는 사실을 강조하며, 주택 건설을 확대할 대책을 내놓고 있다.

이명박, 박근혜 정부에서 부동산은 투자 대상이 아니었다. 미분양이 넘쳐났으며, 양도세와 취득세를 대폭 감면해주겠다고 해도 사겠다는 사람이 없었다. 집을 지어놔도 사는 사람이 없어서 미분양이 심각한 사회적 문제가 되었던 그 시기에, 놀랍게도 이명박 정부의 부동산 정책은 부동산 공급대책이었다.

사람들로 하여금 주택을 구입하게 하려면 해야 할 일의 첫 번째가 바로 가격이 계속 오른다는 믿음을 갖게 하는 투기 심리다. 이명박 정부는 정확히 이를 간파하고 미분양이 넘치는 시기에 부동산 공급 대책과 함께 분양가상한제, 분양원가 공개 폐지를 제일 먼저 추진한 것이다.

이명박 정부는 미분양 해소와 민간건설업계의 자금난 해소를 위하여 환매조건부 미분양주택 매입제도, 자산유동화, 리츠, 펀드 등을 통하여 다양한 미분양 주택 투자 상품을 지원하는 제도를 만들어주었고, 주택청약종합저축 가입에 파격적 금리를 제시하며 가입 요건을 완화하고 대상을 넓혀주었다. 미분양이 나더라도 어떻게든 대책을 세워 줄 테니 걱정 말고 지으라는 신호였다. 청약저축 가입을 유도해서 주택 수요로 흡수할 수 있는 대상을 넓혀 놓기도 했다.

박근혜 정부의 경우도 마찬가지다. 저금리와 함께 최경환의 '빚내서 집사라'는 정책으로도 쉽게 투기 심리가 타오르지 않자, 정부는 배고픈 민간 건설사들을 위하여 중산층을 대상으로 하는 기업형 민간임대주택 뉴스테이 정책을 내놓았다. 그린벨트 해제, 토지수용권 부여, 세제 및 기금 지원, 용적률 상향 등 민간 건설사에 대한 각종 특혜를 담고 있는 월세 임대주택정책이었다.

이명박, 박근혜 정부는 전월세가격 안정, 서민 주거 안정을 명분으로 하여 취등록세 감면, 양도세 면제 등의 혜택을 통하여 민간임대주택 공급 활성화, 다주택자의 미분양주택 구입을 유도하는 동시에 무주택자의 전세 자금 지원을 점점 확대하였다. 미분양 주택은 민간임대주택공급이라는 명분으로 다주택자에게 세제 혜택을 통하여 구입하도록 하고, 무주택자에게는 전세 자금을 지원함으로서 결국 서민주거안정을 위한 공공자금이 전세제도를 통하여 다주택자들의 주택 구입 자금으로 유입되어 부동산 가격을 올리는데 일조하게 되는 결과가 됐다.

주택 건설을 통하여 이익을 남기는 방법으로서 분양 방식은 수분양자로부터 모든 투입 비용 과 이익을 한 번에 회수하므로, 투기심리가 팽배한 주택가격 상승기에 유용한 마케팅 방법이다. 분양가상한제 등의 규제만 없다면 실체도 불분명한 '시세'라는 이름으로 분양가를 정하고, 부동산 시장 호황기에 투기심리와 불안심리를 조장하여 분양으로 큰 수익을 얻을 수 있다.

반면 박근혜 정부의 뉴스테이와 같은 임대 방식은 부동산 시장 침체기, 가격 하락 예상시기에 투기 수요가 가라앉았을 때, 장기에 걸쳐서 건설비용과 함께 수익을 회수하는 방식이다. 분양이 어려운 시기에 민간건설사의 수익구조를 염두에 두고 만들다보니, 상대적으로 기업형 임대주택 뉴스테이는 월세가 매우 높은 수준이었다.

국토부는 부동산 시장의 호황기는 호황기대로, 하락기는 하락기대로 상황에 따라 적절한 공급확대 명분을 만들고, 서민 주거

안정 목표를 내세워서 부동산 건설경기를 부양할 수 있는 실로 여러 가지 수단을 갖고 있는 것이다.

"최근 3년간 서울아파트 공급은 연4만호로 과거대비 증가, 향후 3년간 공급도 이보다 높은 4.6만호 전망, 다만 2023년 이후에도 안정적 주택공급이 이루어질 수 있도록 대응방안 마련 필요."

위의 내용은 2020년 8월 4일 문재인 정부에서 발표된 수도권 주택공급 확대방안이다. 부동산 공급 정책이 부동산 경기 하락기에도, 과열기에도 항상 부동산 대책으로 등장한다는 사실은 국토부가 갖고 있는 기본 철학과 방향성을 보여준다.

정부는 서민주거안정이라는 명분을 내세워 부동산 공급 대책을 발표하지만 실상은 건설사와 다주택자 혜택이 전부다. 부동산 경기 하락기에는 미분양 해소의 수단으로 민간임대사업 활성화를 위한 각종 세제, 금융 지원책을 마련하여 다주택자 주택구매를 독려하고, 부동산 경기 과열기에는 실수요자에 대한 공급 확대를 명분으로 그린벨트를 해제하고, 용적률을 높이는 등의 각종 혜택을 부여한다.

이명박, 박근혜 정권의 부동산 정책과 문재인 정부의 부동산 정책은 부동산 경기 하강기와 부동산 경기 과열기라는 외부적인 여건의 차이만 있을 뿐, 구체적인 정책 내용의 디테일을 하나하나 뜯어보면 공급 확대, 그린벨트 해제, 용적률 상향 등 에서 사실상 크게 다르지 않다는 사실을 알아챌 수 있다. 박근혜 정부에서 부동산 경기 하락기에 미분양 해소를 위하여 사용했던 민간임대사업자 활성화 정책을 부동산 경기 과열기 문재인 정부는 오히려 그 혜택을 확대했다는 점까지도 크게 다르지 않다.

부동산 가격 하락기에 미분양 해소를 위한 다주택자 주택구입 장려 정책과 서민을 위한 전세 자금 지원은 결국 부동산 투기자금으로 유입되어 부동산 가격을 올리는 결과를 가져왔다. 부동산 가격 상승으로 투기 수요가 계속적으로 유입되자, 공급이 부족하다며 공급확대정책을 가져왔다. 자금 여력이 되지 않는 수요자는 설사 무주택자라고 하더라도 실수요자가 아니다. 전세는 세입자에게 유리한 제도인 듯 보이지만, 부동산 가격 하락기에는 가격 하락으로 인한 위험이 세입자에게 모두 전가되는 위험이 큰 제도이며, 가격 상승기에는 전세자금이 부동산 투기자금으로 유입되어 부동산 가격을 더 상승시킨다.

부동산가격 하락기에는 자연스럽게 전세가 소멸하고 월세로 전환되면서 전세가격이 치솟았지만, 부동산가격 흐름이 하락세로 전환되지 않은 상태에서 전세가격상승은 다시 부동산가격 상승을 부추길 수 있기에 더 위험성이 크다.

모든 제도와 정책은 동일한 정책이라도 외부의 여건과 결합하여 다른 효과를 나타낸다. 그래서 어떤 정책을 펴는지 보다 어느 시기에 어떤 정책을 펴는지, 어떤 목표를 갖고, 무엇을 가장 최우선에 두고 정책을 설계했는지가 더 중요한지도 모른다. 한 가지 분명한 사실은 국토부는 부동산 시장 여건에 관계없이 항상 일관되게 공급 확대 정책을 펴왔다는 것이다. 어쩌면 건설산업 부양과 공급확대 자체가 국토부의 정책 목표인지도 모른다.

1-4. 들썩이는 자산시장, 저금리의 그림자

정세은(2020년 6월)

주식시장이 널뛰기하고 부동산시장도 들썩들썩하고 있다. 최근 심각한 변동성을 보이고 있는 주식시장은 얼마 전 사이드카가 발동될 정도로 단기 급등하기도 했다. 부동산시장은 그에 비할 바는 아니지만 12·16대책과 코로나19 사태로 전체적으로 안정적인 상황에서도 팔자가 우세했던 분위기가 반전되어 최근 다시 거래량이 늘면서 불안정한 기운이 감지되고 있다. 자산시장이 보통 실물경제의 선행지표 역할을 한다고 하지만 올가을 코로나19 제2차 유행, 그리고 향후 몇 년간 위기 지속 가능성 경고가 나오는 상황이라는 점에서 그렇게 해석하기에는 무리가 있다.

실물경제의 급격한 위축과 대비되는 자산시장의 가격 상승 현상은 저금리를 지렛대로 해서 벌어지는 단기 고수익 목적의 투자 혹은 투기 때문이라고 보아야 한다. 실물경기 침체에 대응하기 위해 정부는 저금리 정책을 펴고 있고 이것은 어려움에 빠진 가계와 기업에 도움을 주는 것은 맞지만 동시에 위험한 자산시장 투자행위를 자극하고 있는 것이다. 정부는 저금리 정책이 민간의 소비와 투자를 장려하는 것에 한계가 있다는 점을 인식하고 적극적 재정정책에 나서고 있는데 이와 더불어 저금리 정책이 자산시장 과열로 이어지지 않도록 이에 대한 세심한 주의와 대응이 필요하다.

현재 주식시장의 랠리를 이끄는 세력은 한국은 동학개미들, 미국은 로빈후드 투자자들이라 불리는 밀레니얼 세대이다. 이들은 인터넷을 통한 정보 습득과 주식 투자에 능하다. 저금리와 풍부한 시중 유동성이라는 상황이 지속되고 비대면 온라인 거래가 활성화되면서 이들을 중심으로 한 신규 개인투자자들이 시장에 대거 참여하고 있다. 이들은 코로나19 사태로 인해 가격이 급락한 주식들을 과감히 사들이고 있는데 특히 미국의 경우 파산한 기업이나 파산 위기를 맞은 기업의 주식도 대량 매입하는 위험 선호 경향을 보이고 있다. 예컨대 여행객 급감으로 파산신청을 한 미국의 렌터카 2위 업체 허츠는 최근 파산신청을 했는데도 주가가 급등하는 이상 현상이 나타났다.

이와 같은 밀레니얼 세대의 적극적인 주식 투자는 과거 금융위기의 경험 분석을 통해 주식시장이 당장은 폭락하더라도 곧 회복할 것이란 기대 때문이다. 최근 단기급등 과정에서 이미 차익을 실현한 사례도 있어서 이러한 기대감은 증폭되고 있으며 기성세대와의 자산격차를 해소할 마지막 기회라고 이들이 느끼는 것도 적극적 주식투자를 유도했다. 그러나 지금의 코로나19 위기는 과거와 달리 장기간 지속될 수도 있어 이들이 빚까지 내서 무리하게 단기 투자에 나선 것이라면 우려스럽다. 자유시장경제체제에서 이들의 투자행위를 막을 수는 없지만 실제로 코로나19 사태가 장기간 지속되면 심각한 후유증을 남길 것이다. 정부는 시장 안정을 유도하기 위한 정책을 강구할 필요가 있으며 더욱 근본적으로 단타 위주의 투자가 만연한 현재의 금융시스템을 어떻게 개선할 것인지 고민이 필요하다.

부동산시장이 불안정한 조짐을 보이는 것은 더욱 심각한 문제다. 12·16대책과 코로나19 사태로 이제 투기열풍이 꺾였을 것이라고 기대하는지 모르지만 고도성장 이래로 우리나라 부동산시장은 잠시 숨고르기는 할지언정 한 번도 제대로 안정화된 적이 없기 때문에 웬만해서는 부동산을 통해 대규모 수익을 누리겠다는 욕망을 잡기 어렵다. 최근 투기 열풍이 잠잠해졌다고 생각한다면 그것은 착각이다. 코로나19 사태가 한참이었던 최근 청주에서 방사광가속기 유치를 틈타 대량의 외지인 투자로 인해 가격이 급등한 바 있다.

정부가 17일 갭 투자를 막기 위한 대출규제, 법인을 활용한 우회투자 규제, 규제지역의 대폭 확대를 내놓았는데 환영할 만한 일이지만 여전히 불안하다. 강화된 대책에도 불구하고 가장 중요한 대책인 불로소득 환수를 위한 보유세와 양도세 강화 대책이 보이지 않기 때문이다. 현재와 같이 약한 부동산 세제 하에서는 부동산 투자를 통해 고수익을 얻을 가능성이 여전히 높기 때문에 규제의 사각지대를 틈탄 투기는 근절시키기 어렵다.

지금도 서점에 가보면 부동산 매매를 통해 쉽게 돈을 벌 수 있다는 책이 수십 권이며 많은 언론들이 지금이 투자의 적기라고 공공연하게 부동산 투기를 조장하고 있다. 만일 올해 부동산 불로소득 환수를 위한 제대로 된 세제 대책이 나오지 않는다면 정부의 부동산안정화 정책에 대한 국민들의 신뢰는 완전히 바닥날 것이고 그 경우 저금리 과잉 유동성하에서 투기열풍은 재현될 것이다. 저금리 정책은 경기부진 시기에 필요한 정책이지만 향후 한국 경제를 금융위기에 봉착하게 할 심각한 후유증을 낳을 수 있다는 점을 분명히 인식해야 할 것이다.

1-5. 벼락거지 된 촛불 시민들… 왜 이런 일이 벌어졌나
- 기업에 부동산 몰아주기와 금융 하수인 된 언론

이원영(2021년 6월)

우리의 인구밀도는 비정상적으로 높다. 수도권은 더 심하다. 한강수계에 가용수량이 집중된 요인도 있어서, 경제가 성장함에 따라 5200만 인구 중 절반의 인구와 절반이상의 산업이 수도권에 집중할 수밖에 없었다. 거주가능지역만 따지면 인구밀도가 유럽의 5배쯤 되고, 아시아의 홍콩 못지않다. 원래 부동산문제·토지문제가 심각해질 구조에 놓여 있는 것이다. 그런 심각성을 경시한 데 일차적 원인이 있다.

저금리 세상의 금융 개입과 법인들의 잔치

부동산은 감가상각되는 건물을 별도로 하면 순전히 토지의 문제다. 토지의 가치는 장소적 가치다. 장소적 가치는 개인의 활동에 의해 결정되는 게 아니라 공적인 투입에 의해 좌우된다. 공동의 노력인 세금으로 길도 놓고 상업지역과 같은 제도적 혜택을 부여하기도 한다. 이런 장소적 가치로 인해 높은 수준의 가치가 매겨지고 그로 인한 이득이 발생한다. 하지만 미실현된 미래가치가 현재화 되면서 불로소득이 발생하고 시장경제에 왜곡을 가져온다. 적절하고 공정한 환원이 반드시 필요한 이유다.

반세기동안 금리가 꾸준히 내렸다. 땅값은 미실현가치인 미래지대를 모두 현재가치로 환산한 값이므로 할인율과 이자율에 민감하다. 가령 금리가 10%에서 1%로 내렸다면 그 자체로 10배의 상승요인이 발생한 것이다. 저절로 10배가 뛰는 것, 엄청난 폭등이다. 이런 원리를 이용해서 금융권은 토지를 담보로 한 대출을 풀었다가 약간의 금리상승기에 대출을 줄이는 식으로 해서 개인으로부터 토지보유력을 약화시켰다. 그 결과가 법인들의 토지보유를 부추긴 것이다. 지금 한국은 가용토지의 태반을, 금융을 등에 업은 크고 작은 법인들이 쓸어 담고 있다. 경제활동기업이라는 이름 아래 새로운 귀족과 기득권층이 득세하고 있는 것이다.

아파트도 마찬가지다. 전세대출을 동원하기도 하고 온갖 금융기법이 동원된다. 항간에 전세제도를 비판하는 이들이 있는 것 같은데 전세가 문제가 아니라 금융의 속성을 제어하지 못한 것이 문제인 것이다. 금융도 이윤을 추구하는 기업이므로 방임하면 공익가치를 훼손하기 마련이고 이를 제어하는 일은 공동체의 몫이다.

여기에다 기업의 비업무용 부동산의 비중이 너무 크다. 5200만 중 1700만의 사람이 보유한 땅값이 3200조원인데 비해, 27만에 불과한 법인들이 소유한 땅값이 무려 1/3에 해당하는 1200조원이나 된다. 부동산 외에 현금보유액도 어마어마하다. 법인 보유 아파트도 많다. 그중 태반이 경제활동에 사용되고 있지 않은 땅이다. 국민의 땀과 국가혜택으로 돈 번 기업들이 그 번 돈으로 땅에 묻어두었다. 선의의 기업도 이 흐름에 편승하지 않을 수 없도록 만들어 놓았다.

지금 서구화의 물결 가운데 토지와 관련한 폐단의 하나는 금융자본의 토지지배다. 금융세력의 자산증식 수단이 되도록 방치하고 있는 것이 지난 반세기의 큰 과오다. 금융의 문제는 부동산에 국한되지는 않지만 자본과 금융의 권력화가 가장 손쉽게 달성되는 곳이 부동산이다. 부동산게임의 승자는 개인이 아니라 법인이고, 법인을 좌우하는 금융세력이다.

더 이상 부동산에 대한 금융혜택이나 금융지원의 총량을 늘려서는 안 된다. 줄여야 한다. 지금 2019년 김정호 의원(더불어민주당)이 발의한 비업무용 부동산 과세강화 법안이 2년째 표류되고 있다. 이런 상태로는 설사 법안이 통과되어도 추진력 발휘가 미지수다. 무릇 법안이란 세간의 관심에 따라 살기도 하고 죽기도 하는 법. 정책의 초점이 되도록 해야 한다.

언론 책임이 무거운 이유

땅값은 미래지대에 대한 예측에 의존한다. 예측은 정보와 그에 근거한 판단에 좌우된다. 언론은 의제를 설정하고 정보에 자신의 주관적 견해를 개입시킨다. 그 견해에 의해 땅값이 요동치는 것이다. 언론 권력이 행세하기 좋은 마당이다. 예측은 사실이 아니므로 근거를 제시하지 않고도 영향력을 발휘한다.

문제는 한국의 언론은 게임의 심판자가 아닌 당사자로 참여하고 있다는 것. 통계를 보면 주요언론사의 부동산 보유가 상당하다. 언론종사자의 부동산 보유도 일반국민보다 훨씬 윗길이다. 서울거주 언론사 임원의 43.6%가 강남3구에 살고 있다(2018.6. 뉴스타파 보도). 종부세와 같은 토지소유자의 불이익문제를 다루는 그들의 태도는 공정할 수가 없다. 기울어진 운동장이다. 그런 자세는 국민들에게 가감 없이 읽힌다. 젊은 층뿐 아니라 모든 국민에게 불신 받는다. OECD 최하위의 언론신뢰도는 무얼 말해주고 있는가?

원래 땅값은, 상승요인이 발생하면 상승요인이 파생하는 상승력보다 항상 더 큰 상승가를 보이는 한편, 하락요인이 발생해 하락하기 시작하면 실제가치보다 폭락하는 경향이 있다. '미래에 대한 예측'에 의존하므로 그 편향성이 수치화되기 때문이다. 그러니까 실현되지 못한 가치임에도 예측에 대한 믿음 때문에 땅값이 형성되는 것이다.

그 허수적 특성에 땅값문제의 본질이 있다. '예측과 믿음'이라는 특성 때문에 땅값은 소유자 및 거래능력자라는 소수의 판단에 많은 영향을 받는다. 그들의 전망이 설득력을 얻으면 그 전망이 땅값시장을 지배한다. 그들에 의해 오른 땅값은, 하락요인이 있다 하더라도 중대한 반전이 있기까지는 그들은 하락을 인정하고 싶어 하지 않는다.

소위 호가와 실거래가가 차이 나는 이유이자, 아파트주민들의 가격담합이 성공하는 이유다. 그러므로 부동산의 예측에는 엄격함이 적용되어야 한다. 금융의 자발적 하수인이 된 언론이 시장왜곡에 의한 경제침해가 일어나지 않도록 하는 장치가 필요하다.

정의에 민감한 한국인

한국인은 공동체의 보편가치를 존중하는 기질이 있다. 범상치 않은 지정학적 여건 아래 오랜 역사 속에서 공동체를 건강하게 유지 계승시켜온 우리의 본질이다.

이번 촛불정권은 그런 길을 갈 줄 알고 청년들을 위시한 웬만한 백성들은 욕망을 덮어두었는데, 요즘 졸지에 거지가 된 느낌이다. 기회의 총량은 적어지고 경쟁은 격렬해졌다. 집값은 너무 올라서, 전엔 십수년 부지런히 모으면 가능했는데 이제는 평생 모아도 어렵다. 소수의 개인이 전체 국민보다 압도적으로 많은 토지를 보유하고 있다. 부동산 양극화가 극도로 심화되고 있다. 그걸로 자산증식 격차가 점점 벌어지고 있다.

청년 세대의 분노엔 정당한 이유가 있다. 촛불정권이 정의를 실현해주리라는 기대 때문에 그 욕망을 접고 있었는데, 전혀 그럴 조짐이 없으니, 그 욕망을 접어두었던 자신이 속은 것 같고, 속은 그 자신이 어리석은 것 같아서 더욱 분노에 차 있는 것이다. 출산도 결혼도 점점 멀어지고 있다. 그들에겐 헬조선이다.

토지제도에 큰 변화가 올 때가 되었다. 공자말씀이 군사와 식량과 믿음 가운데 마지막까지 지켜야 할 것은 믿음이라고 하지 않았는가? 국가가 백성을 올바른 길로 인도한다는 믿음이 있어야지, 그게 무너지면 나라가 망하는 것은 순식간이다. 지금의 부동산 정책은 금융부문이 원하는 방식으로 국민을 양극화의 공범으로 몰고 가고 있다. 금융이 주인이고 백성은 대리인이다.

부동산상승을 매개로 이자를 착취하는 구조다. 그 대열에 가담하면 밀린 이자를 일거에 갚을 수 있는 지가앙등을 기대하지 않을 수 없다. 지가앙등의 심리적 공범이 되는 것이다. 기성세대가 불신받는 이유다. 이런 욕망에 편승하는 내로남불의 정치세력도 있다. 백성을 부동산 양극화의 공범으로 몰고 가는 정책을 어떻게 계속 추구한단 말인가?

1-6. 핵심은 국가의 땅장사… 그 땅을 팔지 마라

- 부동산 양극화의 근원, 택지개발제도… 수용한 토지 되팔기는 헌법 가치 파괴다

이원영(2021년 3월)

우리나라의 급속한 도시화를 뒷받침한 것은 주택공급 행정이다. 반세기도 안 되어 5000만 명 중 4000만 명이 몰려 사는 도시를 만든 과정은 세계적인 사례다. 특히 서울을 위시한 수도권의 주택공급 물량을 감당한 신속한 도시조성은 높이 평가받는 편이다. 하지만 그 과정을 뜯어보면 크게 고칠 점이 있다.

주거기능을 공급하기 위한 땅을 마련하다 보니, 토지가 갖고 있는 한정재와 공공재적 특성을 제대로 다루지 못하는 바람에 '내 집 마련'은 도리어 어려워지고 부동산 양극화를 촉발시켜온 문제가 생긴 것이다. 이 문제는 어떻게 해서 커졌을까. 걸어온 과정을 되짚어보자.

1980년대 등장한 국가의 땅장사

1980년대 이전까지는 소위 토지구획정리사업(환지방식 도시개발)에 의해 시가지가 개발되어 왔고 주택을 늘릴 수 있었다. 이때 지어진 집들은 대개 단독주택이거나 다가구형 주택이었다. 한 채당 많은 가구가 들어 사는 집들이어서 보기보다 인구급증을 감당할 만한 능력이 있었다. 무엇보다 현지에 살고 있는 주민들의 토지소유권과 사회적 관계망을 존중해주면서, 개발비용은 체비지라는 자기부담을 통해 최소비용으로 도시를 정비할 수 있도록 해준 방식이다. 지구촌 보편적인 개발방식이었다.

다만 동네주민이 그대로 살면서 점진적인 개발을 진행하는 방식이었기에 주택보급에 상대적으로 긴 시간이 걸렸다. 위치가 좋은 동네에는 지구지정을 기대하는 투기바람도 적지 않았다. 어쨌든 강남개발조차 토지구획정리방식으로 해냈다. 고도성장기에 매년 50만~100만 명씩 서울로 몰려드는 인구를 감당해낸 것도 이 방식이었다.

그러다가 군사정부에 의해 신속한 주택공급을 목적으로 한 택지개발제도가 도입되었다. 논·밭·임야 상태의 사유지를 국가가 반강제로 수용한 후, 세금과 행정력을 투입해서 주거용 시가지로 개발하고 이를 매입 능력이 있는 사람에게 매각하는 방식이다. 즉 '주택보급'을 명분으로 국가가 땅을 되파는 시스템을 40년 넘게 이어왔다.

이렇게 되면 분양받은 주택의 땅값은 계속 상승하게 되어 있다. 인구가 몰려 살게 되므로 세금이 투입된 인프라가 분양된 택지지역에 집중되고 각종 공공기능과 편익기능도 집중될 수밖에 없다.

아파트 값이 오르는 것은 아파트가 깔고 있는 땅값이 오르는 것이고, 분양받은 사람의 자산가치는 상승한다. 가령 분당은 입주 시에 비해 10배나 올랐다. '판교 로또'라는 말처럼 전 국민을 상대로 하는 로또 판이 벌여져온 것이다. 서울대도시권은 심하다.

싱가폴의 경우 : 수용한 토지는 국유, 개인은 건물만 소유

하지만 우리 택지개발방식의 원조 격인 싱가폴은 그렇게 하지 않았다. 싱가폴은 1960년대 초 독립 당시 국유지가 40%대에 불과했지만 토지수용을 통한 택지개발을 하면서 90%수준까지 국유지를 늘렸다. 수용에 의해 개발한 토지는 모두 국유로 돌리고 개인에게는 임대만 해줬다. 개인은 그 위에 지은 주거용 건물을 소유한다(HDB). 주택이라는 이름의 건물은 개인이 갖도록 하지만 토지는 국유상태 그대로이다. 여기에 포인트가 있다.

이런 방식으로 주택을 공급하니 땅값 상승에 의한 불로소득은 발생하지 않고, 80%가 넘는 국민은 저렴한 값으로 장기간 거주할 수 있는 내 집을 마련했다. 물론 민간이 자유롭게 거래하는 토지사유 주택시장도 있다. 비율은 크지 않지만 그런 주택은 비싸게 거래된다고 한다. 자유시장경제도 존중되고 있다.

원래 우리 헌법도 개인 땅을 함부로 수용할 수 없도록 하고 있다. '공공 필요'에 의해서만 사유재산을 수용할 수 있다. 헌법 제23조의 내용이다.

① 모든 국민의 재산권은 보장된다. 그 내용과 한계는 법률로 정한다.
② 재산권의 행사는 공공복리에 적합하도록 하여야 한다.
③ 공공 필요에 의한 재산권의 수용·사용 또는 제한 및 그에 대한 보상은 법률로써 하되, 정당한 보상을 지급하여야 한다.

여기에서 '공공 필요'가 등장한다. 그리고 헌법 제122조를 보면 다음과 같이 되어있다.

"국가는 국민 모두의 생산 및 생활의 기반이 되는 국토의 효율적이고 균형있는 이용·개발과 보전을 위하여 법률이 정하는 바에 의하여 그에 관한 필요한 제한과 의무를 과할 수 있다"

분양가 낮추기만으로 본질적 문제 해결 안돼

토지에 있어서 '공공 필요'란 무엇인가. 많은 이가 이용하는 도로·학교·공원 등 공적 시설에 필요한 땅이다. 이런 경우에만 헌법은 개인소유권을 침해할 수 있도록 허용하고 있다. 공공개발에 의한 이익은 공익화되어야 한다는 것이 헌법의 뜻이다.

지금까지 해온 택지개발은 이 헌법개념을 무시해왔다. 민간에게 되파는 것은 국가가 땅장사를 하는 것이다. 토지를 되파는 순간 '공공 필요'의 취지가 상실되고 헌법적 가치는 무너진다. 싱가폴과의 차이는 바로 여기에 있다.

그동안 일부 시민단체에서 분양가 공개·분양가 거품빼기 운동을 벌여왔는데, 그러한 운동의 목적이 달성될 경우 혜택을 보는 자는 분양받은 자이다. 시장의 잠재가격은 이미 높은 가격에 형성되어 있으므로 분양가를 싸게 공급받으면 그 차액만큼 혜택이 더 돌아온다. 즉 분양가를 낮춘다고 본질적 문제가 해결되지 않는다.

그동안의 국가 주도의 주택공급은 '내 집 마련'이라는 슬로건 아래 국민들의 재산증식 욕망에 편승해 왔다. 과장되게 표현하면 국가가 앞장서서 국민들을 부동산 불로소득 쟁취의 공범으로 만들어 왔다고도 할 수 있다. 분양받은 능력자들을 국민 세금으로 배불리는 것이나 다름없다. 피해자는 누구인가. 분양받을 능력이 없는 계층과 상속받지 못할 미래세대다. 이들은 양극화의 희생자다.

돌이켜 보면 과거 10여 년 전 수용한 토지를 팔지 않고 임대하는 정책이 정치권의 이해관계 때문에 문제가 생긴 사례(군포)가 있었다. 시행 과정에서 지구위치선정, 토지임대료 과다 책정 등의 문제가 발생했다. 또 수년 전 강남지역 일부에서도 시장가격과 동떨어진 임대료와 분양가를 책정하는 바람에 블랙마켓을 형성시키는 부작용도 있었다.

최근에는 심지어 그린벨트를 해제하여 공급하는 주택조차 토지매각을 앞세우고 있다. 또 공공임대주택이라고 이름 붙여놓고는 5년이나 10년이 지나면 거주민에게 매각(분양)을 한다. 수십 년간 그린벨트라는 공익적 가치를 지켜온 우리의 선대들은 무엇인

가. 허수아비인가? 부득이 '그린'이라는 가치를 훼손했다 하더라도 공공이 오랜 기간 지켜온 가치를 존중하는 해법으로 가야 하는데, 그런 곳마저도 정부가 앞장서서 땅장사를 하고 있다. 공공철학의 부재다.

국가는 이렇게 하면 안 된다. 국가에 대한 신뢰에 금이 가는 문제가 생긴다. 공자 말씀이 군사와 식량과 믿음 가운데 마지막까지 지켜야 할 것은 믿음이라고 하지 않았는가? 국민을 부동산 양극화의 공범으로 몰고 가는 정책을 계속해서는 안 된다.

주거권이라는 국민의 기본적 권리를 보장해야

이제 주거권은 '보편적 복지'의 대상을 넘어 '기본적 인권'의 하나로 간주될 때가 왔다. 헌법 제10조는 다음과 같다.

"모든 국민은 인간으로서의 존엄과 가치를 가지며, 행복을 추구할 권리를 가진다. 국가는 개인이 가지는 불가침의 기본적 인권을 확인하고 이를 보장할 의무를 진다"

'잠자고 쉬는 것'은 '먹고 생존하는 것'과 마찬가지다.

게다가 헌법 제35조를 보면, 다음과 같이 되어 있다.

"모든 국민은 건강하고 쾌적한 환경에서 생활할 권리를 가지며, 국가와 국민은 환경보전을 위하여 노력하여야 한다."

"국가는 주택개발정책 등을 통하여 모든 국민이 쾌적한 주거생활을 할 수 있도록 노력하여야 한다."

주거권이라는 국민의 기본적 권리를 보장해야 한다는 표현이다.

헌법에 어긋나는 토지 수용·개발 후 매각은 지금이라도 중단해야 한다. 국가가 공공보유의 원칙을 천명한 후, 다양한 방식의 임대로 가야 복지에도 부합되고 장기적으로 남는 장사를 할 수 있다. 헌법 제122조에 들어 있는 기본개념은 땅주인에게 제한과 의무를 부과하려면 '국민 모두의'라는 공익적 가치가 전제되어야 한다는 것이다. 공공의 개발에 의한 이익은 반드시 공익화된다는 선명성을 보여주어야 땅주인에게 협조를 강제할 수 있다. 그게 헌법적 가치다.

공공이 개발하는 택지의 경우, 토지임대 후 건물 분양을 하거나, 토지임대 후 건물 임대를 하게 되는 '기본주택'이야말로 헌법상의 기본권을 존중하는 정책이다. 그런데 후자의 건물까지 임대하는 보통의 장기임대주택은 건물수명이 짧은 편이다. '내 집'이 아니므로 관리가 소홀히 되기 쉽다. 반면 전자와 같이 건물을 개인소유로 해서 자유롭게 되팔거나 공공환매가 가능하도록 해주면 내 집처럼 아껴 쓴다. 바로 싱가폴 방식의 이런 절약은 기후위기 시대의 문법도 되는 것이다.

이젠 우리나라도 헌법의 내용을 적극적으로 실현할 국가적 능력을 갖추었다. 노숙자일지라도 안전한 거주공간을 마련해줄 수 있다면 하는 것이 옳다. 게다가 이자율이 낮은 시대여서 자금회전에 목마를 이유도 없고 임대수익률이 개발사업에 더 지배적으로 작용하는 여건이다. '익숙'과의 결별만이 남았다.

'수용한 토지는 공공이 보유한 채, 주거시설만을 임대하거나 분양하는 기본주택'이야말로 헌법적 가치를 구현하는 방식이다. 늦었지만 이런 옳은 방향의 정책을 일부 광역단체장이 추진하고자 하고 있고, 국가적 정책으로 전환되고 있는 것은 다행이다. 이 인구절벽 시대에 젊은이들에게 확실한 비전 하나를 줄 수 있다. 통일이 되더라도 한반도의 기본적 정책이 될 수 있다.

1-7. 주거권이냐 사유재산권 절대주의냐

장상환(2018년 4월)

문재인 정부는 21일 발표한 대통령 개헌안에 '토지공개념'을 명시했다. 정부는 개헌안에 "토지의 공공성과 합리적 사용을 위해 필요한 경우에 한해 특별한 제한을 하거나 의무를 부과할 수 있다"는 조항을 신설했다. 토지공개념 조항에 대해 자유한국당에서는 '사회주의 조항'이라며 공격하지만 더불어민주당은 토지공개념 3법을 제정한 과거 노태우정부가 사회주의정부인가라고 반박한다.

토지공개념이란 토지의 공익성과 사회성을 강조하는 개념으로서 토지소유권에 대해 그 자체의 성격상 제한가능성을 가진 권리로서 인식하려는 사고라고 할 수 있다. 서구 각국에서는 재산권 남용은 공익 보호를 위해서 제한될 수 있다는 개념이 20세기 초에 정립됐다. 토지를 시장에 맡겨두면 시장실패가 나타나므로 소유권 행사에 대한 공적 제한이 이루어져야 한다는 수정자본주의적 개념이다.

토지공개념 관련 헌법 조항과 법률을 두는 것은 민법의 특수법으로 노동법과 농지법, 독점규제법 등을 두는 것과 마찬가지 원리다. 개헌안의 토지공개념 조항 신설은 주거권 실현과 관련되어 있다. 이 시대의 최대과제 가운데 하나는 저출산 현상을 극복하는 것이다.

젊은 층들이 결혼을 미루거나 결혼을 못하는 가장 큰 이유는 과다한 주거비 부담이다. 의식주 문제 가운데서 옷 문제와 먹는 문제는 이제 해결했다. 헐벗거나 굶주리는 사람은 거의 없다. 남은 문제는 주거 문제다.

1인당 국민총생산 3만 달러로 선진국에 도달했음에도 전·월세를 살면서 소득의 30% 이상이 주거비로 나가거나 고시원 등 최소주거기준 이하의 시설에서 사는 사람들이 적지 않다. 문재인 대통령 정부의 개헌안은 이러한 절박한 시대적 상황을 반영해서 제안된 것이라 할 수 있다.

우선 개헌안은 주거권을 강화했다. 현행 헌법은 제35조 3항에서 주거생활을 위한 국가의 노력의무를 규정하고 있다. 이에 비해 개헌안은 "모든 국민은 쾌적하고 안정적인 주거생활을 할 권리를 가진다"라는 조항을 두어 주거권을 기본권의 하나로 승격했다. 그러나 모든 국민에게 쾌적하고 안정적인 주거권을 보장하는 것은 사유재산권 절대주의를 극복하고 토지주택 소유권에 대하여 이용권을 우선하도록 하는 법률 제정과 정책 시행이 없으면 달성할 수 없다.

토지 주택 이용자를 소유자의 횡포로부터 보호하려면 주택과 상가의 소유 제한 및 임대차기간 보장과 임차료 규제 등 소유권에 대한 제한이 필요하다. 이것이 토지공개념 조항 신설을 통한 토지공개념 강화의 배경이다. 개헌안에서 신설된 토지공개념 조항은 현행 헌법의 토지공개념 관련 조항을 구체화한 것이다.

현행 헌법에서도 토지공개념이 어느 정도 반영돼 있다. 헌법 23조 2항에는 '재산권의 행사는 공공복리에 적합하게 해야 한다'고 돼 있고, 122조에는 '국가는 국민의 생산 및 생활의 기반이 되는 국토의 효율적이고 균형 있는 이용·개발과 보전을 위해 법률이 정하는 바에 의해 제한과 의무를 과할 수 있다'고 규정하고 있다.

토지와 관련한 재산권에 대해서는 별도로 명시된 부분이 없었다. 노태우 정부는 1989년 '토지공개념 3법'이라고 불리는 토지초과이득세, 개발이익환수제, 택지소유상한제를 도입했다. 이 가운데 개발이익환수제를 제외하고 나머지 법은 위헌이나 헌법 불합치로 폐기됐다.

그러나 택지소유상한제는 소유상한을 적정하게 조정하거나 보유목적에 따른 적정한 예외를 인정하는 등으로 위헌성을 바로잡는 것이 비교적 쉬웠다는 점에서 볼 때, 이 법률이 폐지된 것은 김대중 정부 시절의 부동산정책 변동 때문이라 할 수 있다.

토지초과이득세법은 김대중 정부 시절 폐지되었는데, 이는 부동산정책의 변화에 의한 것이지 법률의 헌법 불합치 때문이라고 보기는 어렵다.

개헌안은 새로운 항을 보태 토지의 소유·이용·개발에 대한 공적 제한을 분명히 함으로써 소유 제한, 토지 개발이익 환수, 부동산소득 과세 강화, 임차기간 보장, 임차료 규제 등을 할 수 있는 헌법적 근거를 마련하려는 것이다.

제2부

토지정책, 무엇이 올바른 길인가

제2부 토지정책, 무엇이 올바른 길인가

2-1. 부동산 대책, 진영의 문제가 아니다
- 시장경제를 원한다면 토지 불로소득 환수해야

김윤상(2020년 8월)

문재인 정부는 출범 이후 집값이 가파르게 오르자 7월 10일까지 22차에 걸쳐 부동산 '핀셋' 대책을 내놓았다. 국회에서 관련 입법을 서두르고 있고 8월 초에는 공급 확대 계획을 추가로 제시한다고 하지만 근본 대책은 아니다. 야당인 미래통합당도 근본적인 대안을 제시하지 않으면서 해묵은 '규제 완화와 공급 확대'를 반복할 뿐이다.

일이 제대로 안 풀릴 때는 원론으로 돌아가라고 했다. 부동산 대책이 어떤 내용이어야 하는지를, 딱딱하고 재미도 없지만, 원론부터 한번 생각해보는 게 어떨까? 건물과 토지로 이루어진 부동산 중 건물은 자동차처럼 시간이 지날수록 가치가 하락하니까 부동산 가격이 오른다면 토지 때문이다. 그래서 이 글에서는 토지만을 대상으로 삼기로 한다.

경제학의 유토피아, 완전경쟁시장

경제학 교과서는 자원이 효율적으로 배분되는 완전경쟁시장을 유토피아로 제시한다. 이런 시장에서는 참가자들이 완전한 정보를 가지고 있으므로, 미래에 토지에서 발생하는 모든 이익과 부담이 현재의 매매가격에 모두 정확하게 반영된다. 이런 가격을 지불하고 취득한 토지에서는 불로소득이 발생할 수 없고 따라서 투기도 없다.

그런데 인간의 미래 예측 능력이 극히 제한된 현실에서는 그렇지 않다. 토지 매매가격이 미래 상황을 제대로 반영하지 못한다. 그래서 토지 소유에서 불로소득이 생기고 이를 노리는 투기적 가수요가 번성한다. 바로 우리가 현재 처한 상황과 같다. 그럼, 현실시장을 완전경쟁시장의 모습에 접근시키려면 어떻게 해야 하나? 인간은 미래를 잘 모르도록 태어난 존재이므로 불로소득을 차단하면 된다. 이것은 마치 독과점 규제처럼 시장을 시장답게 만드는 정책이다.

또 경제학의 유토피아에서도 정부가 존재하고 세금이 필요한데, 대부분의 세금은 시장에 부담을 주지만 토지보유세는 그렇지 않다. 토지보유세는 정의로운 재원인 동시에 시장친화적 재원이다. 시장경제 이론의 원조인 애덤 스미스는 물론이고 신자유주의의 대부인 밀턴 프리드먼도 추천하는 세금이다. 진정한 시장경제를 원한다면 토지 소유에서 생기는 불로소득부터 보유세로 환수하여야 한다. 이것만으로 재원이 부족하다면 시장 기능에 영향을 덜 주는 다른 세원을 추가로 모색하는 게 순리다. 그러면 시장도 살리고 토지 투기도 잡을 수 있다. 그야말로 '꿩 먹고 알 먹고'다.

시장에 대한 직접 규제는 부작용을 초래한다.

토지 불로소득을 환수하지 않은 채 투기대책을 세우게 되면 소유/거래/가격을 직접 규제하게 된다. 다주택 소유와 주택임대업을 압박하고, 토지거래 허가제, 분양권 전매 제한, 분양가 상한제 등의 카드를 내놓게 된다. 또 투기자금을 옥죄기 위해 금융을 규제하기도 한다. LTV, DTI 규제가 그런 예다.

이러한 직접 규제는 부작용을 낳는다. 예를 들면, 다주택 소유를 규제하면 '똘똘한 한 채'로 몰리고 대출을 규제하면 투기 아닌 용도의 자금 조달까지 제한하게 된다. 과도한 독과점, 거래 당사자 간의 심한 불균형, 일시적 쏠림 등과 같은 비상상황이 아니면 매우 신중하게 다루어야 하는 정책이다. 그런데 정책의 순위는 오히려 반대가 많았다. 부동산 문제가 생기면 시장 규제를 우선해왔고, 불로소득을 근원적으로 차단하는 정책에는 항상 미온적이었다.

왜 이런 일이 반복되는 걸까? 여야를 막론하고 정책 결정에 깊이 관여하는 집단이 시장경제가 무엇인지 잘 이해하지 못해서일까? 아니, 그보다는 그 집단의 이해관계가 걸려있어, 불로소득을 없애는 정책을 의식/무의식적으로 기피하는 것은 아닐까? 국회의원, 고위공직자 상당수가 다주택자이고 강남에 집을 소유하는 사람이 많다는 통계가 이런 의심의 근거가 된다.

고위공직자 부동산 백지신탁제가 절실하다

21대 미래통합당 의원 103명의 부동산 신고 총액은 2,139억 원이고 1인당 평균 21억 원으로 국민 평균인 3억 원의 7배에 달한다. 더불어민주당 의원 180명의 1인당 부동산 재산 평균은 9억8천만 원으로 국민 평균의 3배다. 대구에 지역구를 둔 다주택자 주호영 의원이 소유하는 서울 서초구 아파트 가격이 4년만에 18억 8천만 원 상승하기도 했다. (경제정의실천연합 발표)

20대 국회도 사정은 다르지 않았다. 수도권 바깥에 지역구를 둔 국회의원 136명 가운데 69명이 서울에 아파트를 소유하고 있었으며, 이 중 45명은 서울 강남 4구에 아파트를 가지고 있었다. 대구 지역 국회의원도 마찬가지였다. 12명이 2019년에 신고한 아파트 20채 중 13채가 수도권에 있었으며 그중 11채는 강남에 있었다. (2020. 4. 한겨레신문 보도)

'국회의원이나 고위공직자가 자기 이익을 챙긴다는 의심은 오해'라고 항변할 수도 있다. 그렇다면 우선 부동산 백지신탁제를 도입하여 오해를 씻기 바란다. 실수요 이외의 부동산을 백지신탁하라는 것이다. '주식' 백지신탁제는 벌써 2005년에 도입되었는데 '부동산' 백지신탁제는 제대로 거론조차 안 되어 왔다. 그러나 다행히 최근 정계의 관심이 높아지고 있다. 더불어민주당의 이재명 경기도지사, 미래통합당의 원희룡 제주도지사 등이 이 제도를 제안하였고 국회에 법안이 발의되기도 했다. 혐오와 대결의 모습을 보여 온 여야 양쪽 진영에서 같은 소리가 들리니 정말 반갑다. '협치'의 가능성은 이처럼 상식을 공유하는 데서 생긴다.

시장경제를 내세우는 미래통합당에 바란다

정부가 제대로 못 하면 야당에라도 기대를 걸 수 있어야 하는데 사정은 그렇지 않다. 미래통합당 주호영 원내대표는 7월 21일 국회 교섭단체 연설에서 부동산을 언급하며 "이 정권의 정책은 규제 강화, 공급 억제 정책입니다. 규제 완화와 공급 확대 정책이 해결책입니다"라고 하였다. 시장을 정상화하는 정책과 그렇지 않은 정책을 모두 '규제'의 범주에 넣고, 실수요를 충족시키는 공급과 투기의 불쏘시개 노릇을 하는 공급을 구분하지 않고 있다.

물론, 새 주택에 대한 수요가 있으면 공급을 해야 한다. 그러나 가수요 아닌 실수요만 존재한다면 시장에서 자연스럽게 공급이 이루어진다. 정부는 시장을 통해서는 집을 구할 수 없는 주거 취약계층을 위한 주택을 공급하면 된다. 중산층 주택의 공급에도 정부가 관여한다면 투기가 원천적으로 불가능한 방식, 예를 들면 영구

임대주택, 토지임대형 주택, 환매조건부 주택 등이 되어야 한다.

개혁은 보수 쪽에서 해야 저항이 적다. 노태우 정부의 토지공개념, 김영삼 정부의 금융실명제가 그 예이다. 시장경제를 원하는 진정한 보수정당이라면 '세금 폭탄'이라는 언어폭력을 일삼는 일부 대형언론에 동조하지 말고, 과감히 토지 불로소득 완전 환수, 부동산 백지신탁제와 같이 국민의 여망에 부응하는 정책을 치고 나가주기 바란다. '미래통합당 = 기득권 수호 정당'이라는 상당수 국민의 의심을 씻을 좋은 기회가 아닌가?

2-2. 종부세 강화 법안 발목 잡지 마라

정세은(2020년 4월)

코로나19 사태 이후 맑은 공기를 마실 수 있게 된 것, 그리고 이상 급등했던 부동산가격이 하락세를 보이게 된 것, 반가운 일이기는 하지만 이것이 심각한 위기가 닥쳐야만 누릴 수 있는 일인가하는 씁쓸함을 느끼게 한다. 코로나19 위기가 지나가고 난 후에도 맑은 공기를 누릴 수 있게 되기를, 부동산시장이 더욱 정상화되기를 바라면서 정부와 국회의 가열한 노력을 촉구한다. 이번 총선 과정에서 그린뉴딜과 보유세 강화를 공약으로 내건 당과 후보들이 선전한 것은 바로 국민들이 이 정책의 조속한 실시를 강력히 원하고 있기 때문일 것이다.

종부세 강화 법안 발목 잡지 마라

현 정부의 부동산정책은 낙제점을 줄 정도라는 것이 솔직한 심정이다. 정부·여당의 의도가 그러했다고는 생각하지 않는다. 경기가 어려운 상황에서 경제에 큰 부담을 주지 않으면서도 부동산 안정을 유도하기 위해 최선을 다했을 것이라 이해해주고 싶다. 그러나 몇 번을 실기한 정책으로 인해 서울 대부분 지역의 부동산가격은 이상 급등했고 투기열풍은 전국 지방 도시로까지 퍼져나갔다. 얼마 전 결혼해서 연락했던 예전 지도학생이 "신혼집을 마련할 때 전세를 구했는데 빚이라도 내서 집을 사야 했었다"는 한숨 섞인 후회를 하는 것을 듣기도 했다. 기성세대로서 정말 미안했다.

정부의 정책이 언제나 성공을 거둔다고 할 수는 없지만 만일

현 정부가 코로나19 사태 대처와 같이 과도할 정도로, 그 반 정도라도 부동산 투기현상에 대응했더라면 그런 결과가 나왔을까 생각해본다. 집값의 이상급등은 집 없는 절반의 가구에 절망감을 안겼을 뿐 아니라 집이 있더라도 가격이 오르지 않는 가구에는 박탈감, 그리고 정말 빚을 내서 집을 산 사람들에게는 부채증가라는 문제를 야기했다. 코로나19 덕분에 의도치 않았던 부동산 안정세가 실현되고 있지만 굳이 집을 살 생각이 없었던 사람들 중 울며 겨자 먹기로 빚내서 집을 샀던 안타까운 사연도 있을 것이라 생각한다. 부동산은 아예 처음부터 투기에 의해 이상급등하지 않도록 정말 과도하게 관리해야만 국민들에게 주거안전망을 제공할 수 있다.

종부세의 강화는 집주인들에게 세금을 더 받아내겠다는 술책이 아니다. 약한 부동산 보유세가 투기를 조장하는 탓에 이를 바로잡기 위한 최선의 수단이 바로 보유세 강화이기 때문이다. 피케티(Thomas Piketty)가 그의 책 『21세기 자본론』에서 지적한 바와 같이 약한 소득세와 재산세는 소득과 재산의 양극화를 낳는다.

1980년대 미국에서 레이건이 집권하면서 소득세 누진도가 크게 약화되었는데, 그로 인해 고소득자에게 돌아가는 몫이 커지게 되니까 임금격차를 벌리는 방향으로 사회시스템이 왜곡되었다. 결국 고액 소득자가 많아져서 세율이 낮아졌으나 소득세 세수는 느는 결과가 나타났다. 우리도 약한 보유세 정책으로 부동산가격 상승이 유인되고 종부세 세수가 증가하는 상황이 발생한 셈이다. 종부세 강화는 초기에는 충격이 있겠지만 조만간 부동산 안정화를 이끄는 결과를 야기할 것이다.

늦게나마 작년 12·16대책을 통해 종부세 강화안이 나온 것은 다행이지만 최근 총선과정에서 여당 일부 의원들에 의해 1가구1

주택 종부세 완화 공약이 제시되었던 것은 실망스러웠다. "1가구 1주택의 실수요자가 뾰족한 다른 소득이 없는데도 종부세를 중과하는 것이 큰 고통을 준다"고 했는데 사실 12·16대책에 이미 이러한 우려를 반영해 1가구 1주택자들의 종부세가 완화된 조항이 들어가 있는 것을 생각하면 더욱 씁쓸하다.

더불어민주당 김정우 의원이 발의한 종부세법은 세율 인상이 골자지만 1가구1주택 요건을 충족한 노인에 대해서는 세액공제율을 10%포인트 올리고 1가구1주택 장기보유자의 세액공제율 최대한도를 10%포인트 상향하는 내용이 포함되어 있다. 이미 이렇게 실수요자이면서 특별한 소득이 없는 노인들을 철저히 배려해주고 있는데, 더 완화해야 한다는 것은 무슨 의미인가?

1가구1주택에 대한 비과세 정책은 조세정의를 해치고 '똘똘한 한 채' 쏠림 현상을 야기하는 등 혜택이 과도하다는 점에서 오히려 강화하는 것이 마땅하다. 그런 의미에서 12·16대책을 반영한 종부세 개정안에 대해 원안대로 이달 내 법안 통과를 추진하는 것은 올바른 방향으로의 선회라는 점 정도로만 의미를 갖는다. 그러나 미래통합당이 반대 입장이어서 이마저도 통과를 장담할 수 없으니 안타까운 일이다. 6월 1일 이전에 통과되지 않는다면 2020년은 현재의 종부세 체제로 부과될 것이고 새롭게 구성되는 국회가 이 일을 어떻게 처리할지 알 수 없다. 무엇보다 '부동산 투기는 안 된다'는 신호를 강력히 내지 않는 한 관망세는 지속될 것이고, 투기는 언제든지 재현될 수 있다. 더는 기다리기 정말 힘들다. 미래통합당은 이번 총선에서 드러난 국민들의 뜻을 받들고자 한다면 이에 반대해서는 안 될 것이다.

2-3. 불로소득 환수가 정답이다

정세은(2020년 7월)

현 정부 들어 이번 7·10대책까지 무려 스물두 차례나 부동산 대책이 발표되었다. 그러나 매번 대책이 발표될 때만 잠시 관망세를 보일 뿐 시장은 멈추지 않고 오름세를 지속해 왔다. 특히 2018년 말부터는 시장의 양극화 현상이 뚜렷하게 나타나 수도권의 가격 급등이 가팔랐다. 실물경제의 부진, 인구증가세의 정체, 지방 부동산 가격의 하락 등 근본적으로 부동산 호황이 어려운 상황에서 일부 지역의 부동산 가격 급등은 누가 봐도 저금리로 인한 투기현상이라고 진단할 만하다.

부동산 가격 상승에 대해 시장론자들은 시장 규제로 인한 공급 부족이 원인이라고 주장한다. 따라서 이들이 내놓은 대책이란 투자수요를 만족시키기 위해 공급을 늘리는 것이며 이것이 서민과 실수요자를 위하는 길이라고 포장한다. 그러나 이들이 이야기하는 공급이란 적어도 10억 원을 훌쩍 넘는 수도권 아파트들이 그 대상이다. 이러한 아파트들의 대다수 구매자들은 서민이 아니며, 이미 주택이 있는 사람들이다.

사실 현재 주택 숫자가 절대적으로 부족하다고 볼 수는 없다. 2008년 직후 주택 가격이 하락했던 것은 주택이 남아돌아서가 아니었다. 당시 많은 사람이 임차인으로 사는 것에 큰 불안이 없었던 터라 집을 사야겠다고 마음먹지 않았기 때문에 매수 수요가 없었던 것이다. 그런데 지금은 왜 집이 있는 사람들도, 그리고 임차인으로 잘 살고 있던 사람들도 갑자기 집을 사겠다고 마음먹게 되었을까?

일단 우리나라의 부동산 세제가 매우 약하다. 1가구1주택 비과세 원칙으로 인해 고가 주택에 대해 세금이 거의 부과되지 않는다. 부동산 종부세는 가구원들이 각각 주택을 보유하더라도 공시가격 6억 원까지는 내지 않는 데다, 공시가격이 시가보다 크게 낮기 때문에 사실 각각 6억 원 이하의 집을 보유한다면 전체 가구로는 십몇억 원까지도 세금을 내지 않을 수 있다. 1가구1주택의 경우 매도 가격이 9억 원 이상일 경우에만 양도세를 내는데 이것도 2년 정도의 짧은 거주 기간을 채우고 장기보유하기만 하면 거의 내지 않는다.

이외에도 농가주택 양도세 혜택, 부담부증여를 통한 부동산 증여 절세, 장기경작 농지에 대한 양도세 면제 등 많은 비과세 구멍들이 있다. 약하고 구멍이 많은 세제는 부동산 투기의 큰 유혹거리이다. 여기에 경기침체로 투자처가 마땅치 않은 상황에서 저금리 정책이 실시되면 소수의 개발호재가 투기광풍으로 이어진다.

복잡한 부동산 세제와 제도들을 공부해야 하고, 규제의 사각지대를 찾기 위해 노력해야 하고, 거액을 베팅하는 모험을 해야 하므로 고도의 투자활동이나 재테크 활동으로 묘사하고 싶겠지만 어제와 하나도 다르지 않은 집이 그 가격이 두 배가 되었다면 그건 누가 뭐래도 불로소득이다. 그리고 불로소득의 추구를 용인하고 심지어 장려하는 부동산 세제 정책이 현재의 부동산 불패 신화의 바탕이 되었다. 사실 이 시스템은 경제개발 초기에 자본이 부족한 상태에서 인위적으로 자본을 축적한다는 핑계로 도입되었는데 장기간 남용됨에 따라 그 부작용이 막대하다.

불로소득 환수가 정답이다

따라서 실수요자를 보호하고 투기를 막기 위한 가장 실효성 있는 부동산 정책은 불로소득 환수 장치로서의 세제 강화이다. 정부가 여러 차례에 걸쳐 대책을 내놓았음에도 불구하고 부동산 가격이 왜 안정되지 않는가? 우선 부동산 불로소득 과세체계가 약한 데다 구멍이 숭숭 뚫린 상태라는 기본조건이 있다.

여기에 이명박 정부의 종부세 무력화, 박근혜 정부의 부동산 경기부양 정책이 결합하게 되면서 부동산 투기가 시작되었는데 현 정부는 뒤늦은 핀셋 정책으로 대응하려 할 뿐 근본적인 결함을 외면해왔다. 특히 전 정부의 주택임대등록 사업자에 대한 막대한 감세 정책을 현 정부가 크게 확대하고 연장하는 실책을 범한 것, 현재는 신규 주택임대등록은 폐지했지만 의무에 비해 과도한 기존 등록사업자들에 대한 혜택을 여전히 유지하는 것은 문제이다.

6·17대책과 7·10대책에서 보유세, 양도세를 강화하는 내용이 담기기 시작했다는 점에서 희망이 보이지만 아직도 매우 부족하다. 단타, 초대형 투기자들이 주된 타깃인 것으로 보인다. "규제는 시장을 이길 수 없다"는 잘못된 믿음을 불식시킬 수 있을지 우려스럽다.

어정쩡한 규제와 부족한 공공 주거안전망으로는 시장을 이길 수 없다. 임대차 3법의 조속한 실시, 기존 주택임대등록사업자에 대한 세제혜택 축소뿐 아니라 공시가격 현실화, 보유세, 양도세 등 불로소득 환수 장치 강화라는 근본대책의 실시, 여기에 더해 환수된 불로소득으로 주거안전망, 복지안전망을 제공하는 종합적이고 담대한 정책 전환이 필요하다.

2-4. 부동산정책 흔들리면 공든 탑 무너진다

정세은(2020년 10월)

지난 여름 다주택자, 단기투자자, 초고가 주택에 대한 부동산 세부담 강화안, 대규모 주택공급대책이 발표되었고 주택임대차 3법이 통과되었다. 그리고 최근에는 시가를 제대로 반영하지 못하는 공시가격을 서서히 시가에 맞추겠다는 '공시가격 현실화 로드맵'이 발표됨으로써 부동산시장 정상화를 위한 정부의 노력이 더욱 구체화되고 있다.

이에 최근 들어 이러한 정책들이 효과를 발휘하고 있다는 신호들이 감지되고 있다. 서울지역 아파트 매물이 증가하고 있다는 보도와 임대주택 안정화 효과가 나타나고 있다는 보도도 이어진다. 예를 들어 주택도시보증공사(HUG)와 한국주택금융공사의 전세대출 공적 보증 실적 등도 갱신청구권 행사가 시작된 9월에 5억 원 이하 공적 보증 갱신율이 연중 가장 높은 수치를 기록하는 등 갱신계약이 늘었다고 한다. 부동산시장이 이대로 안정세로 접어든다면 더 바랄 나위가 없을 것이다. 그러나 부동산 세제 강화안이 올해 통과되더라도 내년 6월부터 적용하도록 되어 있고 현재 제시된 공시가격 현실화 로드맵도 강력하지는 않아서 시장은 아직도 관망세를 보이며 흔들기에 나서고 있다.

최근은 전세가격 상승, 전세난이 주요 흔들기 포인트이다. 즉 임대차 계약을 연장해 기존 주택에 2년 더 눌러앉는 사례가 늘어난 것이 전세 잠김 현상을 부추겨 서울·수도권뿐 아니라 지방까지 전세 매물의 씨를 말리고 전세 값의 고공행진을 가져왔다고 한다.

그러나 조금만 생각해도 고개가 갸우뚱해진다. 이에 따르면 과거엔 2년이 되면 이사를 다녀야 했으나 지금은 이사를 가지 않을 수도 있게 되었는데, 그게 문제라는 것이기 때문이다. 그러나 전세매물(공급)이 줄어든 만큼 전세를 찾아다니던 사람(수요)도 줄었는데, 이게 왜 전세난의 원인인가?

다른 주장을 보자. 전세난이 부동산정책 실패 탓이라고 주장하는 사람들은 양도세 비과세 혜택의 거주요건을 강화한 것 때문에 집주인이 기존 세입자를 내보내고 입주를 하고자 해서 전세매물이 줄었다고 한다. 그러나 집주인이 거주요건을 채우려고 자기 집으로 들어간다면 그 집주인이 살고 있던 원래 집은 임대주택으로 다시 시장에 나오는 것 아닌가? 이외에 정부가 3기 신도시 정책을 발표해서 대기 수요가 증가한 탓에 전세 수요는 늘고 있는 것이 전세난을 부추긴다고 주장하는데 설령 그렇더라도 이들이 살고 있는 집은 다시 시장에 풀릴 것이다.

따라서 최근의 부동산정책이 전세가격 상승의 주요 원인이라고 보기는 어렵다. 그보다는 그동안 올랐던 매매가격이 이제야 반영되고 있다고 보는 게 더욱 타당하다. 실제로 2017년 매매가 대비 70%였던 전세가 비율이 그동안 매매가가 급등함에 따라 2020년 들어서는 57% 정도로 떨어졌다. 이렇게 벌어진 갭으로 인해 최근 전세가가 매매가를 따라잡느라고 전세가격이 상승하고 있다. 결국 전세가를 잡는 근본적인 정책은 매매가를 안정적으로 유지하는 것이고, 그것은 현재 제시한 정책들을 흔들림 없이 추진함으로써 가능하다. 이것이 진실임에도 투기세력은 어떻게든 정부정책을 흔들어 후퇴하게 만들고자 한다.

최근 부동산 공시가격 현실화 로드맵 안 발표 후 세금폭탄이라는 또 다른 흔들기가 시도되고 있다. 우리나라는 시세에 한참 못

미치는 공시가격 시세반영률(시세의 68%), 공시가격을 더 깎아주는 공정시장가액비율(공시가격의 60%) 때문에 과표(과세표준)(시세의 48%)가 매우 작아져 실제 내는 재산세는 매우 적다. 시세 9억 원 아파트라면 현재 연간 84만원의 재산세만을 낼 뿐이다. 발표된 공시가격 현실화 로드맵 1안에 따르면 2030년까지 현실화율이 90%가 될 것이므로 세금은 131만원이 된다. 공시가격 현실화로 세금폭탄이 떨어진다는데 시세 9억 원짜리 집이 10년 후 47만원을 더 내는 셈이다. 이게 어떻게 세금폭탄인가?

이번 정부 들어 집값을 잡지 못한 이유 중 하나는 정권 초반 부동산시장 안정화에 대한 강력한 의지를 보이지 못한 것이다. 지난여름이 되어서야 부동산정책이 다주택자, 단기투자자 등 소수 투기세력을 대상으로 강화되었다. 이 정도도 유지하지 못한다면 정말 답이 없다. 전세난도 매매가격 안정화가 근본적인 해결 책임을 국민들에게 설명하고 임대차 3법을 지켜가야 할 것이다. 전·월세 상한제에도 불구하고 갱신 시 보증금을 더 높게 요구하는 일부 집주인들에게는 강력하게 대응하고 내년 6월 전·월세 신고제가 시행되면 전·월세 시세도 투명하게 공개되므로 신규 계약에 대한 전·월세 상한제나 표준임대료 도입을 적극 모색해야 한다. 필요하다면 몇 번이든 정부대책을 내놓아야 할 것이다.

2-5. 끝내자, 집으로 돈 버는 시대

정세은(2020년 12월)

이번을 마지막으로 1년간의 경제직필 집필을 그만두면서 부동산정책의 성공을 비는 간절한 마음으로 응원의 메시지를 보낸다. 현 정부의 부동산정책에 아쉬움이 없는 것은 아니지만 집은 '재테크 수단'이라는 인식이 강한 한국적 현실, 대부분의 언론이 종부세 폭탄 프레임을 연일 보도하며 현 정부의 부동산정책을 방해하는 상황에서 고군분투하고 있다는 것을 잘 알기 때문이다

집권 초반기 미온적 대응에 너무도 답답하였지만 올해 여름 부동산세제 강화, 주택 공공적 공급 확대, 임대차 보호 강화 등이 발표되면서 현재의 부동산정책은 바람직한 트라이앵글을 형성하고 있다. 물론 현재 부동산시장이 뚜렷하게 안정화 기조를 보이고 있지는 않다. 사실 그렇게 되리라 기대하는 것이 어리석다. 정부가 종합적 대책을 발표했지만 이 중 지금 실제 작동하고 있는 것은 임대차 보호이고 나머지 두 정책은 아직 시행 전이기 때문이다. 무엇보다 지난 몇 년간 단맛을 본 투기세력이 그렇게 호락호락하게 정책 전환을 받아들이지 않을 것으로 보인다.

여기에 더해 최근 많은 언론이 종부세 폭탄 프레임, 규제의 부작용과 무용성 논리를 퍼뜨려 정부정책에 대한 국민들의 정확한 판단을 방해하고 있다. '월급은 그대로인데 세금만…집 팔고 나가란 얘기냐' 등과 같이 매우 자극적인 기사를 쉽게 접할 수 있는데, 실제로 종부세를 현재 얼마나 내고 있고 향후 얼마나 내게 될 것인가를 알고 있는 상황에서는 황당하다. 특히 많은 언론이 공시가격 현실화와 다주택자 및 초고가자산 종부세 강화로 인해

집 하나밖에 없는 고령자가 살던 집에서 쫓겨나는 듯한 이미지를 만들어내고 있는데, 사실 대부분의 고령층은 종부세 대상이 되지 않는 저가주택에 거주하고 있고 올해 종부세 대상자가 총인구의 1.15%에 불과하다는 점을 고려하면 종부세를 내는 고령층은 정말 소수일 것이다. 더구나 해당 고령층도 장기보유 공제, 고령자 공제, 거기에 부담 상한 제도까지 적용받기 때문에 웬만큼 비싸지 않은 고가주택이 아니라면 세부담이 클 수 없다. 물론 정말로 소득이 거의 없는 고령층도 있겠지만, 그들에게 부담을 주지 않기 위해 종부세 강화에 주저한다면 그로 인한 투기, 가격 상승, 많은 무주택 서민들의 좌절, 청년들의 고통은 어떻게 할 것인가?

전세난에 대한 분석도 의도적인 헛발질이다. 기승전 정부 규제 탓이다. 임대차 보호 강화로 손해를 보게 된 임대인들이 전세에서 월세로의 전환을 가속화하고 있기 때문에 전세물량이 줄어서 전세가가 오른다고 분석한다. 물론 이러한 부분이 없지는 않다. 그러나 가장 핵심적인 요인은 급등한 매매가이다. 현재의 전세가 상승은 이를 따라잡는 것이라 보아야 한다.

매매가 상승에 더해 최근 다주택자 규제 강화에 대해 이들이 자녀 증여로 대응하고 있는 것도 눈여겨볼 필요가 있다. 다주택자 입장에서 자녀를 세대 분리시켜 아파트를 증여하고 자녀가 들어가서 살도록 하는 것이 가족 전체의 부동산 수익을 극대화하는 데 유리하기 때문이다.

매매가의 급등, 다주택자의 증여 확대의 원인을 따지다 보면 결국 부동산 투자·투기의 기대소득이 크다는 것, 그것을 충분히 환수할 만큼 부동산세제가 강하지 않다는 결론에 이르게 된다. 올해 여름 취득세, 양도세, 종부세 다 강화했는데 무슨 소리인가라고 반문할 수 있겠지만 단기투자자, 다주택자들에게는 위협적인 것이 사실이나 증여를 통해 똘똘한 한 채로 줄이고 2년 거주하면 쉽게 피해갈 수 있는 것들이다. 또한 강화된 양도세, 보유세도 시행은 내년 6월 1일 부터이기 때문에 아직 시간이 있다. 내년 서울시장 선거, 그 후의 대선을 앞두고 현 정부가 언론의 집요한 방해를 극복하고 그 의지를 지켜갈 수 있을까? 시장은 분명히 '종부세 폭탄 프레임'을 활용하여 정부의 의지를 꺾으려 할 것이다.

기본적인 수준의 주거는 큰 부담 없이 거주하거나 보유할 수 있어야 하지만 그 이상에 대해서는 국민과 국가경제 전체를 위해 기대수익이 크지 않도록 정부가 나서야 한다. 국민들도 부동산 가격 안정을 위해 정부가 규제를 강화하는 것이 대다수에게 바람직하다는 것을 인식해야 한다.

무주택자야 당연히 그렇겠지만 1주택자들도 당장은 손해를 보는 듯하여도 나중에 자녀들이 독립을 할 때 결국 그 혜택을 누릴 것이기 때문이다. 김현미 국토교통부 장관은 입각 당시 '집으로 돈을 버는 시대는 끝내야 한다'고 말하였다. 정말이다. 그러기 위해 규제는 촘촘하고 뜸을 들이지 말아야 하며 사각지대가 없어야 하고 그 의지가 꺾이지 말아야 한다.

2-6. 주택투기 광풍, 어떻게 잠재울까

장상환(2020년 7월)

7·10 부동산 대책 발표에도 집값은 안정되지 않고 있다. 아파트 규제에 초점이 맞춰지면서 서울·경기권을 중심으로 다세대·연립·오피스텔로 투자 수요가 몰리는 '풍선효과'가 나타나고 있다. 풍선효과는 경남으로까지 확산 중이다.

집주인들이 주택임대차 3법 통과 전 계약 갱신을 서두르며 보증금을 미리 올리려 하면서 전세 값이 뛰고, 계약 만료 전세 물건의 재계약을 미루면서 전세 '품귀 현상'이 나타나고 있다.

정부는 주택 공급을 늘리는 방안에 골몰하고 있다. 강남지역의 그린벨트를 해제해 아파트단지를 건설하는 방안도 제기된다. 그러나 이것은 주택투기 열풍에 기름을 붓게 될 것이다.

신도시가 차례로 건설되어 수도권이 확장되면서 강남 등 도심지의 주택가격이 하락하기는커녕 더 상승했다. 대도시 생활권 면적과 인구가 증가하면 중심지의 지대가 올라가는 것은 경제적으로 필연이다. 그린벨트를 해제해서는 안 된다. 수도권 인구집중을 부추길 따름이다.

주택 투기 열풍을 잠재울 방안은 없을까. 주택공개념을 확실하게 도입하면 된다. 싱가포르와 독일 주택정책이 참조 사례가 된다.

싱가포르는 주택개발청 공공주택이 주택의 80% 정도를 맡고 있다. 주택관리청 공공주택에 거주하는 인구 비중은 1960년 9%에서 1975년 42%, 1970년대 말 70%로 늘었고, 2013년 현재 82%에 달한다. 입주자는 집값의 20%인 계약금은 연금에서 대출받고 80%는 30년 장기저리 분할 상환하면 된다. 주택관리청 공공주택을 분양받아 살다가 이사할 경우에는 주택관리청에 도로 팔아야 한다. 집을 팔 땐 양도세를 내야 한다. 1년 안에 팔면 매각금액의 12%, 2년 안에 팔면 8%, 3년 안에 팔게 되면 4%가 부과되고 그 이후로는 양도세가 없다. 그만큼 실수요를 중요시하는 것이다.

독일의 경우 자가 소유가 43%, 임대주택이 43%, 나머지가 사회주택이다. 임대주택 임차자 보호가 철저하다. 임차 기간은 집주인이 거주하거나 집수리할 경우 등 외에는 임차료만 내면 무기한 허용된다. 임차료도 인근 주택 월세 등과 비교하여 더 올릴 수 없다. 집주인이 무리한 임차료 인상을 요구하면 임차인은 지역임대차분쟁조정위원회에 제소하여 조정을 받을 수 있다. 독일에는 가구원당 방 1개가 있어야 한다는 주거기준이 있다. 임차료를 감당하기 어려운 저소득층에게는 도시별로 소득수준에 따른 주거보조금이 지원된다.

우리도 토지주택공사가 공공택지를 민간에 분양하지 말고 공공주택을 지어 환매조건부로 분양해야 한다. 입주자가 이사 갈 곳에서도 동일한 조건의 주택을 구입할 수 있으려면 도시 곳곳에 환매조건부 주택 재고가 많아야 한다. 그린벨트 해제가 아니라 도심을 재개발하거나 용적률을 높여서 공공주택 공급을 늘릴 수 있다. 단독주택을 매입하여 공공주택을 확대하는 방안도 있다.

공공주택 공급 확대에는 시간이 걸린다. 그동안 민간 주택시장에 대해서는 주택공개념을 적용하여 임차인을 보호하고 투기적 수요를 확실하게 잡아야 한다.

국회는 주택임대차 3법(전월세신고제·전월세상한제·계약갱신청구권제)을 빨리 통과시켜야 할 것이다. 주택 보유세 실효세율 0.16%(2018년)를 국제 수준인 0.5~1%로 높여야 한다. 또한 민간건설업체의 분양가를 규제하여 기존 주택가격을 올리는 부작용을 막아야 한다.

일부에서는 분양가를 규제하면 민간주택 공급을 줄여 결국 세입자에게 불리할 것이라고 하지만, 공공 주택 공급을 늘려서 충분히 해결할 수 있다.

2-7. '국민 공동자산': 헨리 조지의 위대한 발견
- 누구나 자기 몫으로 자기 삶을 보장할 수 있다

김윤상(2021년 9월)

토지가치는 국민의 공동자산

이 칼럼의 원고 집필을 마무리하고 있는 오늘 9월 2일은 미국의 토지개혁가 헨리 조지(Henry George)가 182년 전인 1839년에 출생한 날이다. 필자가 헨리 조지 연구를 시작한 지 40년이 다 되어 가는데, 올해 생일은 다른 해에 비해서 좀 특별하게 다가온다. 대선 후보 경선에서 헨리 조지의 철학에 바탕을 둔 공약이 나오고 있기 때문이다. 헨리 조지의 대표작 『진보와 빈곤』을 중심으로 그의 사상을 요약해보자.

사회가 눈부시게 진보하는데도 극심한 빈곤이 사라지지 않는 원인은 토지사유제에 있다. 생산을 위해 아무런 노력을 하지 않는 토지소유자가 단지 토지를 소유한다는 이유만으로 생산물의 상당 부분을 차지하기 때문이다. 이런 제도에서는 생산자에게 돌아갈 몫이 그만큼 줄어들고 부당한 빈부격차가 발생하게 된다. 토지는 국민 모두의 것이다. 그러나 이미 토지 사유화가 정착된 사회에서는 굳이 토지를 몰수할 필요는 없고 지대 즉 토지가치만 환수하면 된다. 구체적으로, 매년 토지의 연간 임대가치를 '지대세'로 징수하면 된다.

헨리 조지의 토지 사상을 '토지가치는 국민의 공동자산이다.'라고 표현할 수도 있다. '국민 공동자산'은 어떤 용도로 사용하는 게 적절할까? 크게 보아 두 가지 용도가 있다. 하나는 지대세 수입을 정부 재정에 충당하고 그만큼 다른 조세를 줄이는 방안이다. 생산적 노력의 결과는 노력한 사람에게 주고 그렇지 않은 것은 세금으로 거두어 공익을 위해 사용하자는 것이다. 이렇게 하면 진정한 시장경제에 어울리는 멋진 세제가 된다. 『진보와 빈곤』에서는 이런 방안을 제시했다.

국민 공동자산과 복지제도

다른 하나는 국민 모두에게 나누어주는 방안이다. 국민 각자가 동등한 지분을 가지는 국민 공동자산의 처리법으로서 매우 자연스러운 발상이다. 이렇게 하면 누구든 어떠한 역경이 닥치더라도 공동자산 중에서 자기 지분으로 자기 삶을 보장할 수 있게 된다. 다른 사람에게 기대지 않는 복지, 시장 원리에 충실한 사회보장이 된다. 이런 제도에 대해서는 '개미가 베짱이를 먹여 살리는 제도'라는 비판이 아예 성립하지 않는다.

국민 공동자산을 국민에게 나누어 주는 방안도 두 가지 방식으로 세분할 수 있다. 모든 국민에게 같은 금액을 지급하는 기본소득 방식과 빈곤층에게만 지급하는 선별 방식이다. 여당 대선 예비후보 중에서 이재명, 추미애 두 후보가 기본소득 방식을 공약으로 제시했다. 토지보유세를 강화하여 '기본소득'(이재명) 또는 '사회적 배당금'(추미애)을 지급한다는 것이다.

또 선별 방식을 택할 수도 있다. 한 예로, 모든 사람이 국민 공동자산의 지분으로 자신의 보험료를 낸 것으로 간주하고 누구든 생존권이 위협받는 상황에 부닥치면 생계비를 지급하는 '생존권보험'을 설계할 수 있다.

기본소득 대 선별적 복지

기본소득 방식은, 국민 중 납세액보다 수령액이 많은 '순수혜자'의 비율이 90% 정도 되기 때문에 토지보유세 강화에 대한 조세저항을 무마할 수 있다는 장점이 있다. 반면, 선별 방식은 같은 재원으로 1인당 지급하는 금액이 훨씬 많다는 장점이 있다.

예를 들어, 경제력 하위 20%를 복지 대상자로 선별한다면 급여액이 기본소득 금액의 최소한 5배는 될 수 있다. 기본소득 금액을 높이기 위해 토지보유세를 급격하게 인상한다면 지가가 폭락하여 2008년 미국발 금융위기 같은 사태가 발생할 염려가 있다.

한편 선별 방식의 단점으로, 선별을 위한 행정비용이 많이 들고 당사자에게 굴욕감을 준다는 지적이 있다. 그러나 이 지적은 기본소득 주장이 대두된 시기에는 타당했지만 오늘날엔 거의 해소된 것으로 보인다. 그렇다면 결국, 지급액이 적더라도 조세저항을 줄이기 위해 기본소득 방식을 택할 것인지 아니면 국민의 이해를 구하면서 지급액이 충분한 선별 방식을 택할 것인지의 문제로 귀결된다.

정치인이 단기적인 득표 전략을 기준으로 판단한다면 기본소득 방식이 더 쉽게 느껴질 수 있다. 그러나 꼭 그런 것은 아니다. 우리 세대가 자신을 위해서가 아니라 후손을 위해서 복지제도를 설계한다고 하면 기본소득 방식과 선별 방식 중 어느 쪽을 택할까? 후손이 어떤 인생을 살게 될지 알 수 없으므로 후손이 불운하게 될 경우에도 충분한 생계비를 보장받도록 선별 방식을 희망하는 사람이 많을 것이다.

그래도 의문이 생긴다. 현 세대가 자신에게는 이익이 적지만 후손을 위해 필요한 정책에 동의할까? 인류의 수준을 어느 정도로 보는지에 따라 답이 달라질 수 있지만 비관적인 것만은 아니다. 바로 지금, 기후 위기에 대응하여 여러 나라에서 미래 세대를 위한 탄소중립 정책을 약속하고 실천하고 있지 않은가? 결국 국민의 관심과 합의에 따라, 그리고 정치 지도자의 능력에 따라 결정될 문제다.

헨리 조지와 복지제도

마지막으로, 국민 공동자산과 복지에 대한 헨리 조지의 생각을 요약해본다.

① 토지 불로소득을 지대세로 환수하면 빈곤이 대폭 해소되고 따라서 복지 수요 자체가 줄어든다. 애초에 사람들이 물에 빠지지 않도록 예방하면 물에 빠진 사람을 건질 일이 줄어드는 것과 같다.
② 그래도 이런저런 사정에 의해 빈곤한 국민은 생기기 마련인데 이를 해결하기 위해 국민 공동자산을 재원으로 삼는 복지제도를 두는 것이 좋다. 헨리 조지의 육성을 인용해 보자. "우리 모두의 공동자산인 토지에서 발생하는 기금을 활용하면 누구에게도 굴욕감을 주지 않는 가운데, 보호자를 잃거나 사고를 당한 사람 또는 노년에 이르러 일을 할 수 없는 사람들의 빈곤을 막아 줄 재원을 충분히 확보할 수 있습니다."(헨리 조지 연설문, "빈곤은 사회의 범죄", 1885)

선별 비용과 굴욕감에 대해서

선별 비용과 굴욕감은 오늘날, 특히 IT강국인 우리나라에서는 별로 문제가 안 된다. 첫째, 선별을 위한 행정비용은 별로 크지 않다. 개인별 소득, 부동산, 금융, 심지어 자동차 보유까지도 이미 정부가 전산 자료로 가지고 있고, 실무적으로도 과세와 국민(지역)건강보험료 책정에 활용하고 있다. 따라서 추가 행정비용을 거의 들이지 않고도 선별이 가능하다.

둘째, 굴욕감 역시 문제가 안 된다. 요즘 현장의 복지 활동가들의 의견을 들어보면 복지 수급을 부끄러워하는 사람은 거의 없다고 한다. 그만큼 복지 수급권은 국민의 당연한 권리라고 인식이 바뀐 것이다. 또 정부가 이미 가지고 있는 자료를 이용하면 당사자의 신청 없이도 또 당사자가 심사를 받는지도 모르게 선별 작업을 할 수 있다. 과거와 달리 요즘은 철도 당국이 이미 발권 자료를 다 가지고 있으니 특별한 경우가 아니면 승객은 차표 조사를 하는지 안 하는지 모르는 것과 같다.

2-8. 공급부족론은 허구, 보유세 제대로 올려야
– '문재인 정부 부동산정책' 진단 토크쇼

김윤상, 이태경, 이원영(2018년 10월)

사회(이원영) : 오늘은 '최근 주택공급 및 토지정책'을 주제로 토크쇼 자리를 마련했습니다. 먼저 발제해주실 이태경(토지+자유연구소 부소장)선생님으로부터 대강의 요지를 듣겠습니다.

내용

이태경 : 요즘 미디어에서 전문가들이 아파트공급이 부족해서 부동산 값이 오른다고 하는데, 공급이 부족해서 아파트 가격이 올라간다는 건 거짓말입니다.

그분들은 "소득이 크게 늘어난 상위 20% 사람들이 전국에 400만 가구 정도다. 연 소득이 1억 원인 사람들이 서울에 특별히 강남벨트와 마포, 용산, 성동 쪽에 10년차 미만 아파트를 과하게 사고 싶어 한다. 그런데 이쪽에 있는 아파트는 다 합쳐도 50만 채다. 그중 새 아파트는 얼마 안 된다. 이렇게 수급이 안 맞으니 가격이 폭등한다"고 말합니다.

공급부족론은 부동산 가격이 폭등할 때마다 등장합니다. 일반 상품은 가격이 오르면 공급이 늘고 수요는 줄어듭니다. 그러나 부동산은 가격이 오르면 공급이 줄고 수요가 늘어납니다. 공급부족은 부동산 가격 폭등 때마다 반복됐습니다.

공급부족론 때문에 끊임없이 주택을 지었습니다. 주택보급율이 98%까지 올라갔고 경기도는 100%를 넘습니다. 그런데 자가보유율은 오히려 줄었습니다. 계속 짓는데 집 가진 사람은 줄어듭니다. 투기적 과수요가 서울 아파트 값 상승의 원인임을 통계가 입증합니다. 이미 주택 보유한 사람들 가운데 또 주택시장에서 참여하는 비중이 늘어납니다. 2006년 07년에 31.3%였는데, 2013년 17년 같은 경우 43.7%로 엄청 늘었습니다. 이 기간은 종부세가 이명박 정부 들어 형해화된 시기와 일치합니다.

한국은행 통계를 보면 가계부채 가운데 주택담보대출 비중이 2008년 311조원에서 2016년 545조원으로 기록적으로 늘어납니다. 주택담보대출금은 이명박 정부 5년간 93조원 늘었는데, 박근혜 정부는 4년 동안 141조원 늘어 훨씬 많습니다.

최경환 부총리가 2014년 7월에 LTV와 DTI를 완화했습니다. 빚내서 집 사라는 굉장히 강한 신호를 줬어요. 재건축 가능연한도 40년에서 30년으로 줄였지요. 임대주택의무건설 비율도 완화했습니다. 당연히 수익률이 올라가겠지요.

주택청약제도 유주택자들이 들어와서 투기하게 만들어줬지요. 서울 구파발에 2016년 초 LG자이가 아파트를 분양했는데, 완전 투기판이었습니다. 절반이 전매를 해버렸습니다. 그 사람들 1억원 이상씩 챙겨서 나갔습니다.

청와대 김수현 수석의 트라우마

문재인 정부 부동산정책의 책임자는 김수현 사회정책수석이지요. 이분은 유동성 관리에 너무 매몰돼 있습니다. 유동성 관리도 중요하지만 기본은 투기적 가수요를 막는 겁니다. 가수요를 막을 가장 좋은 방법은 보유세입니다. 보유세는 부동산정책의 근간입니다. 그런데 이건 별로 하고 싶은 마음이 별로 없고요.

문재인 정부 출범 이래 보유세 의지를 나타낸 적이 한 번도 없습니다. 보수적으로 잡아도 1년에 부동산 관련 불로소득이

300조원 이상 생깁니다. GDP(1,600조)의 20% 이상입니다. 문재인 정부가 시장을 안일하게 본 게 아닌가 생각이 듭니다. 투기에너지가 강하다고 판단하지 않고요. 가격이 오르니까 당황을 했고, 일련의 대책들이 나오는데 이게 모두 유동성 관리와 관계가 있습니다.

8·2대책 나오고, 10·24 가계부채종합대책 나오고 11·29 주거복지로드맵이 나왔는데, 이거 나오고 나서 부동산시장이 서울 같은 경우 아파트시장이 약간 소강상태에 들어갑니다. 거래량이 급감했습니다. 가격은 떨어지지 않았습니다.

김 수석은 시장이 안정되었다고 판단한 것 같구요. 그러면서 보유세를 세게 가져갈 필요가 없다고 판단한 것 같습니다. 그래서 올해 7월6일 기재부에서 재정개혁특위에서 만든 종부세 개편안보다 후퇴한 종부세안을 내놓습니다. 그런데 시장에 대한 진단에 실패하면서 지금은 관리에도 실패하고 있는 것입니다.

임대주택등록제가 김수현 수석의 오래된 신념인데, 일종의 조세회피처가 되고 있고, 레버리지(지렛대 효과)를 많이 줘서 그 사람들이 또 집을 사는 기능을 합니다. 김수현 수석은 매매시장은 진정됐으니 그다음엔 임대차시장이 불안해질 수 있다. 그래서 임대차시장의 안정을 위해 임대주택 등록제를 도입해서 임대사업자들에게 굉장히 많은 페이버를 주더라도 어쨌든 8년 동안은 계약이 유지될 수 있으니까 그러면 임대시장이 안정될 것 이라고 판단했던 거 같아요. 매매시장을 넘어서 임대차 시장까지 보고 포석을 둔거지요. 그런데 문제는 시장을 잘못 읽다보니까 포석이 틀어진 것이지요. 틀어지면서 임대주택등록제라는 제도가 매매시장을 오히려 불안하게 만든 기능을 한 게 아닌가 합니다. 그런 해석이 아니면 임대주택등록제를 이해할 수가 없습니다.

경제가 성장하고 소득이 엄청 늘어난 사람이 많고, 그 사람들이 아주 인프라가 좋은 곳에서 살고 싶은 것은 잘못된 일이 아닙니다. 그런 이유 때문에 강남의 집값이 비싼 것은 문제가 아닙니다. 그런데 정말 문제는 이 사람들이 보유세를 너무 적게 낸다는 것입니다. 적게 내면서 그 입지가 만들어내는 이득을 사유화 한다는 것이 문제입니다. 그것이 아주 비싼 집값으로 현상화되는 것이겠지만, 사람들이 그것을 사유화하는 것이 문제입니다.

서초구 아크로리버파크는 평당 1억이 넘었습니다. 30평이면 30억 원이 넘습니다. 그것이 만약에 1년에 보유세를 한 3000~4000만원 내면 상관이 없습니다. 그렇게 내도 나는 거기 살 것이다라고 하면 아무 문제없습니다. 그런데 보유세를 너무 적게 내는 것이 문제입니다.

보유세라고 하는 것은 강남같이 특별한 입지를 갖고 있는 곳의 입장료 같은 것입니다. 그리고 그 밖의 다른 지역, 그러니까 근래 들어서 서울아파트 가격의 폭등이 치명적인 것은 저가아파트들의 값이 뛰는 것이 문제입니다. 비싼 아파트가 더 오르는 것은 문제가 아닙니다. 20억짜리가 30억 되는 것이 무슨 문제입니까? 그런데 예를 들어서 3억짜리가 5억 되고 6억 되는 것은 치명적인 문제입니다.

아파트 시장에서 보유세는 일종의 해자 역할을 합니다. 외적이 침입 못 하도록 성을 둘러싸고 있는 연못 같은 역할을 하는 것입니다. 그러니까 거기를 꼭 들어가려면 해자를 넘어야 하니까 비용을 많이 치러야 하는 것입니다. 그런데 보유세가 너무 낮으니까 부담 없이 매수를 하는 것이지요. 그런 점이 좀 아쉽습니다.

정부의 9·13 대책은 잘 이해가 가지 않습니다. 부동산 시장은 7월 이후 과열국면에 들어갔습니다. 정부는 특단의 대책을 내놓

야야 합니다. 그런데 정부는 여전히 대출관리에 매몰되었다는 생각이 강하게 듭니다.

그리고 종부세 최고세율 이야기를 하는데, 이건 좀 웃긴 이야기입니다. 아까 말씀드린 아크로리버파크가 실거래가는 30억이 넘어도 공시가격은 15억에 불과합니다. 주택분종부세 최고세율을 2%에서 3.5%로 올렸다고 하는데, 이건 공시가격 94억 초과되는 부분만 해당되는 겁니다. 그러면 실거래가 30억짜리 아크로리버파크가 7채 있어야 여기 해당이 됩니다. 그런 사람이 대한민국에 몇 명 되겠습니까. 이건 정말 허무맹랑하다는 생각이 듭니다.

중요한 것은 대한민국에서 부동산이라는 것이 만 악의 근원이거든요. 여기에서 문제해결을 위해서 애쓰기보다는 미봉으로 일관하고 있고 여전히 정책기조를 보완하고 있지 않다는 점이 한탄스럽습니다.

이원영 : 김윤상 교수님도 간략히 서두발언을 하시고 이후 문답형으로 진행하도록 하겠습니다.

김윤상 : 부동산은 토지와 건물의 결합으로 이루어지는데, 건물에서는 불로소득이 절대로 생기지 않고 투기의 대상이 되지 않습니다. 자동차나 양복이 투기의 대상이 되지 않는 것처럼, 사람이 만든 물건은 만들어놓으면 자꾸 가치가 떨어지니까 투기의 대상이 될 리가 없지요. 그러니까 부동산 투기의 대상은 토지입니다. 껍데기만 보면 아파트 투기가 번성을 하니까 마치 건물이 투기의 대상인 것처럼 착시를 일으키지만, 실제로는 몇 평짜리 건물이 아니고 아파트가 깔고 있는 그 땅입니다.

또 하나는 불로소득입니다. 부동산 투기대책의 핵심은 바로 토지와 불로소득이라는 것입니다.

이원영 : 싱가폴이나 독일사례를 소개해주시겠습니까?

김윤상 : 싱가폴에서는 공공주택비율이 굉장히 많습니다. 그리고 공공주택을 공급하면서 환매조건을 붙입니다. 임대를 놓을 때는 싸게 임대를 해주고, 임대 기간 동안에는 실제보다 싸게 살 수 있고, 분양한 주택도 나중에 팔아서 이익을 챙기지는 못하게 합니다. 이런 환매조건이 붙으니까 투기대상이 될 수가 없지요. 우리나라에서는 사람들이 전부 부동산은 한 몫 잡는 수단이라는 생각을 갖고 있기 때문에, 정부당국에서도 그 사람들을 만족시키기 위해서 5년 있으면 분양을 합니다. 독일도 싱가폴과 상당히 비슷합니다. 공공주택이 많고 싸고 그리고 임대료 통제를 굉장히 강하게 합니다. 자본주의 국가라고 생각할 수 없을 정도로 강하게 합니다.

이원영 : 독일에 가보니까 독일 교수들은 자기들은 자본주의가 아니고 사회주의라고 합니다.

이태경 : 2000년 이후나 90년대 말부터 자본주의 시장경제가 변화한다는 느낌이 듭니다. 요즘 부동산 자본주의라는 말을 씁니다. 전 세계적인 현상입니다. 유동성은 엄청 과잉이고, 그 유동성이 생산적인 곳은 안 가고 자꾸 자산시장으로 많이 갑니다. 아무튼 자산이라고 하면 대표적으로 부동산이고요. 그러다 보니 2000년 이후 전 세계적으로 부동산가격이 어마어마하게 오르거든요. 대한민국은 약과인 수준입니다. 근래에도 2008년 글로벌

금융위기 있고 나서 얼마 있다가 다른 나라들이 많이 떨어졌습니다. 그게 다시 올라갑니다. 회복됩니다. 그것은 역시 유동성이 압도적으로 많이 풀리면 가격이 올라갈 수밖에 없다는 것입니다.

대한민국이 보유세 실효세율이 0.16% 정도 되는데요. 굉장히 낮은 편입니다. 미국이나 캐나다 같은 경우는 우리보다 훨씬 높습니다. 3배 내지 10배 정도입니다. 그런 나라에도 투기가 있습니다. 정부가 보유세를 많이 걷어서 좋은 데 쓰면 되는 것이지요. 예를 들어 시장에서 주택을 구매하기 어려운 사람이나 중산층도 살 수 있는 공공임대를 많이 짓거나요.

김윤상 : 토지보유세는 시장경제를 지지하는 모든 학자가 가장 우수한 세금이라고 칭찬하는 세금이라고 말씀드렸습니다. 우리 경제학교과서에도 다 나와 있습니다. 심지어 요즘 학생들이 많이 보는 맨큐(N. Gregory Mankiw)의 저서 『맨큐의 경제학』에도 그 말이 나와 있습니다. 그건 진리입니다.

세제를 비교해보면, 지대에 대해서 세금을 매기면 시장작용을 전혀 해치지 않는 가운데 재원을 조달할 수 있고요. 임금에 대해서도 세금을 매기고 이자에서도 세금을 매기면 노동 공급을 줄이고 자본 공급을 줄이게 됩니다. 그래서 제일 바람직한 세금은 지대에 세금을 매기는 것입니다. 지대라는 용어는 아시다시피 토지 지대만이 아니고 강자와 약자가 시장에서 경쟁하는데 강자가 약자를 누르고 약자가 차지할 몫을 가져가는 것도 지대라고 하지 않습니까. 그걸 세원으로 삼는 것이 제일 좋다고 되어 있습니다.

토지보유세는 아담 스미스부터 현대 경제학자 프리드먼, 맨큐까지 누구든지 예외 없이 칭찬하는 세금입니다. 그렇다면 세제 자체를 바꿔야 합니다. 정말 자본주의를 하려면 소득세, 부가가

치세 대신 시장을 해치지 않는 토지보유세 등 지대에 대한 세금 중심으로 바꿔야 한다는 것입니다. 물론 지대만 다 걷어도 충당이 안 될 때에는 추가적으로 다른 세금을 걷을 수는 있지만, 원칙적으로는 시장을 해치지 않는 세금을 먼저 걷고 그래도 부족하면 나머지를 가지고 충당하자는 것입니다.

토지보유세를 현실에 도입하는 전략에는 대체로 3가지가 있습니다. 첫째로, 점진형 전략입니다. 세제 개편을 하는데 한꺼번에 바꾸면 사회에 충격을 줄 수 있으니까 세율을 조금씩 조금씩 올려가자는 입장이 있습니다. 두 번째는 누진형 전략으로, 많이 갖고 있는 사람한테 세율을 높여서 많이 걷고 적게 갖고 있는 사람은 세율을 낮추어 적게 걷는 전략입니다. 그렇게 되면 부유세 비슷한 형태가 됩니다. 원래 우리가 달성하려는 목적보다는 부유세 가까운 효과가 나타납니다. 그게 나쁘다는 것이 아니고 본래 우리 목적하고는 다소 어그러진다는 것입니다.

저는 그중에서 나머지 하나 이자공제형 전략을 선호합니다. 이름도 생소하지요. 지대(토지의 임대가치)에서 매입지가에 대한 이자를 빼고 나머지만 징수하자는 것입니다. 이자를 공제하고 나머지만 걷으면 이런 효과가 생깁니다. 매입지가를 가지고 저축을 하나 땅을 사나 결과가 똑같아집니다. 그러니까 실수요자만 부동산을 사게 되지요. 실수요자가 아니면 살 일이 없습니다. 팔 때 골치만 아픈 것을 뭐 하러 사겠어요. 그러니까 부동산투기가 즉시 멈추고 완전하게 해결이 됩니다.

청중 A : 어쨌든 이론적인 정책으로 성공이냐 실패냐는 것은 당장에 정답이라고 할 수는 없는 것 아닙니까. 부동산포럼에 가서 들어보면 그 사람들은 이 정부가 부동산을 압박해 경제가 주저앉았을 때 그 책임은 누가 질 것이냐고 합니다. 국가가 살아야 되는데, 서민 일부를 살리겠다고 전체 경제를 말아먹을 거냐고 합니다. 부동산 경기를 살려야 경제가 사는데, 부동산 경제가 중요한 역할을 하는데 부동산 경기가 죽으면 경제도 못 산다고 하는 것이죠. 그런 측면에서는 어떻게 보시는지요?

김윤상 : 경제도 살리고 부동산 투기도 없애는 그런 방식을 써야 하는데, 임시변통으로 관리형 부동산 정책을 시행하고 있습니다. 이태경 처장님도 말씀하셨는데 자꾸 LTV, DTI 등으로 대출 규제를 하면 부동산만이 아니고 다른 데까지 영향을 많이 준다는 것입니다. 그러니까 정공법을 써야합니다. 시장의 실수요만 나타나도록 해서 기업들이 실수요를 충족시키도록 만들면 경제가 교과서대로 움직이지요.

그런데 공급확대론 속에는 부동산의 경기를 활성화시키기 위해서는 가수요까지도 충족시켜야 한다는 뜻이 포함되어 있을 수도 있어요. 그렇다면 그건 아주 위험한 논리입니다. 부동산 경기를 활성화시키기 위해서 가수요도 충족시키면 다음 시기에는 부동산 경기가 위축되고 맙니다. 실수요 이상으로 이미 공급을 해놨으니까요. 시장에 실수요만 나타나도록 하고 실수요를 공급자측이 충족시키도록 하면 그것이 진짜 시장경제이지요. 백년대계를 내다보는 경제 살리기이지요.

이태경 : 제가 보기에는 이 정부가 지금은 사회경제적인 구조적인 개혁을 할 의지나 철학은 없어 보이구요. 남북관계에서 활로를 찾으려고 굉장히 노력을 하는 것 같습니다. 경협까지 대규모로 되면 성장률도 좀 나올 것 같아서 거기에 올인하고 있다는

느낌이 많이 듭니다. 나머지는 현상유지만 해보자라는 생각을 하는 것 같은데 그게 쉽지 않지 않습니까?

청중 B : 부동산정책이 이대로 가면 이태경 처장님이 보시기에는 어떻게 흘러갈 것 같습니까?

이태경 : 우리가 아무래도 가격에 관심이 없을 수 없는데요. 저는 이 정부 들어서 가격이 이렇게 치솟을 거라고 전망을 못했거든요. 그냥 보유세가 세게 도입이 안 돼도 그냥 보합수준에서 있지 않을까 생각했습니다. 저도 잘못 본 것이지요. 그런데 아무리 유동성이 과잉이라고 해도 이게 거시지표들도 나빠지고 꺾이니까 언제까지 갈 수 있나 라는 생각이 듭니다. 그래서 시장이 소강상태에 빠지지 않을까요?

그리고 미국하고 기준금리가 0.75%까지 벌어졌는데, 이제 1%까지 벌어지면 따라가기가 쉬울 것 같습니다. 그러면 정부정책이 주효했다고 하기 보다는 금리가 오르고 시장체력이 떨어지면서 에너지가 소진될 가능성이 높다고 봅니다.

이원영 : 임대주택에 관한 정책에 대해서는 싱가폴과 독일이 제일 앞서나가는 것 같은데, 그런 나라는 경제가 상당히 강국이거든요. 싱가폴은 굉장히 고소득이지요. 그런 부분이 경제선순환 시스템이 작동하고 있는 것이 아닌가 생각이 됩니다.

김윤상 : 투자가 생산적인 곳으로 가니까 그렇지요.

청중 C : 현재 무주택자가 많은데, 아파트 값은 계속 오르는데 이걸 따라갈 수 있는지요? 현 정책을 가지구요.

김윤상 : 현 정책 가지고 당분간은 몰라도 근본적으로는 안 됩니다. 지금 정부의 목적이 관리형이라서 대충 현상유지만 해서 욕 안 먹고 싶을 뿐 근본적으로는 할 생각이 없는 것입니다.

이태경 : 대책의 일관된 키워드는 가격을 떨어트리겠다는 의지가 없잖아요. 심지어는 7월 이후에 폭등을 했는데도 9·13대책에도 보면 돌려놓겠다는 의지가 안 보입니다. 그냥 더 안 오르게 하겠다는 정도입니다. 그래서 여전히 가격하락에 대한 공포가 매우 크다고 봅니다. 그냥 현상유지만 하면 되지 더 오르게만 하지 말자라는 생각이 강하지 하락은 정말 염두에 두고 있지 않아 보입니다.

청중 D : 현재 경매시장에서도 아파트를 갖고 있는 사람은 아파트 대출을 못 받더라구요. 그렇게 해서 규제를 하면 이게 사회주의적인 방향으로 가는 거 아닙니까?

이태경 : 대출에 대한 강력한 규제는 한시적으로 쓸 수 있는 것이지요.

청중 E : 경기도는 지금 국토보유세를 걷어서 기본소득식으로 나눠주자고, 이재명 지사가 계속 고민하고 연구하고 있는데요. 보유세를 부과하면 토지시장이나 용도배분의 매커니즘이 어떻게 되는지요? 두 번째는 토지마다 생산성에 차이가 있지 않습니까? 그러면 그걸 어떻게 세금을 부과하면 좋은지요?

김윤상 : 두 번째 질문부터 답 드릴게요. 지대는 감정평가사가 집값 평가하듯이 하면 됩니다. 그냥 시장가격에 따라서. 여기서 가격은 매매가격이 아니고 임대가격입니다. 임대사례가 매매사례보다 훨씬 많잖아요. 건물 하나만 해도 매년 층마다 임대가 되지요. 그러니까 매매가격보다는 임대가격을 평가하기 훨씬 쉽고 현실에 부합할 가능성이 높다는 것입니다.

첫 번째 질문의 답변은 원론적으로 아담 스미스부터 토지보유세가 굉장히 좋은 세금이라고 했지요. 지대를 몽땅 걷고 그것을 가지고 부족하면 소득이나 부가가치에 세금을 매기는 것이 자본주의에 충실한 세제라고 말씀드렸습니다. 그런데 그건 원론이고, 지금 같은 현실에서 보유세를 올리면 어떻게 되냐고 물어보신 거지요? 지가는 미래가치의 현재가치로 바꾼 자본화가치라고 했으니까, 보유세를 올리면 올린 그만큼 매매가격이 내려가지요. 매매가격이 단기간에 많이 내려가면 금융위기가 발생할 가능성이 있습니다. 그렇지만 매매가격이 서서히 내려가면 그렇지 않겠지요. 속도에 따라 다르다고 볼 수 있습니다. 아까 3가지 전략 중에 점진형도 3년 내에 하느냐, 10년 내에 하느냐에 따라서 다릅니다.

청중 F : 보유세를 잡을 수 있는 방법은 없나요? 보유세가 굉장히 낮게 책정되어 있는데, 세율을 어떻게 매기면 좋을까요?

이태경 : 매우 복잡한 문제일 텐데요. 토지보유세는 토지보유세의 이상은 완전 비례세입니다. 지금은 누진구조입니다. 보유세가 지금은 제산세와 종부세로 이원화되어 있는데, 구간별로 누진이 되어 있습니다. 아주 많이 갖고 있는 사람들이 많이 내는 구조입니다. 그런데 토지보유세 같은 경우에는 그것보다는 비례세로 하

는 것이 이상에 맞습니다. 갖고 있는 사람들은 전부다 동일한 세율을 내는 거예요. 근데 그렇게 하면 조세저항이 굉장히 세지겠지요. 실효세율로 따져서 토지 갖고 있는 사람 모두 1%를 내자고 하면, 100억 갖고 있는 사람도 1%를 내야하고, 1억 갖고 있는 사람도 100만원을 내야 합니다. 그런데 1억 갖고 있는 사람은 얼마 되지도 않는데, 보유세를 1%나 내냐고 할 수 있지요. 그러니까 비례를 하는 것이 쉽지 않고 누진구조로 간 것이거든요. 그러니까 어쩔 수 없이 이것이 부유세 성격을 띨 수밖에 없는 것입니다. 제가 보기엔 누진세 구조는 탈피하기 어려울 것 같습니다. 그런데 보유세를 굉장히 많이 걷겠다고 하면 서울, 경기 나눠지기는 하겠습니다만 지금보다 과세대상이나 세율을 굉장히 높여야 합니다. 세부담이 굉장히 늘어나는 겁니다. 그렇게 될 수밖에 없고 아주 초부자들을 대상으로 증세하는 것이 한계가 있습니다.

우리가 흔히 말하는 중산층이 서민이라고 생각하는 허위의식이 있습니다. 나는 서민이라고 생각합니다. 내가 세금을 왜 내냐고 합니다. 그렇게 따지면 몇 사람 없습니다. 그렇게 하면 아무리 많이 걷어도 얼마 못 걷습니다. 더 걷어야 하는 건 맞지만, 밑으로 넓게 퍼져야 합니다. 또 내는 사람이 더 내는 식으로 해야 할 것입니다. 그런데 기본적으로 이게 아무리 좋은 세제라고 해도 세금이기 때문에 내는 사람은 싫지 않습니까. 중요한 것은 이것을 어떻게 정치적으로 돌파할거냐고 할 때, 그 용도가 중요할 것 같습니다. 걷어서 어디에 쓸까 하는 것입니다. 경기도에서 하려고 하는 국토보유세 같은 경우에도 그런 고민 때문에 걷어서 기본소득 형식으로 모든 국민에게 나눠주겠다는 것이지요. 그랬을 때 97%가 내는 것보다 받는 것이 많아지는 것으로 설계하는 것입니다.

기본소득 같은 경우에는 아직 우리나라에서 사회적 합의가 있는 것은 아닌 것 같습니다. 만약 기본소득으로 돌파를 못하면 어떻게 쓸 것인가. 보유세가 다 합쳐서 한 13조 정도 되는데요. 토지가 7000조라고 하면, 만약 실효세를 1%라고 하면 70조 걷어야 되니까 까마득합니다. 그런데 만약 70조라고 하면 5배 이상이라서 아득한 이야기인데, 이걸 어디다 쓸 것인가 하는 이야기는 중요할 것 같습니다.

이원영 : 현금이 없는 저소득층의 경우에는 소규모 주택을 가진 경우에는 비례세율로 매겼을 경우, 지분과세로 하면 되지 않나요? 그러니까 현금징수를 안하고 지분을 매겨놓고 나중에 거래가 발생했을 때 일괄징수 하면 되지 않습니까. 그 대신에 1%씩 매겨놓고 기본소득으로 하면 현찰로 받으니까 좋지 않습니까.

이걸 기본소득제로 해서 1인당 돈을 나눠준다고 하면 괜찮다고 할 수도 있습니다. 지분과세 매기는 것은 장부에 매기는 것이고, 현찰은 매년 들어오니까 양도계약제로 하니까 괜찮다고 할 수도 있습니다.

이태경 : 국토보유세는 15조 정도 걷는 것이고, 전 국민이 5000만이라고 할 때 기본소득이라고 하는 건 국민 모두에게 각 30만원씩 무조건 주는 것이지요.

청중 G : 계속 동의가 안 되는 부분이 있는데요. 옛날에 농업사회나 공업화가 되기 전에는 부가세의 원천이 토지를 기반으로 하지만 지금은 부가가치가 창출되는 것이 금융 같은 것은 토지 기반 없이 되잖아요. 그러면 토지를 기반으로 하면 다 해결된다는 이 부분이 동의가 안 되는 겁니다.

이태경 : 저희는 다 해결된다는 것은 절대 아니고 그건 헨리 조지의 생각입니다. 헨리 조지는 지주들이 사회가 자본가들과 노동자들이 만든 가치를 지주가 토지를 소유하면서 다 빼어간다. 합법적으로 약탈을 한다고 보았습니다. 그러니까 세금을 걷어야 한다고 했습니다. 그걸 다른 세금 다 없애고 싱글텍스라고 해서 토지단일세로 보았습니다.

그때는 지금보다 정부가 사이즈가 작았기 때문에 세율이 충분하다고 본 것 같습니다. 그런데 지금 헨리 조지주의자들은 다 그렇게 생각하지는 않구요. 사회가 만들어내는 특권, 지대를 개인이 사유화하는 것이 잘못되었고, 그중에 가장 대표적인 것이 토지라고 본 것입니다. 저희는 금융에도 과세를 더 세게 해야 한다고 생각합니다. 그런데 그게 덩치가 크고 해악이 너무 크니까 그거 먼저 하자는 것입니다.

청중 B : 그전에 싱가폴이나 독일의 경우는 국가가 개인해서 토지에 대해서 매입을 해서 임대주택을 짓는데, 정부 땅도 많지요. 싱가폴이나 독일 같은 경우 토지는 국가 것이라서 건물만 갖고 있어서 집값이 많이 안 오르는데, 우리는 택지를 개발해서 토지를 쪼개서 건설사에 판매하는 겁니다. 입찰로 하다 보니 최고가를 받고, 입지가 보면 가격상승도 되구요. 저희가 그런 정책을 할 수가 없나요?

이원영 : 바로 제가 옛날부터 주장해오던 바입니다. 택지개발을 해서 토지를 수용하는데 그것을 매각하면 안 됩니다. 거기에서 문제가 생깁니다. 수용을 했으면 땅은 두고 집만 분양, 임대를 하고 땅은 국가가 갖고 있어야 하는데 땅장사를 한단 말입니

다. 그것은 헌법에 어긋나는 위헌입니다. 싱가폴은 토지사유목도 있고, 공공임대주택도 있는데, 중요한 것은 정부가 개인땅을 토지강제수용을 했다는 것입니다. 토지강제 수용했으면 되팔면 안 되지요. 국가가 갖고 있다가 집 없는 사람들에게 나눠주려고 수용한 거니까요.

이태경 : 우리도 국가가 굉장히 많은 국유지를 갖고 있었고, 심지어 공익 목적으로 민간이 갖고 있던 땅을 수용을 했잖아요. 그러면 그걸 정부가 민간한테 매각을 하거나 이런 방식을 지양했어야 하는데 국유지까지 다 매각을 해버렸거든요. 그게 아주 손쉽게 돈을 만들려고 했던 건데, 길게 보면 아주 큰 손실이었던 것입니다.

위치나 용도를 보면 서울이나 근처에 택지를 공급할만한 땅이 별로 없지요. 굉장히 어려운 상황이 된 것입니다. 그냥 길게 못 보고 단기간에 빨리빨리 국가가 갖고 있는 땅을 매각하려다 보니까 어려움에 봉착을 한 것입니다.

2-9. 한국토지정책학회 좌담회 요지
- '은행 빚으로 자산증식하자는 도박'이 여당 정책이라고?

김성훈(2021년 6월)

최근 더불어민주당의 부동산정책이 급선회하고 있다. 5월 27일, 김진표 의원이 이끄는 민주당 부동산특위(부동산특별위원회)는 "주택시장 안정을 위한 공급, 금융, 세제 개선안"(개선안)을 발표했다. 한편 송영길 민주당 대표는 '누구나 집'을 적극 추진하고 있다. 정권초기부터 지향해오던 불로소득 시정과 집값안정화 정책에 역행하는 방향이다.

이에 한국토지정책학회는 지난 6월 11일 온라인상으로 "여당 부동산정책에 대한 긴급 좌담회"를 개최했다. 이날 발제는 이태경 토지+자유연구소 부소장, 토론은 임재만 세종대학교 교수와 정세은 충북대학교 교수가 맡았고 학회의 임원들이 함께 좌담회에 참여했다.

이태경 부소장은 발제문에서 민주당 부동산특위의 개선안이 종부세(종합부동산세) 과세대상 축소 등 규제완화에 치중되어 있으며, 부동산 하향안정화를 위해 현 개선안을 철회하고 보유세(종합부동산세 및 재산세) 및 대출규제를 강화할 것을 주문했다. 발제 요지를 소개하면 다음과 같다.

"민주당 부동산특위가 잘못된 정책을 내놓은 것은 재보선(재보궐선거)에서 드러난 '부동산 민심'을 잘못 파악했기 때문 재보선의 부동산 민심은 두 가지 갈래로 해석된다. 첫째는 부동산 가격 급등에 대한 불만, 둘째는 재산세 및 종부세 등 세금증가에 대한 불만이다.

부동산 민심을 전자와 같이 해석해야, 지방선거와 총선거에서 민주당을 적극 지지했던 시민들이 재보선에서 지지를 거둔 이유를 설명할 수 있다. 즉, 재보선 패배에서 드러난 부동산 민심은 현 정권의 지속적인 부동산 하향 안정화 실패에 대한 심판으로 보아야 한다.

부동산 민심에 대한 잘못된 인식 위에 세워진 민주당 부동산특위의 개선안은 결국 부동산 시장불안을 초래할 것이다. 이에 대하여 대출을 완화하면 시장에 신규 매수자가 유입될 것이며, 부동산 세금을 감면하면 기대수익률이 높아져 주택매도량이 감소할 것이다. 즉, 수요는 증가하고 공급은 감소할 것이기 때문이다.

송영길 대표의 '누구나 집'은 인천시장 재임시절에 추진했던 아이디어 차원의 정책인데, 미래를 담보로 삼는 무책임한 정책이다. 문제가 컸던 조지 부시 전 미국대통령의 '오너쉽소사이어티(ownership society)'와 다를 바 없다. 이는 무주택자가 분양가격의 10%를 선납하고(신혼부부는 6%) 10년을 거주하면 최초 분양가격으로 매수할 수 있는 권리를 제공하는 것을 골자로 하고 있다.

포장은 그럴싸 해보이지만 '누구나 집' 제안은 부동산 시장안정을 저해할 것이다. 선입금이 극단적으로 낮기 때문에 무주택 청년 및 신혼부부가 부동산 자가 시장에 대거 유입되어 부동산 가격이 급등할 수 있고 장기 원리금 상환 부담에 의한 가계경제 부실이 우려된다.

그 외에도 '자가소유 촉진은 타당하고 적정한가?', '청년과 신혼부부는 불로소득을 전유해도 되는가?', '원리금 상환 부담을 해결할 수 있는가?'와 같은 쟁점이 남아 있다. 한마디로 완성도가 낮은 정책이다. 우리가 지속적으로 지향해야할 것은 '자가'가 아니더라도 주거권을 안정적으로 보장받을 수 있는 사회를 건설하는 것이 책임 있는 정치다."

이어진 토론에서, 임재만 교수는 이태경 부소장의 발제에 대하여 공감하면서, "민주당이 부동산 민심을 바르게 보고 부동산 시장의 안정을 위해서 국토보유세, 기본주택, 토지의 공적소유 강화를 견지할 필요가 있다. 최근 여론조사에서 종부세 인하에 반대하는 의견이 60% 이상이었던 것이 이를 뒷받침한다"고 강조했다. 임교수는 '누구나 집'에 대하여 "결국 10년 동안 운영한 이후에 분양전환하는 공공임대주택과 같다. 단지 분양전환 시 최초 분양가가 적용될 다름이며 불로소득이 발생하는 점에서는 다를 바 없다"고 평가했다.

그는 '누구나 집'이 사업적인 면에서도 리스크는 크고 이익은 적을 것이기 때문에 정상적으로 참여하는 사업자가 극히 드물 것이라고 비판했다. 다시 말해, 사업자에게 있어서 '누구나 집'은 부동산 가치가 상승할 때에는 최초 분양가 보다 이익을 얻을 수 없고, 반대의 경우에는 세입자에게 매입의무가 없어 이익실현이 어려울 것이다. '누구나 집'이 지금 상태에서 무리하게 추진되면 3기 신도시와 같은 공적 자산이 정치적 실적을 만들기 위한 용도로 희생될 우려가 있다고 지적했다.

이어서 토론에 나선 정세은 교수는 민주당 부동산특위에 참여했던 경험을 바탕으로 토론을 이어나갔다. 정교수에 의하면 "부동산특위에서는 분명한 입장을 가진 위원이 드물었고 대체로 양도소득세와 종부세 완화에 우호적인 인사가 집중적으로 위촉된 것으로 보였다. 이 점에서 민주당 부동산특위가 부동산 문제를 중립적으로 문제해결을 위해 운영하기 보다는 나름의 결론을 가지고 이를 정치적 일정의 부속으로서 이용한 것은 아닌지에 대한 의구심이 들었다"고 설명했다.

이날 참석자들은 "여당의 부동산정책이 국민이 누릴 기본권으로서의 주거의 개념은 실종되고 자산증식의 욕망에 불을 지르는 퇴행적 정책이다" 이라는 지적, 그리고, "도박이 될지도 모르는 은행 빚으로 자산증식하자는 것이나 다름없다. 원리적으로 그 리스크를 떠안을 사업자에게 국가가 그 손실을 보전해주지 않을 수 없고, 그 돈은 결국 세금으로 충당해야 하는데 이건 있을 수 없는 불공평에 해당한다." 그러면서 "국가가 이런 도박성 짙은 불공평한 정책을 조장하는게 말이 되는가?"는 지적들을 하였다.

좌담참여자들은 이구동성으로 여당에 대해, "정권초기부터 지향해오던 불로소득 시정과 집값안정화라는 상식적인 자세를 회복해야 한다는 것, 그리고 제대로 집행되지 못한 기둥정책인 보유세 강화와 더불어 자산으로서의 주택이 아닌 기본권으로서 주거권에 대한 정책이 중시되는 방향으로 바로 잡아야 한다"고 주문했다.

제3부

기본소득형 국토보유세

제3부 기본소득형 국토보유세

3-1. 토지배당제와 새로운 사회

남기업(2021년 2월)

1. 시장경제를 망치고 불평등을 심화시키는 토지투기

우리나라 땅값은 얼마일까? 한국은행에 따르면 2020년 현재 1경 원에 약간 못 미치는 9,679.4조 원에 달한다. GDP의 무려 5.01배다. 그럼 비싼 걸까 싼 걸까? 다른 나라와 비교하면 그 정도를 가늠해 볼 수 있다. GDP 대비 지가는 호주(3.12), 오스트리아(1.75), 캐나다(2.23), 핀란드(0.82), 독일(1.54), 네덜란드(1.79), 영국(2.57)이므로 우리나라가 다른 나라보다 2~3배 높은 수준이다. 땅값이 높다는 것은 무슨 뜻일까? 예를 들어 우리나라가 보유한 자동차 가격의 총합이 경제 규모가 비슷한 다른 나라보다 높다면 그것은 우리나라가 부유하다는 것이다. 그러나 땅도 그럴까? 다른 나라보다 땅값이 비싸면 부유한 것일까?

그건 아니다. 경제가 발전하면 토지 가치도 오르는 것은 당연하지만, GDP 대비 땅값이 다른 나라보다 2~3배나 높다는 것은 그만큼 다른 나라보다 생산 활동하기 어렵고 집값이 비싸다는 것이며, 게다가 토지 소유까지 불평등하면 토지는 불평등의 중요한 원인이라는 뜻이 된다. 분배 측면에서 보자면 다른 나라에 비해서 땅값이 높다는 것은 그 나라가 만들어 낸 총소득에서 토지소유자가 더 많은 부분을 가져갈 수 있다는 걸 의미할 뿐이다.

그러면 다시 묻자. 우리나라의 땅값이 이렇게 비싼 이유는 무엇일까? 나는 토지투기가 주된 원인이라고 본다. 토지 공급은 고정된 상태에서 실수요에 투기수요까지 가세하기 때문이라는 것이다. 우리가 알고 있듯이 투기는 불로소득을 노리고 일어난다. 반대로 말하면 불로소득이 없으면 투기를 하지 않는다. 매매차익에 대한 기대와 토지 매입가에 대한 이자보다 얻을 수 있는 지대 수입이 높을 것이 예상되면 투기수요가 생긴다.

그렇다면 이렇게 해서 발생한 불로소득은 얼마나 될까? 최근 10년간(2011~2020) 불로소득의 규모는 GDP 대비 평균 17.4%나 된다. 2011년에는 221.5조 원, 2015년 283.1조 원, 2019년 352.9조 원이 발생했고, 2020년에는 무려 445.5조 원이나 발생한 것으로 추산되었다. 토지를 보유하고만 있어도 팔기만 해도 어마어마한 이익이 발생하고 그 규모가 점점 커지기 때문에 투기수요가 존재하는 것이고 그 결과로 땅값은 세계 최고가 되어버린 것이다.

여기서 가장 큰 문제는 이렇게 얻은 불로소득은 결국 토지를 소유하지 못한 사람이나 조금밖에 보유하지 못한 사람들의 소득이 토지 과다 보유자에게 이전된 것이라는 점인데, 이것은 두 가지로 진행된다. 하나는 토지를 보유하지 못한 사람의 소득이 '임대료'라는 명목으로 토지 과다 보유자에게 이전된다. 상가세입자들이 열심히 일해서 번 소득이 건물주에게로, 집 없는 비정규직 청년들과 신혼부부들이 노력한 소득이 집주인에게로 쉼 없이 이전된 소득이 바로 이것이다. 두 번째로 투기가 일어나면 매매를 통해 소득이 이전된다. 예를 들어 부동산 투기가 일어나지 않으면 집값이 5억 원인데, 투기가 일어나서 7억 원이 되었다고 가정해보자. 집이 필요한 무주택자는 결국 지금 안 사면 더 오를 거

같은 불안감에 가지고 있던 4억 원에 3억 원을 대출받아 7억 원의 집을 샀다면 대출받은 돈 3억 원 중 2억 원은 투기 때문에 대출받은 받은 돈이고 그 돈은 결국 매도인에게로 이전된다.

그렇다. 토지는 대한민국에서 불평등의 주범이다. 우리가 이것을 심각하게 생각해야 하는 이유는 토지로 인한 불평등은 부당한 원인에 의한 불평등이라는 점이다. 정당한 원인에 의한 불평등은 사회를 안정적이면서 역동적으로 만든다. 사회구성원들을 더 노력하도록 유도하고 그것이 사회 전체에 유익이 된다. 하지만 부당한 원인에 의한 불평등은 사회 갈등을 유발·심화시키고 사회구성원들을 낙담시킨다.

한편 이쯤에서 우리가 한 가지 묻고 넘어가야 할 것이 있는데, 그것은 이렇게 불평등을 심화시키는 토지투기가 과연 시장경제 원리에 부합하느냐는 것이다. 시장경제의 핵심은 자원의 효율적 배분이다. 토지라는 한정된 자원이 효율적으로 배분된다는 것은 "토지소유자 = 토지의 효율적 사용자"라는 등식이 성립한다는 것을 뜻한다. 그러나 토지 불로소득이 일상적으로 발생하는 토지시장은 이 등식이 성립하지 않는 경우가 다반사다. 왜냐면 토지는 일반 재화와는 달리 시간의 지남에 따라 가치가 하락하지 않고 상승하기 때문이다. 시간의 경과에 따라 감가(減價)하는 일반 재화의 경우에는 효율적으로 사용하는 경우가 아니면 손해가 되므로 소유하지 않으려고 하지만, 토지처럼 증가(增價)하면 효율적 사용자가 아니더라도 매매차익을 기대하며 소유하려고 한다. 더구나 이런 토지소유자는 토지를 효율적으로 사용하지 않고 유휴화시키거나 저밀도로 사용하는 경우가 상당하다. 그렇게 하는 것이 소유자에게 더 큰 이익이 되기 때문이다. 그런데 불로소득이 차단 내지 환수된다면 토지라는 한정된 자원은 효율적으로 배분

된다. 한마디로 말해서 돈이 되지 않기 때문에 꼭 필요한 경우가 아니라면 소유하려고 하지 않고, 소유한다면 효율적으로 사용하게 된다.

요컨대 토지투기는 시장경제와도 충돌하고 부당한 불평등을 낳는 원인인데, 이런 토지투기의 폐단은 전 세계에서 땅값이 가장 비싼 대한민국이 유감없이 보여주고 있다. 그렇다면 어떻게 할 것인가? 토지투기를 잠재우고 토지로 인한 불평등을 제거하는 방안은 없는 것인가?

토지배당제의 고안 배경

토지투기 문제를 해결하는 방법에는 무엇이 있을까? 가장 좋은 수단은 토지에 보유세를 집중해서 강화하는 것으로 알려져 있다. 이렇게 하면 토지 보유 부담이 늘어나고 다른 변수가 없으면 땅값은 떨어지고 토지소유자는 효율적으로 사용하기 위해서 애쓰게 된다. 매매차익도 없고 임대수익도 별로 기대할 수 없기 때문이다. 토지가 투기의 대상이 아니라 사용의 대상으로 자연스럽게 전환된다.

그렇다면 지금까지 이렇게 우수한 세금인 토지보유세를 강화하지 못한 이유는 무엇일까? 흔히 말하듯이 시장경제에 부합하지 않아서일까? 아니다. 토지보유세만큼 시장경제에 부합하는 세금이 없다. 노동과 자본에 대한 세금은 노동 공급과 자본 공급을 줄이지만 토지보유세는 그렇지 않다. 토지는 세금과 무관하게 존재량이 고정되어 있기 때문이다. 그뿐 아니라 앞서 말했듯이 토지보유세는 토지라는 한정된 자원을 효율적으로 배분하는 기능을 한다.

그렇다면 재산권의 본질을 침해해서일까? 그것도 아니다. 오히려 통상의 이익을 초과하는 토지 불로소득은 타인의 재산권을 침해한다. 토지투기는 토지가 없어서 토지를 빌려 써야 하는 사람들, 투기로 인해 고가(高價)가 된 토지를 매입하려는 사람들의 재산권을 침해한다. 즉 토지보유세는 경제효율을 높이고 재산권 원리에도 부합한다.

그러면 왜 도입하지 않을까? 두 가지 이유가 있다. 하나는 토지보유세가 정의롭고 효율적이라는 점이 충분히 알려지지 않았기 때문이다. 사회과학, 특히 경제학은 토지를 독자적으로 다루어야 할 재화임에도 일반 재화와 똑같이 간주하는 경향이 강하다. 이런 이유로 주류경제학 교과서에는 토지가 거의 등장하지 않는다. 믿기지 않으면 지금 가까이에 있는 경제학 교과서를 찾아보라. 토지가 어떻게 다뤄지는지를. 토지는 책 앞의 목차에는 없고 맨 뒤 색인표(index)를 통해서 겨우 찾을 수 있을 뿐이다. 토지 거품과 붕괴로 경제위기가 초래되어 금융기관이 붕괴해도, 불평등이 심해져서 사회 갈등이 극심해도 경제학 교과서에서는 토지를 다루지 않는다. 그런데 만약 경제활동뿐만 아니라 인간의 모든 삶에 엄청난 영향을 미치는 토지를 경제학 교과서가 제대로 다뤘다면 토지보유세 강화는 훨씬 쉬웠을 것이다.

토지보유세 강화가 도입되지 않은 또 다른 이유는 토지를 과다하게 보유한 개인과 법인의 반대 혹은 저항 때문이다. 토지보유세 강화는 이들이 누리는 이익의 규모를 줄인다. 이들은 소수이지만 경제 권력, 언론 권력, 정치 권력, 심지어 종교 권력까지 좌우한다. 이런 까닭에 이미 학문적으로 정리가 되어 있어도 유력한 대안으로 제시되지 못하는 것이다.

이것은 대한민국 토지보유세의 역사를 보면 알 수 있다. 우리나라 토지보유세 강화에 대한 요구는 꾸준히 제기되어 왔는데,

법으로 도입된 것은 투기가 기승을 부리던 시기였다. 첫 번째 시기는 1980년대 말이다. 이른바 3저 호황과 올림픽 특수로 1980년대 말 전국적으로 토지투기가 기승을 부리자 토지공개념에 대한 요구가 비등하였고 정치권은 이를 외면할 수 없었다. 하여 당시 여당인 민정당은 일부 토지에 적용하는 준조세 성격의 토지공개념 3법, 즉 택지소유상한제와 토지초과이득세와 개발부담금제를 도입하고 모든 토지에 적용하는 토지보유세인 종합토지세를 도입하기에 이른다. 국지적으로 발생하는 개발이익을 환수하고 모든 토지에 보유세를 강화하여 토지투기를 차단하겠다는 것이다. 이렇듯 종합토지세는 우리나라에서 토지보유세를 강화한 최초의 시도다.

보유세를 계속 강화하는 방법에는 두 가지가 있다. 하나는 세율을 계속 높이는 것이고 또 하나는 과표를 시장 가격에 가깝게 붙이는 것인데, 노태우 정부는 후자를 선택했다. 즉 세율은 고정한 채 당시 시장가격에 비해 턱없이 낮았던 과표를 계속 올리는 방법을 선택한 것이다. 그러나 노태우 정부, 김영삼 정부, 김대중 정부도 이를 제대로 실행하지 못했다. 1990년 15%였던 과표적용률이 꾸준히 증가하다가 김대중 정부에 들어와서 30%에서 정체되어버렸다. 처음에 종합토지세를 도입할 당시 15%에 머물렀던 과표적용률을 60%까지 끌어올리겠다고 약속했던 노태우 정부는 20%에 그쳤고, 100%까지 끌어올리겠다고 약속했던 김영삼 정부도 30% 수준으로 올리는 데 그쳤으며, 그 후 김대중 정부 때는 이 비율이 30% 전후를 등락했다.

그러던 중 참여정부에 들어와서 주택 중심으로 부동산 가격이 폭등하자 토지공개념 실현 및 보유세 강화론이 다시 대두되었다. 한계가 많은 종합토지세를 가지고는 보유세 강화를 달성하기 어렵다는 걸 인지한 당시 정책팀은 주택에 초점을 둔 '국세'인 종합부동산세를 도입했다. 종합부동산세가 종합토지세와 다른 점은 지방세가 아니라 국세라는 점과 주택에 대해서는 토지·건물 분리과세에서 통합과세로 전환하고 세 부담을 강화한 점이다. 토지와 관련해서는 종합토지세의 틀을 그대로 이어받아 주택, 종합합산토지, 별도합산토지로 구분하여 일정 가액 이상의 주택 및 토지에만 누진적으로 부과했고 세율도 강화했지만, 농지나 공장용지 등의 분리과세대상토지는 종합부동산세에서 제외시켰다. 그리고 세수 전액을 지방 교부세로 사용해서 국토균형발전을 도모한 것은 새로운 시도다.

놀라운 점은 참여정부는 고가 다주택 및 부동산 과다 보유 개인과 법인에게만 보유세를 강화한 것이 아니라 중저가 부동산에 부과하는 재산세를 통해서도 보유세를 강화하려 했다는 점이다. 참여정부는 지방세법과 종합부동산세법에 보유세의 과표적용률을 100% 도달을 목표로 도입 당시 50%였던 과표적용률을 재산세는 매년 5%씩, 종합부동산세는 매년 10%씩 올라가도록 법에 명문화했고, 공시지가 및 공시가격의 시가반영률도 계속 끌어올렸으며, 이를 통해 2017년까지 주택의 경우 보유세 실효세율을 0.61%까지 강화하려 하였다.

그러나 참여정부의 보유세 강화도 조세저항에 부딪혀 결국 좌초되고 말았다. 참여정부 이후에 등장한 이명박 정부는 참여정부가 만들어 놓은 종합부동산세와 재산세를 통한 보유세 강화 계획을 무산시켰다. 과표적용률을 공정시장가액비율을 바꾸면서 보유세의 점진적 강화를 중단시켰고 종합부동산세 과세 기준과 세율마저 낮춰버렸다.

이렇게 우리나라의 보유세 강화가 1980년대 후반부터 꾸준히 제기되었지만, 1995년부터 2020년까지 0.2%를 넘지 못하고 0.15~0.17% 사이를 오락가락하고 있다.

토지보유세가 불평등의 주범인 토지투기를 차단하는 것이라면 우리는 조세저항을 극복하는 방법을 찾아야 한다. 토지과다보유자는 물론이거니와 작은 액수를 부담하는 토지과소보유자들도 싫어할 수밖에 없고, 보유하지 않은 사람들, 다시 말해서 보유세와 무관한 사람들은 무관심한 제도가 사회 전체를 이롭게 한다는 이유로 제도화된다는 것은 불가능에 가깝다. 언제나 그렇듯이 보유세 강화가 입법화되려면 적극적 지지는 필수다.

토지배당제 구상

이런 배경에서 나온 것이 바로 토지배당제다. 토지배당제는 토지보유세와 기본소득의 결합이다. 다시 말해서 토지보유세로 징수한 세수 전부를 국민 모두에게 똑같이 배당한다는 것이다.

그러나 토지배당제는 단순히 조세저항을 극복하기 위한 '필요' 때문에 고안된 것은 아니다. 배당은 권리에 기반한다. 주식을 예를 들면 주식을 소유자라야 배당받을 권리가 생긴다. 그런데 원칙적으로 토지에 대해서는 모든 사람이 평등한 권리를 가지고 있다. 왜냐면 앞서 말했듯이 토지는 인간이 노력해서 만든 산물이 아니고 토지가 없으면 인간은 생존 불가능하기 때문이다. 노력의 산물도 아닌 토지는 모두가 필요한 재화라면 토지에 대한 권리가 모두에게 평등하다는 결론은 자연스럽게 도출된다. 그뿐 아니라 토지에서 발생하는 이익은 개인이 만든 것이 아니라 사회가 만들었다. 이로써 토지배당제는 조세저항 극복 수단의 정당성을 획득한다.

그러면 이제 토지배당제를 구체적으로 설계해보자. 모든 제도가 그러하듯 새로운 제도를 도입하려면 기존 제도를 완전히 무시하고 설계할 수는 없다. 다시 말해서 현재 보유세인 국세 종합부동산세와 지방세 재산세 구조 위에서 토지배당제를 설계해야 한다. 그런 까닭에 필자는 다음과 같이 6개의 원칙을 제시한다.

① 모든 토지를 인별로 합산해서 세금을 부과한다. 이것은 기존의 종합토지세와 종합부동산세의 한계를 뛰어넘으려는 시도다. 기존의 보유세는 주택은 주택별로, 일반건축물의 부속 토지는 별도합산토지로, 나대지는 종합합산토지로, 농지와 공장용지 등은 분리과세대상토지로 분리해서 따로따로 부과했는데, 토지배당제는 모든 토지를 합산해서 과세한다. 명실상부한 모든 토지의'종합화'와 토지를 많이 보유할수록 더 많이 부담하는 '응능화'를 구현하자는 것이다.

② 세수 전액을 국민 모두에게 똑같이 배당한다. 모든 국민이 배당받을 권리가 있기 때문이다. 단 법인(비법인)도 토지에 대한 평등한 권리가 있다고 보아 기본 공제를 한다.

③ 지방세인 토지분 재산세를 차감하여 이중과세 문제를 해결한다.

④ 현행 국세인 종합부동산세를 토지배당제로 흡수·통합하고 기존 종합부동산세의 교부금액만큼 지방정부에 보전한다.

⑤ 과표적용률을 활용하여 보유세를 점진적으로 강화한다. 종합부동산세의 다주택자 투기 억제 기능을 승계하는 차원에서 특례세율을 도입하며, 생산에 이용되는 별도합산토지와 공장용지, 그리고 저율로 과세되는 농지에 대해서는 낮은 과표적용률을 적용하는 동시에 과표적용률을 점진적으로 높여서 토지보유세를 강화한다.

⑥ 배당과 토지세를 하나의 제도로 통합한다. 징수 후 배당하는 것이 아니라 징수금액에서 배당액을 공제한 나머지만 징수 혹은 배당하도록 한다.

그러면 토지이익배당제의 과세 구간과 세율을 확정해보자. 과세체계는 7개의 구간으로 아래와 같이 구성한다.

〈토지배당제의 과세체계〉

구간	구간	세율
구간 1	0~1억원	0.3%
구간 2	1~5억원	0.5%
구간 3	5~10억원	0.7%
구간 4	10~20억원	1.0%
구간 5	20~50억원	1.3%
구간 6	50~100억원	1.6%
구간 7	100~억원	2.0%

위와 같은 과세체계 하에서 토지배당제를 통해서 거둘 수 있는 세수와 실제 배당을 시산해보면 아래와 같다.

〈토지배당제 시산 (2022년)〉

토지세(A)	42.3조 원
토지분 재산세(B)	12.1조 원
종부세 공제액(C)2)	4.1조 원
기본소득 재원(A-B-C)	26.2조 원
2022 인구추계	51,846,339명
1인당 기본소득액(연)	50.5만 원
순수혜 세대 비율	96.3%

두 번째 표에서 보는 것처럼 첫 번째 표의 과세체계로 토지세를 징수하면 42.3조 원을 징수할 수 있고, 여기에서 재산세인 토지분 재산세 12.1조 원과 종부세 공제분 4.1조 원을 차감하면 26.2조 원이 된다. 이 금액을 국민 전체에게 나누면 인당 배당액은 50.5만 원이 된다.

물론 모든 사람이 50.5만 원을 배당받는 것은 아니다. 아래 그림에서 보듯이 토지를 보유하고 있는 사람은 〈50.5만 원-토지세〉를 배당받는 것이고 토지세가 50.5만 원을 초과하면 혜택은 없고 부담이 더 많게 된다. 이것을 그림으로 나타내면 다음과 같다.

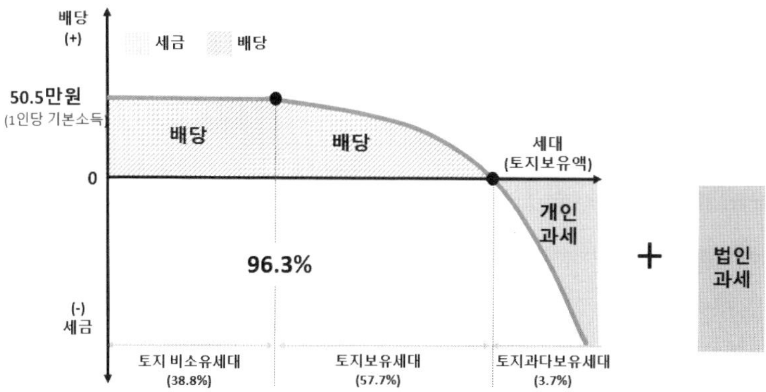

〈토지배당제 분포도〉

위 그림에서 보듯이 38.8%의 세대는 토지를 보유하고 있지 않기 때문에 배당만 받게 되고 토지를 보유한 57.7%의 세대는 부담보다 혜택이 더 많은 세대가 된다. 물론 3.7%의 세대는 부담이 훨씬 크다. 그리고 마찬가지로 토지 과다 보유 법인과 비법인도 부담을 하게 된다. 이렇게 하면 시가 16억 원을 보유한 1주택 3인 가구까지 부담보다 혜택이 많게 된다. 물론 가족 구성원이 많으면 순수혜 주택 시가는 더 올라갈 것이다.

다음에는 실제 개인에게 발송되는 '배당·납부고지서'를 보면서 토지배당제를 좀 더 구체적으로 살펴보자. 모든 개인에게 배당고지서를 통지하지만, 세대주에게는 세대원 전체의 토지배당 내용 전체를 동시에 통지하는데, 아래 두 개의 표가 이것이다. 가상의 인물인 이명재 씨는 시가 10억 원짜리 1주택을 보유하고 있고 세대주이면서 세대원은 4명이다.

〈배당·납부고지서〉

소유자	이명재
과세대상	700,000,000 (주택공시가격)
과세표준	400,000,000 (토지분 공시지가)
토지세액 (토지분 재산세 차감 후)	900,000
배당액	500,000
납부액	400,000

〈세대원 토지배당 현황〉

가구원(4인 가구)	토지배당 순수혜 금액
이명재	- 400,000
김경혜	500,000
자녀 1	500,000
자녀 2	500,000
가구의 토지배당 순수혜 금액	1,100,000

이명재 씨가 보유한 주택 10억 원의 공시가격은 7억 원으로, 주택의 부속 토지의 과표를 4억 원이라고 간주했다. 이렇게 되면 토지배당제로 부담해야 할 토지세는 90만 원이 된다. 그런데 배당액이 50만 원이기 때문에 실제 납부액은 40만 원(90-50만 원)이다. 그렇지만 이명재 씨는 아내 김경혜 씨와 자녀 2명도 있다. 이들도 각각 50만 원씩 배당을 받기 때문에 다 합치면 총 배당액, 즉 순수혜 액이 110만 원이 된다. 이렇게 시가 10억 1주택 4인가구가 이렇게 순수혜 세대가 된다면 대한민국 대부분의 가구가 순수혜 가구가 된다는 뜻이 된다.

토지배당제가 가져올 새로운 사회의 모습

토지배당제가 실시 되면 우리 사회는 어떻게 변화될까? 첫째는 부동산 소유 불평등이 줄어든다. 무엇보다 토지배당제 실시는 부동산 기대수익률을 줄이기 때문에 부동산 투기, 정확히 말하면 토지투기가 차단되고 이것은 결과적으로 부동산 소유 불평등을 줄여줄 것이다. 민간임대사업자들이 보유하고 있는 주택의 부속 토지도 예외 없이 '합산' 과세하기 때문에 보유 부담 증가로 결국 매각하게 되고, 법인이 보유한 부동산도 물건별이 아니라 합산해서 부과하기 때문에 업무용 부동산이 아닌 비업무용 부동산을 매각하게 될 것이며, 이를 통해 부동산 소유 불평등은 자연스럽게 줄어들 것이다.

두 번째로 소득 불평등도 줄어든다. 토지배당제가 실시되면 다른 변수가 없으면 땅값이 떨어지고, 지가 하락은 매매차익과 임대소득의 규모 하락으로 이어져 부동산이 초래한 소득 불평등은 줄어든다. 반면에 토지배당제는 토지를 조금밖에 소유하지 못한 사람과 아예 소유하지 못한 사람들에게 엄청난 혜택이 되기 때문에, 즉 실질 소득을 높여주기 때문에 소득 불평등은 더 줄어들 것이다.

세 번째로 경제효율이 더 높아진다. 경제에 큰 부담이었던 땅값이 내려가면 지가에 짓눌렸던 생산의 용수철이 튀어 오르게 될 것이다. 다시 말해서 생산 활동이 왕성해질 것이다. 특히 법인의 생산적 투자는 늘어날 것이다. 과거에 토지투기를 통해서 이익을 추구했던 법인들도 토지배당제가 강화되면 비업무용토지를 시장에 내놓게 될 것이고 보유한 토지를 효율적으로 이용하려고 애쓸 것이다. 그리고 땅값 안정은 신규 기업의 시장 진입 가능성을 높이고 중소기업이 사업을 확장하는 것에도 도움이 될 것이다.

넷째로 우리 사회에 노력과 창의에 대한 열정이 살아날 것이다. 개인은 집과 땅을 사고팔거나 임대해서 큰돈을 벌려는 경제

활동이 줄어들고 노력과 창의에 기반한 경제활동이 증가할 것이며, 기업은 부동산 투기가 아니라 경영혁신과 기술개발을 통해서 더 많은 이윤을 창출하려는 분위기 조성될 것이다.

다섯째로 토지배당제는 대한민국 국민으로서 긍지를 느끼게 해줄 것이다. 1950년에 단행한 농지개혁은 모든 국민에게 대한민국 국민이라는 정체성을 부여해준 사건이었다. 농지개혁으로 자기 땅을 소유하게 된 농민들은 북한의 남침에 동조하지 않을 수 있었고 나아가 싸울 수 있었다. 토지배당제도 마찬가지다. 배당고지서를 받아든 국민은 대한민국 국토의 실질적 주인이라는 의식을 갖게 되고, 대한민국 국민으로서의 긍지를 가지게 될 것이다.

마지막으로 대한민국의 토지배당제 실시는 세계사적 사건임을 강조하고 싶다. 자본주의 시장경제의 가장 본질적인 문제는 토지를 대표로 하는 천연물을 극단적인 방법으로 사유화한다는 점이다. 천연물의 극단적 사유화가 부동산 투기와 경제위기, 불평등과 비효율, 난개발과 막개발, 자원의 오남용 등의 주된 원인이다. 그러면 어떻게 해야 하나? 토지를 대표로 하는 천연물을 똑같이 분배해줘야 하나? 그렇게 할 필요가 없다. 토지배당제처럼 토지에서 발생하는 이익을 국민 모두에게 배당하면 된다. 이렇게 하면 부동산 투기와 경제위기, 자연 자원의 오남용, 난개발과 막개발과 같은 환경파괴, 농지의 유휴화, 불평등과 불공정은 크게 줄어든다. 한마디로 말해서 시장경제가 더 건강해지고 자연환경은 더 잘 보존이 된다는 것이다. 하지만 지금까지 미국의 알래스카처럼 원유를 채굴해서 판매하는 수익금을 주민 전체에게 배당한 사례는 있어도 토지의 이익을 배당한 나라는 아직 없다. 그러므로 우리 사회에 토지배당제가 도입된다는 것은 전 세계에 자본주의의 근본 문제인 천연물 사유화를 극복하는 길을 제시하는 세계사적 사건이 될 수 있을 것이다.

3-2. 토지불로소득을 기본소득의 재원으로
- 토지보유세로 부동산 문제도 해결하고 기본소득도 주고

이태경(2020년 3월)

바야흐로 기본소득이 대세다. 코로나19가 창궐하며 경제활동이 극심하게 위축되고 가계의 가처분소득이 줄자 수면 아래에서 논의되던 기본소득이 다양한 이름으로 현실화하고 있다. 기본소득의 전도사 이재명 경기지사를 필두로 김경수 경남지사, 박원순 서울시장, 오거돈 부산시장 등이 앞서거니 뒤서거니 하며 기본소득을 실험하는 중이다. 물론 여러 지자체에서 다양한 이름으로 시행하려 하는 기본소득이 학계에서 정리한 기본소득에 정확히 부합하진 않는다.

본디 학계에서 정립한 기본소득의 정의는 개인 단위로(개별성), 모두에게(보편성), 정기적으로(정기성), 자산 심사나 근로 요건 없이(무조건성), 현금으로(현금성) 지급되는 급여다. 현재 지자체들이 추진 중인 기본소득 실험은 기본소득 원칙 중 일부를 결여하고 있는 경우가 대부분이다. 그럼에도 불구하고 여러 지자체들의 기본소득 실험이 중대한 의미를 지니는 건 기본소득에 대한 사회적 논의를 본격화하는 계기가 됐을 뿐 아니라 시민들에게 기본소득의 맛을 알게 해 줄 것이기 때문이다.

기본소득이 간절한 이유

기본소득이 무엇보다 긴절한 까닭은 4차 산업혁명으로 인해 일자리의 대량 소멸이 불가피하고 이는 곧 노동에 기초한 복지시스템의 붕괴로 이어질 것이기 때문이다. 이미 2016년 세계경제

포럼(WEF)은 4차 산업혁명으로 늘어나는 일자리는 200만 개, 줄어드는 일자리는 710만 개, 즉 500만 개의 일자리가 사라진다고 전망한 바 있다.

물론 4차 산업혁명의 정의와 실체 그리고 효과 등에 대한 논의는 지금도 활발하게 진행 중이고 일자리의 증감에 관한 논쟁도 분분한 것이 사실이다. 하지만 좋은 일자리의 총량이 줄어들 것이라는 점, 신규로 생산되는 일자리는 고도의 능력과 역량이 요구되는지라 진입장벽이 매우 높을 것이라는 점, 가뜩이나 많은 불안정노동자(Precariat)의 숫자가 지금보다 더 폭증할 것이라는 점은 꽤 분명해 보인다.

좋은 일자리가 격감하고 불안정노동자들의 숫자가 폭증한다는 건 이제 더 이상 고용이 빈곤탈출과 복지시스템 유지의 근간이 될 수 없음을 의미한다. 좋은 일자리의 감소는 고용을 통한 신분상승의 가능성을 줄인다. 또한 생계를 겨우 연명하는 노동자들이 다수를 점하는 마당에 이들로부터 충분한 사회보장기여금을 받아 복지시스템을 지탱하는 건 난망이다. 결국 기본소득의 시대가 도래하는 건 필연이며, 그래서 정치가 더욱 중요해진다.

왜 토지보유세를 기본소득과 연계해야 하는가?

기본소득을 전면적으로 시행한다고 할 때 당장 제기되는 문제는 기본소득의 재원일 것이다. 우선 기본소득의 대상과 지급액수에 따라 재원 규모가 판이하게 달라질 것이다. 또한 과세의 순서도 첨예한 논쟁거리다. 즉 어떤 세금부터 걷는 게 정의롭고 효율적인지를 두고 치열한 토론이 벌어질 것이다.

필자는 기본소득의 최우선 과세대상으로 토지불로소득을 지목한다. 당연히 토지불로소득의 일부를 공익 목적으로 환수하는 토지보유세가 기본소득의 주요 재원이 될 것이다. 필자가 기본소득의 최우선 재원으로 토지보유세를 주장하는 이유는 다음과 같다.

첫째, 토지보유세가 가장 정의롭고 효율적인 세금이기 때문이다. 토지보유세는 단순히 투기꾼 혹은 불로소득을 추구하는 자들에게 부과되는 징벌적 세금이나 부동산 가격 안정화만을 위한 수단이 아니다. 토지보유세는 인간이라면 누구나 토지-천연자원으로 확장해도 별 무리가 없을 것이다-에 대해 가지고 있는 평등한 권리를 구현하는 세금이다.

또한 토지보유세는 만악의 근원이라 할 토지불로소득을 환수하는 기능을 한다. 토지보유세는 형평성 기준을 충족시키며, 효율성 기준(경제성 효율성 및 제도 운영비용) 역시 충족시키는 세금이다. 토지보유세는 초과부담(excess burden) 또는 사중적 손실(死重的 損失, dead weight loss)이 가장 적은 세금이며 이런 측면에서 보면 소위 램지의 조세원칙(Ramsey tax rule)에 가장 가까운 세금이다. 한 마디로 토지보유세는 시장중립적일 뿐 아니라 시장의 왜곡과 불평등을 교정하기까지 하는 최고의 세금이다. 게다가 토지보유세는 '자본화 효과'로 말미암아 토지가격을 하향안정화하는 효과를 발휘한다.

한 마디로 토지보유세는 걷을수록 시장을 정상화시키고, 사회적 후생을 증진시키며, 자산불평등도를 완화시키고, 부동산 가격을 하향안정화하는 세금이다. 아울러 토지불로소득은 가장 악성의 특권이므로 이 토지불로소득에 과세하는 건 지극히 정의롭다 할 것이다.

둘째, 토지보유세의 장기지속을 위해서는 기본소득과 결합시키는 것이 반드시 필요하다. 참여정부의 경험이 보여주듯 보유세는 한국사회의 메인 스트림(main stream)이 극도로 혐오하는 세금이라 정권의 성격에 따라 언제든 퇴행이 가능하다. 따라서 보유세가 장기지속하기 위해서는 시민들의 절대적인 관심과 지지가 필수적이다. 기본소득만큼 시민들의 관심과 지지가 많은 것도 없다. 만약 토지보유세를 기본소득과 연계시켜 기본소득의 주된 재원으로 삼는다면 정권의 성격이 어떠하든 토지보유세가 형해화되는 일은 발생하지 않을 것이다.

토지보유세를 획기적으로 올리고 이를 주된 재원으로 삼아 전국민에게 기본소득을 준다면 부동산공화국 혁파와 내수진작의 두 마리 토끼를 동시에 잡을 수 있을 것이다. 사회통합과 연대의식의 고취, 주권자로서의 소속감과 자긍심은 덤이다.

3-3. 기본소득형 국토보유세가 정답이다

이태경(2021년 4월)

4.7 서울시장 보궐선거 결과는 여러모로 의미심장하다. 특히 눈에 띄는 건 강남3구 등이 오세훈 시장에게 던진 몰표였다. 오시장은 강남구, 서초구, 송파구에서 말 그대로 '몰표'를 받았다. 오시장이 가장 높은 득표율을 거둔 동(洞)들을 열거해 보자.

'부동산 불로소득 동맹'에 이로운 것, 대한민국엔 해롭다?

우선 가장 높은 득표율을 거둔 곳은 모두가 짐작했듯 강남구 압구정동이다. 득표율 88.3%를 기록했다. 박영선 후보는 압구정동에서 불과 10.5%를 얻었다. 득표율 차이가 거의 9대 1 수준이다. 다른 곳들도 만만치 않다. 압구정동의 뒤를 이어 강남구 대치1동(85.1%), 도곡2동(84.8%), 서초구 반포2동(84.2%), 반포3동(81.3%), 강남구 대치2동(81.3%), 서초구 서초4동(80.8%), 송파구 잠실7동(80.7%), 강남구 청담동(80.3%), 강남구 신사동(80.0%)등 쟁쟁한 동네들이 등장한다.

오세훈 시장에게 70% 이상의 표를 몰아준 38개동 중 단 4개동을 제외한 34개동이 강남 3구에 있다. 기실 강남 3구에서 이런 수준의 몰표를 받는 후보를 상대로 승리하기 위해선 강남 3구를 제외한 서울 22개구에서 거의 전부 승리함은 물론이거니와 제법 큰 표 차로 이겨야 한다. 결코 쉬운 일이 아니다.

이번 선거 결과가 더욱 충격적인 것은 아파트 단지가 밀집한 성동구 옥수동(68.9%), 강동구 고덕2동(67.4%), 강동구 명일2동(66.0%), 양천구 목5동(69.1%), 양천구 신정6동(67.3%), 양천구

목1동(65.2%), 동작구 흑석동(65.3%) 등에서도 오시장이 박영선 후보를 더블스코어 이상의 차이로 제압했다는 사실이다.

주지하다시피 성동구, 강동구, 양천구, 동작구 등은 2014년 이후 현재까지 지속되고 있는 최장기 부동산 대세상승의 결과 대세상승 이전의 강남 아파트 값에 육박하거나 추월한 지역들이다.

강남 3구 등의 집합적 투표결과가 함의하는 바는 명확하다. 부동산이 한국사회에서 새로운 신분이자 계급이 됐다는 사실, 부동산 자산 증식을 위해 재건축 시장정상화 조치 폐지 및 보유세 등 부동산 관련 세금감면 등을 강력히 요구하는 유권자들이 선거 등을 매개로 견결한 동맹을 형성했다는 사실이 바로 그것이다.

자신들이 소유한 부동산의 자산가치 증가를 위해 재건축 시장정상화 조치 폐지 및 보유세 등 부동산 관련 세금감면 등의 요구를 집합적 투표행위로 표출하는 유권자 동맹을 '부동산 불로소득 동맹'이라고 명명하는 게 나을 듯하다.

자신이 소유한 자산의 가격을 최대한 높이기 위해 합법의 테두리 내에서 애를 쓰는 건 당연한 일이다. 죄악시할 필요는 없다. 그러나 문제는 재건축 관련 시장정상화 조치들을 형해화하고 보유세 등 부동산 관련 세금을 감면하는 방식으로 '부동산 불로소득 동맹'의 자산이 증가하면 국익이 훼손된다는 점이다.

'부동산 불로소득 동맹'의 사익이 늘어나는 대신 부동산 시장은 더 지옥이 될 것이고, 이미 돌이킬 수 없을 만큼 벌어진 자산격차 및 자산 격차에서 비롯된 소득 격차는 더 벌어질 것이다. 공정을 핵심으로 하는 과세의 기본원리가 탄핵당하기 때문이다. 한마디로 '부동산 불로소득 동맹'의 사익과 대한민국이라는 국가의 이익은 상충하고 배치된다.

토지공개념 동맹

유감스럽지만 개혁을 표방해온 집권여당인 민주당이 '부동산 불로소득 동맹'과 손을 잡는 것은 모순이다. 그렇게 해봐야 표도 되지 않을 뿐더러 무엇보다 부동산으로 인해 국민경제가 파탄이 나고 사회가 적대적 분열에 휩싸이기 때문이다.

문제는 '부동산 불로소득 동맹'은 상대적으로 소수지만 막강한 자본과 엄청나게 큰 영향력으로 과잉대표되고 있다는 사실이다. 또한 '부동산 불로소득 동맹'은 눈에 보이고 규모도 최소한 수억 원에서 수십억 원에 이르는 부동산 불로소득을 사유화하려 하기 때문에 응집력과 소위 '전투력'에서 막강해 보인다.

따라서 민주당의 활로는 '부동산 불로소득 동맹'에 효과적으로 대항할 수 있는 '토지공개념 동맹'을 성공적으로 구축하는 길뿐이라고 본다. '토지공개념 동맹'은 무주택자, 2030세대, 비고가 1주택자들이 주축일 수밖에 없을 것이다. 현실적인 문제는 무주택자, 2030세대, 비고가 1주택자 등으로 구성할 수 있는 토지공개념 동맹의 응집력과 전투력이 '부동산 불로소득 동맹'에 아득히 미치지 못한다. 아니 그보다는 지금과 같은 상황에선 '토지공개념 동맹'이 구축되는 것 자체가 난망이다.

'기본소득형 국토보유세'에 주목해야

그렇다면 '토지공개념 동맹'의 구축을 가능케 할 실효적 대안은 없는가? 있다. '기본소득형 국토보유세'가 그것이다.

'기본소득형 국토보유세'는 모든 토지를 합산해 소유자에게 누진형으로 과세하는 보유세인데, 토지 소유자들에게 수취한 보유세를 모든 시민들에게 기본소득으로 분배한다. 만약 국토보유세를 매년 40조 원 남짓 거둬 이를 기본소득으로 나눈다면 모든 시민들에게 1인당 80만 원가량이 돌아갈 수 있다. 4인 가구 기준으로는 연간 320만 원의 기본소득이 생기는 셈이니 결코 적은 금액이 아니다. 한국은행 국민통계시스템의 국민대차대조표 상의 제도부문별 순자본스톡을 보면, 2019년 기준 민간이 보유한 토지의 가액은 무려 6590조 원이다. 국토보유세를 40조 원 걷는다고 해도 보유세 실효세율은 0.6%에 불과하다.

'기본소득형 국토보유세'는 세상에 없는 개념이 아니다. 이미 관련 연구용역이 제출됐다. 지난 2월 3일 경기연구원은 새로운 보유세 일환으로 기본소득형 국토보유세를 검토한 '기본소득형 국토보유세 도입과 세제개편에 관한 연구'를 발간했다. 경기연구원은 '기본소득형 국토보유세'를 도입해 토지에서 발생하는 불로소득을 환수해, 기본소득 재원으로 쓴다면 불평등을 상당 부분 줄일 수 있고 기업이 더욱 생산적 활동에 집중할 수 있을 것이라고 전망했다.

'기본소득형 국토보유세'를 어떻게 설계하느냐에 따라 달라지겠지만 전 가구의 95% 남짓이 수혜를 보는 것으로 설계한다면 무주택자, 2030세대, 비고가 1주택자 등을 '토지공개념 동맹'의 강력한 지지자로 규합하는 것은 가능하다.

무주택자와 부동산이 없는 대부분의 2030세대는 보유세 부담 없이 기본소득만 받을 수 있게 되니 '기본소득형 국토보유세'를 강력히 수호하는 '토지공개념 동맹'의 일원이 될 수 있다. 또한 대략 15억 원 이하의 1주택자들에게 내는 국토보유세보다 받는 기본소득을 더 많게 설계한다면 '토지공개념 동맹'에 기꺼이 가담할 수 있다.

기존의 보유세가 디센티브 성격이 강했다면 '기본소득형 국토보유세'는 인센티브 성격으로 혁명적 방향전환을 꾀할 수 있다.

즉 기존의 보유세가 부동산을 많이 소유하면 할수록 세금도 많이 내고 부동산이 없다고 해서 혜택을 주지도 않는 구조라면, '기본소득형 국토보유세'는 투기 목적으로 부동산을 많이 보유하는 게 고통이 되지만, 부동산이 없으면 기본소득이라는 혜택을 주는 구조다. 즉 '기본소득형 국토보유세'는 투기 목적의 부동산 과다소유에 고통을 주는 반면, 투기를 하지 않는 무주택자 및 비고가 1주택자들에게 보상을 주는 '착한 세금'인 것이다.

자, 어떤가? 이쯤 되면 '기본소득형 국토보유세'를 매개로 한 무주택자, 2030세대, 비고가 1주택자들의 '토지공개념 동맹'이 가능하지 않을까? 지금이라도 문재인 정부가 '기본소득형 국토보유세'를 전격적으로 도입하면 최선이겠지만, 그게 여의치 않다면 적어도 내년 대선에 나설 민주당 후보와 민주당이 '기본소득형 국토보유세'를 대표 공약으로 내걸고 '부동산 불로소득 동맹'과 일전을 불사하길 바란다. 그것만이 대한민국도 살고, 민주당도 사는 길이다.

3-4. 전 국민이 부동산으로 고통 받는 지금이 기회다
- '기본소득형 국토보유세'가 필요한 이유

이원영(2021년 6월)

이제 주거권은 '보편적 복지'의 대상을 넘어 '기본적 인권'의 하나로 간주될 때가 왔다. 헌법 제10조는 "모든 국민은 인간으로서의 존엄과 가치를 가지며, 행복을 추구할 권리를 가진다. 국가는 개인이 가지는 불가침의 기본적 인권을 확인하고 이를 보장할 의무를 진다"라고 했다. '잠자고 쉬는 것'은 '먹고 생존하는 것'과 마찬가지로 인간에게는 생체적인 일이다.

게다가 헌법 제35조를 보면,

① 모든 국민은 건강하고 쾌적한 환경에서 생활할 권리를 가지며, 국가와 국민은 환경보전을 위하여 노력하여야 한다.
③ 국가는 주택개발정책 등을 통하여 모든 국민이 쾌적한 주거생활을 할 수 있도록 노력하여야 한다.

거의 국민의 기본적 권리를 보장해야 한다는 표현이다.

싱가포르 토지 소유의 비밀

우리 택지개발방식의 원조격인 싱가포르는 국가가 땅장사를 하지 않았다. 싱가포르는 1960년대 초 독립 당시 국유지가 40%대에 불과했지만 토지수용을 통한 택지개발을 하면서 90% 수준까지 국유지를 늘렸다. 수용에 의해 개발한 토지는 모두 국유로 돌리고 개인에게는 임대만 해줬다. 개인은 그 위에 지은 주거용 건물을 소유한다(HDB).

주택이라는 이름의 건물은 개인이 갖도록 하지만 토지는 국유 상태 그대로이다. 여기에 포인트가 있다. 이런 방식으로 주택을 공급하니 땅값 상승에 의한 불로소득은 발생하지 않고, 80%가 넘는 국민은 저렴한 값으로 장기간 거주할 집을 마련했다. 물론 민간이 자유롭게 거래하는 토지사유 주택시장도 있다. 비율은 크지 않지만 그런 주택은 비싸게 거래된다. 자유시장경제도 존중되고 있다.

이젠 우리나라도 헌법의 내용을 적극적으로 실현할 국가적 능력을 갖추었다. 노숙자일지라도 안전한 거주공간을 마련해줄 수 있다면 하는 것이 옳다. 헌법에 어긋나는 수용개발 후 매각은 지금이라도 중단을 천명해야 한다. 국가는 공공보유의 원칙을 천명한 후 다양한 방식의 임대로 가야 복지에도 부합되고 장기적으로 남는 장사를 할 수 있다.

헌법 제122조에 들어 있는 기본개념은 땅주인에게 제한과 의무를 부과하려면 '국민 모두의'라는 공익적 가치가 전제되어야 한다는 것이다. 공공의 개발에 의한 이익은 반드시 공익화된다는 선명성을 보여주어야 땅주인에게 협조를 강제할 수 있다. 그게 헌법적 가치다.

민간이 개발하는 경우와는 달리, 공공이 개발하는 택지의 경우에는, 토지임대 후 건물분양을 하거나, 토지임대 후 건물임대를 하게 되는 '공공적 주거'야말로 헌법상의 기본권을 존중하는 정책이다. 요즘 나온 '경기도형 기본주택'도 바로 그것이다. 그런데 후자의 건물까지 임대하는 보통의 장기임대주택은 건물수명이 짧은 편이다. '내 집'이 아니므로 관리가 소홀히 되기 쉽다.

반면 전자와 같이 건물을 개인소유로 해서 자유롭게 되팔거나 공공환매가 가능하도록 해주면 내 집처럼 아껴 쓴다. 게다가 이자율이 낮은 시대여서 자금회전에 목마를 이유도 없다. 바로 싱가포르 방식의 이런 절약은 기후위기시대의 문법도 되는 것이다.

수용한 토지는 공공이 보유한 채, 주거시설만을 임대하거나 분양하는 '공공형 장기임대주택'이야말로 헌법적 가치를 구현하는 방식이다. 소유의 권리보다 접속의 권리를 중시하는 신세대의 트렌드와도 부합한다. 이젠 '익숙'한 것들과의 결별만이 남았다. 이 인구절벽시대에 젊은이들에게 확실한 비전 하나를 줄 수 있다. 통일이 되더라도 한반도의 기본적 정책이 될 수 있다.

보유세는 16조원, 취득세는 19조원.... 선진국형으로 바꿔야

최근 제안되고 있는 '기본소득형 국토보유세'가 유력한 방법이다. 국민을 고객이 아니라 변화를 함께 주도해갈 주체로서 예우하는 게 맞다. 보유세 내는 이들에게 명예를 주는 현실적 방안이 기본소득형 국토보유세다. 우리는 보유세는 낮고 취득세는 높은 잘못된 구조다.

통계를 보면 2019년 보유세 16조원(재산세 13조 원, 종부세 3조 원)인데, 취득세는 19조 원이다. 이 구조를 선진국형으로 바꾸면서 상대적으로 낙후되었던 복지에 크게 기여토록 하는 것이다. 마치 1990년대까지 낙후되어 있던 우리의 화장실 수준을 전환적 사고로 세계 최고의 화장실로 바꾸었던 사례처럼.

관건은 징수의 기술적 방법이다. 지가가 아니라 지대를 기준으로 징수하는 것이 올바른 방향이다. 공시지가의 산정에는 허점이 많다. 미실현가치인 지가를 기준으로 과세하면 기준자체가 불공정할 가능성이 많다. 현시점에 시행한다면 이미 만들어져서 활용되고 있는 공시지가를 기준으로 부과하더라도 향후 '공시지대' 즉 토지의 생산력을 기준으로 과세하도록 하는 것이 정확하고 공정하다. 전통적 의미의 수조권(收租權)과 유사하므로 정통성이 있다.

보유세 증가가 임대료로 전가할 가능성은 크지 않다. 다주택자들의 빈집 매물들이 있는데다, 이들이 시장에서 소진된 이후에도 주거공급이 충분하다면 전가가 발생하지 않는다. 공급이 부족하다면 서서히 임대료가 상승할 수 있다. 이 과정에서 주거공급이 일시적으로 부족한 지역이 나타날 수 있는 바 그 경우 임대수요자에게 기본소득은 전가를 극복할 수단이 된다.

지대는 주거의 경우에는 '확정일자' 등으로 장소와 주거유형에 따라 이미 정확하게 집계되고 있는데, 상가의 경우는 객관적 조사가 필요하다. 농지 등은 생산량 기준으로 산정하면 어렵지 않다. 요는 단기간에 '공시지대' 시스템을 구축하기가 어렵지 않다는 점이다. 공시지대가 완비될 때까지는 공시지가로 국토보유세를 과세하되, 누진적 보유세율을 적용하되 재산세를 감면하면서 동시에 징수방식에 대해 다음과 같이 차등을 둔다.

① 법인은 현금징수한다. 능력 안되는 법인은 부동산을 처분한다. 대개 비업무용부동산일 것이다. 절대다수다. 어떠한 시나리오로 시책안을 만들더라도 전체 기본소득 재원의 1/3 이상은 법인의 보유세로부터 나온다. 남기업 박사팀이 작년에 작성한 유력한 시나리오를 보면 재산세가 감면된 국토보유세를 징수한 총금액 68조 원 가운데 25조 원이 법인들로부터 거두게 된다. 그중 23조 원은 대기업 몫이다. 그만큼 기업들이 돈이 많다. 과거와는 다르다. 그들의 성공에는 국민들 몫도 있다. 그들도 합리적인 배분에 인색할 이유가 없다. 한편, 업무용부동산의 보유비용이 높아서 처분하게 되면 국가가 매입 후 다시 임대해준다. 비업무용부동산이 처분되고 시장에 매물로 나오면 토지 공급에 고전할 요인이 줄어든다.

② 개인도 다주택자는 현금징수한다. 다주택자는 보유능력이 안되면 처분해야 한다. 그 공급물량이 시장에서 흐르도록 해야 한다. 시나리오로 보면 과세표준액으로 50억 원 넘게 보유하고 있는 2만 5천 명이 납세할 금액이

5조 원쯤 된다. 그들에게 명예를 줄 수 있다. 빼앗는 것이 아니라 그들이 함께 살아가는 국민들에게 '기부'한다는 개념으로 돕도록 해야 한다.

③ '똘똘한 한 채'는 과세이연 혹은 사후납부가 가능하도록 한다. 모든 실거주 1주택자도 마찬가지다. 그래봐야 징수총액의 비중으로 보면 얼마 안된다. 연연할 필요 없다. 주거용 실거주자에게는 지가상승분이 미실현가치이므로, 즉 거래나 권리변동되기 이전까지는 미실현된 가치이므로 이에 대한 과세도 현금징수가 아닌 미실현과세의 형태로 매겨두는게 좋다. 거래/상속/증여 등 권리변동시에 현금으로 징수하면 된다. 현금징수보다 지분과세 후 사후 납부가 더 이치에 맞는 부분이 있다. 미리 현금으로 납세하면 깍아준다.

④ 이때, 거래발생시 양도세로 매기면 되지 않는가의 주장도 있다. 원래 원리적으로 이자율과 연동된 보유세율이 필요하다. 현금징수하지 않더라도 보유세율을 미리 매겨두면 그 자체로 상승억제의 효과가 있다. 미래전망이 확실해지므로 그 전망이 지가에 반영되기 때문이다. 또 양도세로 매길 경우는 세율과 부과금에 합리적 근거를 세우기 어려운 점이 있다.

뼈대로 삼아야할 세가지 정책이 있다. 원가를 회수하면서도 얼마든지 평생 거주하는 좋은 위치, 좋은 품질, 저렴한 중산층용 초장기 공공임대주택을 공급할 수 있다.

위기는 기회다. 전 국민이 부동산에 고통 받고 부동산문제 해결을 원하는 지금이, 주택을 포함한 부동산 제도를 질적으로 바꿀 절호의 기회다. 과감하게 신속하게, 하지만 섬세하게 해야 한다. 지금 지구촌이 한국에게 모든 면에서 모범을 보이길 기대하고 있다. 지구촌 토지정책의 시범을 보일 때다.

이상을 요약하면, 첫째, '경기도형 기본주택'과 같은 공공형 주거로 국민의 주거권을 보장한다. '사람답게 주거할 수 있는 권리'를 복지를 넘어 헌법의 기본권으로 간주하고, 걸맞은 원칙을 천명하도록 한다. '국가가 땅장사를 하지 않겠다'는 원칙의 천명이 필요하다.

먼저 분양받은 이들은 유리한 위치에서 더 부유해지는데, 그 땅값이 소유자의 노력보다는 공공의 자원을 흡수한 것이어서 대중의 불만은 더 커진다. 집값이 비싸면 없는 집 젊은이들은 한 차례의 판단으로도 집값 향방에 따라 평생의 부가 좌우되는 도박판에 놓인 신세가 된다.

공공이 개발하는 모든 택지의 공급은 임대로만 추진한다는 원칙이 필요하다. 누구나에게 '실거주용 내 집마련'을 보장한다. 주거단위의 공급은 항상 넉넉히 유지될 수 있도록 부단히 노력해야 한다. 공급이 부족하다고 판단되는 순간 시장이 요동치는 법이다. 우리 수도권이 비좁다고는 하지만 직주근접의 사용가치가 큰 땅은 얼마든지 있다.

기본소득은 시대변화를 선도하는 경제정책이자 인권정책

둘째, 기본소득형 국토보유세로 획기적인 전환을 추진한다. 부동산이 복지에 기여할 수 있도록 하는 정책을 세련되게 추진한다. 발상의 전환을 통한 획기적인 정책이다. 법인과 다주택보유자, 똘똘한 한 채를 포함한 실거주자 등에 대한 징수방식을 상기 설명처럼 세련화한다. 중장기적으로 과세기준을 '공시지대'로 전환하여 시행한다. 이렇게 해서 부동산 불로소득을 전환하여 복지수준을 일거에 상향시킨다.

기본소득은 시대변화를 선도하는 경제정책이자 인권정책이다. 국민 개인이 시장경제 속에서 생존하고 생활하는 그 자체로 기여하는 바가 크다. 삶의 존엄이 유지될 수 있도록 하는 것은 국가의 의무다. 선별적 복지가 시혜의 절차를 거치지 않을 수 없는 행정의 대상이라면, 기본소득은 주인으로서의 당연한 기본권이나 같다. 그 돈을 수조권과 유사한 토지사용료를 거두어서 조달되도록 하면 불로소득을 건전한 재정으로 전환시키는 효과도 있다.

셋째, 시장경제의 건전성을 확보할 수 있도록 부동산양극화를 근본부터 시정한다. 1)부동산 거시적 변화의 기둥인 금융정책을 섬세하게 제어한다. 여기에는 금리정책과 시중은행의 통화창출형 대출정책에 대한 견제가 기둥이다. 2)법인의 비업무용부동산에 대한 전향적 정책을 전개한다.

우리 국민은 진실된 보편가치에는 민감하다. 정의와 공정은 중요한 보편가치다. 국민이 함께 노력한 눈부신 발전인데, 그 열매가 가진 자만의 이득으로 되고 있다. 공정하지 못하다. 토지사용시장을 복원하면서 국민이 함께 투입한 노력을 공정하게 되돌려받는 세상을 열어가는 것, 그것이 올바른 정책이다.

전통적인 토지관과도 부합되는 길이다. 공동체의 유지비용은 토지의 사용료에서 나온다는 것, 이것이 오랫동안 내려오는 왕토사상의 요체다. 공자가 애송한 시경의 구절은 바로 그 뜻까지 들어있는 것이다.

3-5. 토지보유세 과세 기준은 '공시지대'로

김윤상(2021년 6월)

부동산 투기가 온 나라를 뒤흔들고 있다. 투기는 불확실한 대상에 대한 투자이고 그 목적은 불로소득을 얻는 데 있다. 부동산은 토지와 토지개량물(건물 등 인공물)의 결합인데, 시간이 지나면서 감가되기 마련인 토지개량물에서는 불로소득이 생기지 않는다. 그러므로 토지에서 생기는 불로소득만 환수하면 부동산 투기가 사라진다. 아파트가 면적당 얼마로 거래되기 때문에 흔히 건물에서도 불로소득이 생긴다고 오해하지만 그건 착시 현상일 뿐이다.

종래에는 부동산 불로소득을 환수하는 수단으로 양도소득세가 주로 활용되어 왔다. 큰 금액의 매매차익이 눈에 확 띄기 때문인 듯하다. 그러나 부동산 소유자의 소득에는 매매차익 외에 보유기간의 임대수익도 있다. 알부자들의 상당수가 부동산 임대업자라는 말이 있듯이, 보유기간이 길면 임대수익에서 큰 불로소득이 생긴다. 그뿐만 아니라 양도소득세는 소유자가 부동산 매각을 기피하는 '매물 잠김' 문제를 일으킨다는 단점도 있다.

토지 불로소득을 환수하는 가장 좋은 수단은 토지보유세다. 토지보유세는 모든 세금 중에 시장경제를 왜곡하지 않는 최선의 세금으로 잘 알려져 있다. 다른 세금에 우선하여 토지보유세로 정부 재원을 조달하면 시장경제가 더 효율적으로 작동한다. 투기를 막기 위해 동원해온 소유·거래·가격·금융 규제가 축소되는 만큼 시장이 더 자유로워진다. 토지보유세는 지가를 하락시키므로 매매차익마저 줄어든다. 현금 소득이 적은 소유자에게도 과세는 하되 부동산을 처분(매각·상속 등)할 때까지 납부 기한을 연기해주면 된다.

토지보유세 중에서도, 토지 불로소득 환수라는 기준으로 보면, 매년 임대가격에서 매입지가에 대한 이자를 공제한 나머지 금액을 징수하는 방식이 최선이다. 이렇게 하면 임대가격이 등락하더라도 토지 소유에서 얻을 수 있는 이익은 이자뿐이고 토지 이용도가 낮으면 이자조차도 보장되지 않는다. 따라서 완전경쟁시장처럼 실수요자가 아니면 토지를 소유하지 않게 된다. 지가는 이자에 상응하는 원금 즉 매입지가 수준으로 유지되므로 양도소득세가 무용지물이 된다. 고액 주택 소유자에게 부과하는 종부세도 보유세이기는 하지만, 투기 바이러스가 부동산 부자만이 아니라 많은 국민을 감염시키고 있는 팬데믹 상황에서는 백신이 될 수 없다. 그저 부자에게 매기는 부유세일 뿐이다.

토지보유세는 현재의 토지 사용가치에 대한 세금이므로 토지 임대가격인 지대를 기준으로 과세해야 한다. 하지만 공시지대 제도가 없는 현 상황에서는 대신 공시지가를 차용할 수밖에 없다. 국공유재산 임대료를 정하거나 수용 보상에 필요한 임대가치를 평가하려면 공시지가에 적당한 비율을 곱한다. 예를 들어 국유재산법 시행령에서는 토지의 연간 사용료를 공시지가의 5% 이상으로 하되 경작용 또는 목축용 토지는 1% 이상, 주거용은 2% 이상으로 정하고 있다. 공시지대가 없으니 이런 편법을 사용하게 된다.

지가는 미래 지대의 합에서 소유 비용(토지세, 거래비용 등)을 뺀 토지 소유 순이익의 현재가치이다. 이와 같은 정의에서 지가의 문제점이 드러난다. 지가를 기준으로 보유세를 매기면 발생하지도 않은 미래의 토지가치에 과세하는 데다가 현재의 사용가치가 같은 토지도 미래 전망에 따라 세액이 달라지는 불합리한 결과를 빚는다. 또 지대가 변하지 않아도 이자율이나 소유 비용이 변하면 지가가 변한다. 게다가 지가는 투기에 의해서도 큰 영향을 받는다. 이처럼 지가 대 지대의 비율은 토지마다 다르고 경제 상황에 따라 변하므로 지가는 토지보유세 과세 기준으로 부적절하다. 토지보유세의 장점을 살리려면 공시지가와는 별도로 공시지대가 필요하다.

공시지대를 제대로 평가하기 위해서는 토지 임대차 사례에 대한 정보가 필요하다. 마침 6월 1일부터 '주택 임대차 계약 신고제'가 시작된 것은 반가운 일이다. 시 단위 이상의 지역에 보증금 6천만 원, 월차임 30만 원을 초과하는 계약을 신고하게 되어 있어, 도시 지역의 택지 임대가치 평가에 큰 도움이 될 것이다. 앞으로 상업용 부동산, 농지 등 기타 토지에 대해서도 임대차 계약 신고제를 확대 실시하는 동시에, 이미 국세청에서 확보하고 있는 임대차 관련 자료도 활용하면 공시지대 제도 정착을 앞당길 수 있다.

부동산으로 인한 불평등과 비효율은 진영의 문제가 아니다. 정치인이든 일반 국민이든 시장경제와 민생을 걱정한다면 토지보유세 강화와 공시지대 제도 도입에 동의할 것으로 믿는다.

제4부

토지임대주택의 원리와 시행방안

제4부 토지임대주택의 원리와 시행방안
- '땅갖기' 아닌 '땅쓰기'로 바꿔야

4-1. 주택문제, 해법이 없는가
- 토지임대부 분양주택이 답이다.

배문호(2020년 10월)

2020년대를 살아갈 한국 청년들에게 주택문제는 최대의 난제이다. 그 이유는 주택가격이 그들이 부담할 수 있는 수준을 훨씬 넘어서 있기 때문이다. 서울의 24평형 아파트 가격은 대략 강남이 12억 원, 강북이 8억 원, 강서지역이 5억 원 내외이다. 물론 지역적인 차이는 당연히 존재하지만 대략 그렇다는 것이다.

사정이 이러할진대 대학을 졸업한 청년들이 근로소득으로 향후 일정기간 내에 내 집을 마련한다는 것은 거의 불가능해 보인다. 물론 정부는 LH를 통해 다양한 청년주택을 공공임대주택으로 공급하고 있지만 입주자격이 복잡하고 까다롭다. 주거욕구 충족과 자산으로써의 주택이 지닌 의미 때문에 주택을 소유하고 싶은 사람들의 욕망은 자연스럽다. 그렇다면 해결책은 없는 걸까?

해방 후 급속한 산업화로 수도권에는 현재 우리나라 인구의 절반 이상이 거주하고 있다. 수도권으로의 인구집중은 주택문제를 심화시켰고 주택부족 → 가격상승 → 주택투기 → 가격상승 → 투기억제 등으로 일련의 과정이 반복되는 원인이 되었다. 정부는 2000년대 들어서 주택가격과 부동산 투기억제를 위하여 공영개발, 분양가상한제, 원가공개, 종부세 도입, 대출규제 강화를 해 왔지만 10년 주기로 보수와 진보정권들의 바뀜으로 주택정책의 일관성이 상실되고 그 틈바구니 속에서 투기꾼들이 자본의 힘으로 서울을 중심으로 '똘똘한 1채'를 찾으면서 현재 수도권 주택은 천문학적인 가격이 되었다.

한국 주택문제의 해법은 없는가? 이제는 새로운 주택공급방식이 필요하다. 필자는 이러한 해결책으로 '토지임대부 분양주택'을 주장한다. 토지임대부 분양주택은 '토지의 소유권은 주택을 분양한 분양주체가 갖고, 주택을 분양받은 소비자는 건물에 대한 소유권과 대지에 대한 사용권을 다양한 임대형식으로 정해진 계약기간 동안 가지는 주택'을 말한다. 이런 방식의 주택은 2007년 경기도 군포시 부곡지구에 시범적으로 시도한 적이 있다. 당시는 관련 법령의 미비, 정책당국의 추진의지 부족, 입지선정의 실패, 언론과 정치권이 '반값아파트'라는 프레임으로 정쟁화하여 결국 실패하였다.

그 후 '토지임대부 분양주택 공급촉진을 위한 특별조치법'이 2009년 제정되고 시행한 서울 강남지구, 서초지구의 토지임대부 분양주택은 성공하였다. 이때는 입지 면에서 우수한 강남지역, 적절한 분양가, 특별법 제정으로 입법적 불비의 해소가 전제되어 있었다. 토지임대부 분양주택은 주택가격의 대부분에 해당하는 땅값이 토지임대료, 월세 형태이어서 분양가의 많은 부분을 차지하는 토지분양가에 대한 부담이 훨씬 줄어 건물부문 분양가격만 납부한다. 토지임대료는 월 소득으로 납부하기 때문에 초기 주택 구입비용이 줄어든다. 그래서 청년층이 내 집 마련하는 하나의 적절한 방법에 될 수 있다.

한국에서 주택문제의 근원은 토지에 있다. 2010년 조사 자료에 의하면, 아파트 분양가격 중 토지가격의 비율은 공공택지의 경우 전국적으로 평균 39%, 수도권은 47%이다. 아마 지금은 택지비의 비중이 더욱 더 확대되었을 것이다.

한국에서 불평등의 주범은 토지소유에 있다. 개인소유 토지는

2018년 기준으로, 상위 1%가 면적의 53.6%, 가액의 33.8%를 가지고 있다. 상위 10%가 면적으로는 96.5%, 가액으로는 79.1%이다. 세대기준으로 토지소유의 지니계수는 0.914로 매우 불평등한 상태이다. 한 연구기관의 자료에 의하면, 토지에서 발생하는 불로소득은 2018년 기준으로 327.6조원이다.

이는 GDP 대비 부동산 불로소득이 20%나 차지하고 있다. 토지에서 발생하는 불로소득 문제를 해소하고 중산층, 청년층을 위한 새로운 주택공급방식으로 토지임대부 분양주택이 제격이다. 토지임대부 분양주택은 임대주택과 분양주택 사이의 중간계층을 위한 새로운 주택공급 방식이 될 수 있다.

토지임대부 분양주택은 이처럼 좋은 제도임에도 불구하고 정치권이 해결을 도외시하고 주택정책을 정쟁화한 점, 정부 관료들의 외면, 주택업자들의 경우 주택사업으로 창출되는 이익이 줄어드는 점, 이러한 주택사업자들이 정부 관료들에 대한 압력으로 제대로 정착되지 못하고 특별법도 시나브로 폐지되었다.

토지는 인간이 스스로의 노동력으로 만들지 않은 천연의 자연이다. 이러한 토지에서 발생되는 가치는 사회제도시스템, 인프라가 만든 것이다. 따라서 국민 모두는 이러한 토지가치를 평등하게 누려야 할 권리가 있다. 토지는 공공의 것이야 한다.

이제는 더 이상 미룰 수 없다. 제3기 신도시인 인천계양, 고양창릉, 부천대장, 남양주왕숙, 하남교산 등 5곳 모두를 토지임대부 분양주택으로 공급해보자. 그러면 토지로부터 발생하는 불로소득을 환수할 수 있고, 저렴하게 공급하고, 주택가격이 안정화될 것이다.

2007년 성남판교 개발 시에도 주택 전부를 토지임대부 주택으로 공급하였으면 수도권 주택시장이 2020년 현재의 가격처럼 고가로 되지 않았을 것이라 생각한다. 판교는 제2의 강남으로 전락하고 말았다. 이제라고 제대로 된 주택정책이 필요하다.

4-2. 토지임대주택의 원리

- 자산 증식 '욕망'이 된 아파트... 맨해튼에 답 있다

이원영(2021년 8월)

맨해튼과 싱가폴의 토지임대정책, 한국에서도 성공할 수 있어

뉴욕 하고도 맨해튼, 세계무역센터가 자리 잡은 인근 해변가 매립지 약 12만 평은 도시 설계의 디자인 면에서도 뛰어난 업적으로 평가 받는다. 이 지구는 록펠러 재단의 자손인 넬슨 록펠러 시장이 있던 1970년대부터 만들어진 것이다. 공유수면을 매립한 배터리파크시티공사는 토지임대를 통해 장기에 걸쳐 건설비용을 갚았다. 국채금리가 5~7%로 이자 부담이 만만치 않았던 당시로는 획기적인 방안이었다. 이후 1만4000세대의 주거를 포함한 개발을 진행하면서 성공적인 도시조성을 이뤄냈다. 토지임대가 매각보다 장기적으로 더 나은 방식이라는 판단을 한 것이다.

초기에 2억 달러의 채권을 발행하여 오일쇼크로 힘든 시기를 겪었지만, 1990년대부터는 본격적인 수익을 내기 시작하여 매년 1억~2억 달러의 수익을 올리기 시작했다. 2014년까지 모든 국채를 상환했음에도 2020년까지 누적 수익이 무려 38억 달러(약4조 원)에 이르게 되었다. 작년 한 해만 하더라도 뉴욕시에 2억 3천만 달러의 재정수입을 안겨다 주었다. 입주자의 재산세를 대납해주고 저소득층 임대주택 등 지속적인 재정 기여를 하고 있다.

매립 후 일찌감치 시장에 매각했다면 어떻게 되었을까? 그 땅을 매입하고 이자를 감당할만한 재력가가 일방적으로 이득을 봤을 것이다. 하지만 토지임대를 했기 때문에 적정한 시장지대를 받아서 공익으로 환수할 수 있는 구조가 된 것이다.

그와 같은 경제의 선순환 효과를 누리고 있는 나라가 있는데, 바로 싱가폴이다. 싱가폴은 HDB(주택개발국)주택이 토지임대주택으로 활성화 되어 있다. 80% 넘는 국민들이 살고 있는 토지임대주택(토지와 건물의 소유권이 나뉘어져 있는 주택으로, 정부가 토지 소유권을, 주택을 분양 받는 사람이 건물 소유권을 갖는다) 체제에 의해 시장 왜곡이 발생하지 않고 돈이 필요한 곳에 쓰이는 시장경제를 가동하고 있다. 세계적으로 두각을 보이는 산업이 없음에도 현재 국민소득이 6만 달러로 세계 톱수준이다. 배터리파크시티는 그런 개념 위에 지대시장의 메커니즘을 작동시킨 것이다. 싱가폴보다 한 수 위다.

이자부담이 가능한 계층에게 특혜를 주고 있는 상황

2021년 현재 대한민국은 땅값이 갖는 허수적 왜곡 때문에 집값이 천정부지로 오르고 있다. 은행에서 대출받아 무리하게 집을 산 사람은 수입의 태반을 은행이자 갚는데 쓰고 있다. 가계부채가 눈덩이처럼 불어나고 있고, 한계상황에 내몰린 가구가 늘고 있다.

이는 택지를 개발해서 분양가를 낮춰 주택을 대량 공급한다고 해결될 일도 아니다. 매각 분양은 결국 이자부담이 가능한 계층에게 혜택이 돌아가게 만든다. 토지는 공공재이자 한정재다. 먼저 개발해서 분양받은 기성세대가 일방적으로 독식할 수밖에 없다. 국민의 자산증식 욕망에 불을 질러 이득을 편취하고 있는, 40년 동안 거의 바뀌지 않는 한국의 주거·주택 시스템이다. 현재 부동산 시장은 이자 능력 부담자, 즉 승자가 독식하는 구조다. 젊은 세대는 이런 일방적 구조에 분노하는 것이다.

성장하는 시장경제에서 토지를 소유하는 것은, 토지를 사용해서 얻는 가치보다 많은 대가를 치러야 한다. 땅값의 소유비용인 이자에도 또 다시 이자가 붙으므로 사용지대보다 많아질 수밖에 없기 때문이다. 그리하여 소유되는 토지는 경제가 성장하는 한 계속 땅값이 성장할 수밖에 없다. 미래가치를 앞당겨서 현물화하므로 금융파생상품이나 선물시장처럼 투기적 요소가 실물경제를 왜곡할 가능성이 많은 것이다.

토지경제의 속성을 제대로 다스리려면 어떻게 해야 하나? 우리의 전세제도부터 살펴보자. 외국학자들이 신기하게 여기는 전세란 무엇인가? 전세란, 매월 혹은 매년의 임대료를 자본금으로 환산하여 일시불 보증금으로 내어 임대료 납부를 대신하는 시스템이다. 그러고는 만기에 보증금을 되찾아 가는 방식이다.

어떤 장점이 있길래 우리나라에서 보편화되었나? 첫째, 집 지은 후 팔지 않고도 비용의 상당부분을 일시에 조달할 수 있다. 빈 땅 갖고 있는 사람이 집을 지어서 전세를 놓으면 전세금으로 건축비를 충당할 수 있는데, 전보다 땅값이 올라간다는 매력이 있다. 둘째, 세를 놓은 자는 월세와 달리 임대료를 매달 받을 수 있을지 신경쓰지 않아도 되고, 셋째, 세입자는 목돈을 보전할 수 있다. 이런 민중의 지혜가 모인 것이 한국의 전세제도다.

이런 저런 장점이 많지만, 한편으로 세입자들은 늘 불안하게 살고 있다. 물가 때문에 임대비용이 오른다든지, 이자율이 낮아져서 그 자본액이 커지면 전세 값이 폭등해버리기 때문이다. 장기 거주를 보장받지 못하고 소유자의 간섭을 받는 것이다.

이사를 하면 보이지 않는 손실이 더 크다. 주거불안정이 계속되는 것이다. 이래서 '내 집 마련'이라는 염원이 생긴다. 자산증식이 아니라 안정적인 거주로서의 '내 집처럼'이란 염원이다. 우리에게 익숙한 공공임대주택을 먼저 생각해보자. 저가임대는 복지문제엔 도움을 주지만 부동산 문제의 근본해법은 되지 못한다. 시세가 아닌 저가 임대료는 입주자에게는 좋지만 무임승차의 한계는 그대로다. 입주자격이 되어야 하고 거주에도 조건들이 따라붙게 마련이다. 또 공급자나 정부는 채산성이 맞지 않고 재정부담이 커진다. 가령 10년 후 분양하는 공공임대주택은 토지매각 분양이 연기된 것에 불과하다.

하지만 토지임대주택은 시장가격이면서 소유가격에 반값 정도이므로 복지와 부동산 문제 해결 두 조건을 모두 충족시킨다. 건물은 현물로 소유하고 토지는 임대로 살게 되면 시장가격의 반값에 가까운 값에 거주하게 된다.

'내 집처럼' 평생주택-전세형 토지임대주택이 필요하다

토지임대를 시행하자면 시작 때부터 지혜가 동원된다. '토지 따로 건물 따로'가 아니라 '토지임대 건물소유를 동시에 평가'하는 것이다. 동시에 평가하는 전세가 방식을 입주자와 공급운영자가 모두 간편하게 운영할 수 있다. 토지임료와 건물보유분을 별도로 책정하면 시장가격을 제대로 평가하기 어렵다. 토지임료를 인위적으로 공급가를 책정하자면 조성원가에서 크게 벗어나기 어려운데, 시장가격은 그보다 훨씬 우위에 있다. 하지만 전세가처럼 수요자의 의향이 반영되면 시장가에 가깝게 상향하기가 수월하다.

무엇보다 건물은 소유가격이나 임대료자본가격이나 산술적으로 동일하다. 토지와 다르다. 건물은, 건물소유를 전제한 전세형 토지임대주택으로 가격을 매기더라도 임대료와 차이가 없다. 여기에 토지임대와 건물매각을 통합한 전세형으로 수요자에게 공급하는 포인트가 있다. 전세시세에 익숙한 한국적 주거시장의 시장가격을 제대로 반영할 수 있는 것이다.

초기 전세금을 유지하면서 시간의 흐름에 따라 지대의 가치를 반영해 약간의 토지사용료를 추가해서 내면 만기에 전세금을 그대로 되돌려 받을 수 있다. 물론 40년 만기에는 시장가치에 따른 재계약이 진행될 것이고 보이지 않은 사회적 관계망을 존중하여 적절한 우선권이 주어진다. 그동안에는 '내 집처럼' 거주하는 평생주택이 되는 것이다.

가령 2011년 강남 수서역 인근에 있는 자곡동의 토지임대부 분양주택은 너무 싸게 공급되었다. 25.7평형을 2억2천만 원에 공급받은 이들이 지금 5억 원~6억 원에 전세를 놓고 있다. 이처럼 토지임대로 입주하는 건물소유주는 장기임대주택과는 달리 권리를 가지므로 공공의 자금으로 특혜를 주고 있는 것이다.

반면 2007년 시범사업이랍시고 공급했던 군포부곡지구는 용적률을 155%로 낮추면서 토지비용을 확대하여 시세보다 1.4배 수준의 임대료를 책정하였다. 그러는 바람에 청약률이 현저히 떨어져 사업 자체가 취소되고 말았다. 두 사례 모두 본질을 왜곡한 것이다.

토지임대주택 시뮬레이션

제대로 전세형 토지임대주택을 보급한다고 상정하여 시뮬레이션을 진행해보자. 시작 단계에서 중요한 것은 먼저 공급가를 확정하지 않는 것이다.

① 개발과정과 원가를 소상히 밝히고 향후 40년간 매 2년마다 증가율 5% 범위 이내에서 주변 지대 시세대로 조금씩 올려 받을 것이라는 등의 정보를 상세하게 제공하면서 3배수가량의 무주택 희망자를 선정한다.

② 그리고는 입찰가격 의향서를 제출하도록 한다. 입주희망자는 주변시세와 자신의 입주희망의 정도를 판단하여 적정가격을 써서 제출한다.

③ 공급자측은 상위그룹의 상한입찰가를 기준으로 시장가격을 판단하여 전세가를 공표하고 상위희망자부터 순서대로 계약한다. 입주 후 매 2년 추가임료는 시장가격을 반영하여 책정한다.

전세형 토지임대방식으로 거주하면 반값에 거주할 수 있다. 이때 산술적으로 남은 수억 원을 은행에 적금으로 예치한다고 치자. 그러면 40년 후에는 적지 않은 현금을 갖게 된다. 게다가 만기에 토지임대주택 전세금은 고스란히 일반 전세금처럼 되찾을 수 있다. 물론 매년 인근지역의 지대상승에 따른 토지임료를 조금씩 추가하는 부담이 있긴 하다.

더욱 중요한 게 있다. 이 아파트를 소유했을 때 내야 하는 대출 이자를 원리금 계산방식으로 해서 모두 합산하면 40년 후에 얻는 복리총계도 적지 않다. 더불어 그동안 낸 재산세에다가 취득세 등을 감안하면 이득이라는 계산이 나온다.

모두에 유리하면서 땅값 거품을 줄이는 토지임대주택

토지임대주택은 일단 입주한 다음 일정기간만 지나면 전세시장에서의 매매나 상속이 자유롭고, 타인에게 다시 전세를 놓을 수도 있다. 전세시장(토지임대주택시장)이 형성되는 것이다. 이 시장기능이 매우 중요하다. 현행법의 환매조건은 별 의미가 없어진다. 물론 완전히 떠나겠다는 사람에게는 초기에 계약한 고정가격의 전세가를 환매로 돌려주면 된다. 환매조건부는 임대료 저가격이라 공급가에 프리미엄이 붙을 때의 대책이므로, 시장시세대로 임대료를 징수하는 시장토지임대부는 환매조건부가 아무런 의미가 없다.

토지전세 값은 민간전세시장처럼 2년마다 적정수준으로 올려 받으면 되는데 전세시장에서 매매되는 가격의 80~90% 수준으로 하면 입주자도 불만이 없다. 건물을 개인소유로 하면 건물의 질도 달라진다. 지금까지 땅값 프리미엄에 묻혀갔던 저급한 분양주택보다 훨씬 좋아진다. 무엇보다 유지관리가 완전히 달라지고, 건물수명이 길어져서 자원이 절약됨은 말할 것도 없다.

수명이 다한 건축물은 다시 지을 권리가 입주자에게 있다. 낡아진다고 해서 권리가 없어지는 게 아니다. 장기임대기간 내에서 얼마든지 그 권리가 보장된다. 이 부분도 또 하나의 포인트이다. 최초계약은 40년이지만 재계약에 참여할 수 있다. 새로 지을 수 있는 권리와 매각할 수 있는 권리가 보장된다. 새로 짓는 돈을 자신이 부담하면 건물 수명만큼의 권리가 새로 생긴다. 처음 입주할 때나 마찬가지 상황이 되는 것이다.

알기 쉽게 서울시 장기전세주택의 개념을 개량하여 설명한다면, 장기전세주택이지만 영구적으로 내 집처럼 살고, 토지임료 혹은 전세가는 2년마다 조금씩 올려서(주변 전세가시세의 80~90%수준으로) 운영하는 것이 전세형 토지임대주택이다. 이때 건물은 입주자의 소유로 하는 혜택이 있다. 지금 일반전세는 팔고 사지 못하지만 토지임대주택은 마음대로 아무 조건 없이 매매하거나 임대를 놓을 수 있다. 주택 존속기간 이후는 토지임료만 남게 되서 그 임료 조건에서 입주자가 새로 건축하여 계속 임료나 전세를 내고 자유거주와 자유매매를 계속할 수 있다.

내 집처럼 평생 거주할 수 있는 이런 토지임대주택이라야 주민들의 사회적 요구를 충족시킬 수 있다. 국가 경제 중추인 수도권에는 토지임대주택이 많이 필요하다. 그리고 지을 수 있는 곳도 많다. 수도권에는 전철노선이 겹겹이 지나갈 직주근접의 개발가능지역도 많다.

이제까지의 주택공급은 자산증식의 기회를 제공하고자 하는데 지나치게 치중했다. 또 그나마 복지적 필요성에 의해 시행된 공공임대는 원래의 취지와는 다른 방향으로 왜곡되고 말았다. 이런 와중에 토지임대주택은 또 다른 선택지가 될 수 있을 것으로 보인다. 우리에게 익숙한 전세 방식으로 시장가격대로 토지임대주택을 보급하면 수요자 공급자 모두에게 윈윈이 될 것이다. 토지라는 자연물에 소유가격을 매김으로써 생기는 땅값 거품, 즉 미실현 미래가치의 현재화 혹은 지가의 허수적 특성이 현재시점의 경제에 악영향을 미치는 문제도 줄일 수 있다.

여기서 독자들께 질문을 던진다. 아래 그림은 앞에서 소개한 강남 자곡동 토지 임대부 분양주택인 LH강남브리즈힐 아파트의 위치다. 이런 곳에 여러분이 개발해서 공급하는 입장에 선다면 그리고 개발금융의 조달에 문제가 없다면 여러분은 일반주택처럼 매각분양을 하겠는가? 아니면 이 글에 쓴 것처럼 전세형 토지임대주택으로 보급하겠는가? 그리고 반대로 여러분이 입주자 입장이라면 어떤 선택을 하겠는가?

4-3. 토지임대주택의 시행방법
- 이자수입만 41조 '빚투' 시대, 토지임대주택이 기능하는 법

이원영(2021년 9월)

시장 친화형 토지임대주택, 주거 안정·과잉이득 환수 모두 잡을 해법

한 달 전 기사 〈자산 증식 '욕망'이 된 아파트... 맨해튼에 답 있다〉(2021. 8. 오마이뉴스 보도)의 말미에 필자는 이런 질문을 드린 적이 있다.

"강남 자곡동 브리즈힐 토지임대부 분양주택의 공급시점으로 다시 돌아간다면 독자 여러분은 공급자로서 혹은 수요자로서 어떤 선택을 했을 것인가?"

2011년 당시 한국토지주택공사(LH)는 토지임대료의 공급가를 시장가보다 싸게 책정해서 시장에 내놓는 선택을 했다. 그러자 수요자가 몰렸다. 25.7평형을 2억2000만원에 공급받은 이들이 지금은 5억~6억 원에 전세를 놓고 있는 상황이다. 당시 특혜나 다름없는 가격에 공급받은 것이다.

반면 2007년 시범사업으로 공급했던 군포부곡지구는 LH가 토지비용을 시세보다 1.4배 수준(LH측 자료)~2배 이상 수준(필자의 판단)의 임대료로 책정하였다. 그 바람에 청약률이 현저히 떨어져 사업 자체가 취소되고 말았다. 비싼 가격에 의한 실패 사례다.

어떤 선택이 좋을까? 어느 쪽도 아니다. 시장에서 정해진 지대로 결정하는 길에 정답이 있다. 공급가를 임의로 정할 것이 아니라 수요자가 경쟁을 통해 시장가격으로 정하도록 하면 된다. 그렇게 하면 공급자와 수요자 모두 충족시키는 공급방식이 된다. 맨해튼 배터리파크시티가 싱가폴의 토지임대 HDB주택과 다르게 수익을 올리는 이유이기도 하다.

강남 자곡동 토지임대주택의 올바른 공급방식

토지임대주택의 원래 취지를 다시 돌아보자. 공공이 수용해서 개발하는 택지는 민간에게 되팔아서는 안 된다는 것이 헌법정신이다. 되파는 순간 '공공필요'의 개념이 실종되기 때문이다. 공공의 목적인 주거공간의 보급을 위해서라면 택지를 매각하지 않고도 방법이 있다. 토지는 임대로 가면서 1) 건물까지 임대하는 방식 2) 건물은 거주자가 소유할 수 있도록 해주는 방식 두 가지다. 전자가 익히 아는 공공형임대주택이고, 후자가 바로 이 글의 주제인 토지임대주택(토지임대부 분양주택)이다.

아시다시피 전자는 정부가 재정상의 부담을 안으면서 저소득층에게 주거복지를 제공한다. 후자인 토지임대주택은 정부가 재정부담 없이 안정적인 주거를 제공해주는 방식이다. 입주자도 언제든지 매각하거나 전세를 놓을 수 있으므로 건물에 대한 태도가 다르다. 내 집이나 마찬가지이므로 아껴 쓰고 수명이 오래 간다. 시장을 왜곡시키는 토지가격에 따른 거래로 인한 불로소득을 원천적으로 방지하는 효과도 있다. 주거를 안정시키는 궁극적인 부동산 정책도 되는 것이다.

2021년 현재 대한민국은 땅값이 갖는 미실현 가치의 시장 왜곡 때문에 집값이 천정부지로 오르고 있다. 대출받아 무리하게 집을 산 사람은 수입의 태반을 이자 갚는 데 쓰고 있다. 가계부채가 눈덩이처럼 불어나고 있고, 한계상황에 내몰린 가구가 늘고 있다. 주거안정이 무엇보다 중요한 상황에서 토지임대주택은 시장매매 가격의 반값 정도로 복지와 부동산 문제 해결 두 조건을 모두 충족시킨다.

토지임대료는 시장가격을 무시하고 인위적으로 설정하면 부작용이 생긴다. 비싸게 책정하면 가격은 수요자를 위축시키고 싸게 책정하면 부당이득이 생긴다. 지금 법에서 정하고 있는 환매조건부(주택 소유자가 되팔 때 공공이 소유권을 가져오는 제도)는 과소가격 공급에 따라 '블랙마켓'이 생기는 부작용에 대응하기 위해 만든 제도다. 시행 초기부터 시장지대를 반영하는 체제로 가면 공공환매가 불필요하다.

살다가 완전히 떠나게 되면 현행법에서는 전세보다 싼 값에 강제로 환매해야 하므로, 실제로는 강남 자곡동의 상황처럼 건물 소유권을 포기하지 않으면서 전세로 시장에 내놓는다. 시장에 내놓으면 적정 가격에 수요자가 반응하게 되어 있다. 환매조건부 제도는 사문화될 것이다.

토지임대주택의 운영은 일반 전세시장과 동일하다. 토지임대료와 건물가격을 입찰로 경쟁하도록 하는 과정에서 보다 단순하게 운영하려면 전세의 방식을 차용하면 된다. 월 임대료를 계산하려면 전월세 환원율을 적용해야 하는 부차적인 과정이 필요하므로, 공급자와 수요자 모두 비교가 손쉬운 전세방식이 효과적이다. 참고로 현재의 전월세전환율 데이터는 현실 지대를 제대로 반영했다고 보기 어렵다는 평가가 있다.

토지전세(임대) 가격과 건물가격을 합친 금액을 기준 가격으로 전세의 형태로 입찰하면 수요자도 쉽게 이해할 수 있다. 일반 전세시장에서의 가격과 대비를 해볼 수 있기 때문이다.

'전세형' 토지임대주택의 장점

입찰 과정을 상세히 살펴보자. 시작 단계에서 중요한 것은 먼저 공급가를 확정하지 않는 것이다. 지대를 시장가격으로 분양하기 위해서는 입찰의 과정을 거치도록 해야 한다.

① 개발과정과 원가를 소상히 밝히고 향후 매 2년마다 주변 지대 시세대로 조금씩 올려 받을 것이라는 등의 정보를 상세하게 제공하면서 3배수 가량의 무주택 희망자를 선정한다.
② 그리고 입찰가격 의향서를 제출하도록 한다. 입주 희망자는 주변시세와 자신의 입주희망의 정도를 판단하여 적정 가격을 써서 제출한다.
③ 공급자 측은 상위그룹의 상한입찰가를 기준으로 시장가격을 판단하여 전세가를 공표하고 상위 희망자부터 순서대로 계약한다.
④ 이때 선분양이 아니라 후분양이 원리상 올바르다. 건물은 소유물이므로 지은 후 상태를 확인하고 의사결정을 하는 것이 순리다. 건물을 날림으로 지을 수 없다. 층간소음 문제는 원천 봉쇄된다.
⑤ 입주 후 매 2년 추가 임대료는 시장가격을 반영하여 책정한다. 이때 '시장전세지수'와 같은 지표를 만들어 활용하면 좋다.

토지임대주택은 일단 입주한 다음 일정기간만 지나면 전세시장에서 매매나 상속이 자유롭고, 타인에게 다시 전세를 놓을 수도 있다. 토지임대주택시장이 형성되는 것이다. 이 시장기능이 매우 중요하다. 물론 완전히 떠나겠다는 사람에게는 초기에 계약한 고정가격의 전세가를 환매로 돌려주면 된다. 환매조건부는 공급가에 프리미엄이 붙을 때의 대책이므로, 시세대로 임대료를 징수하는 시장 토지임대부는 환매조건부가 아무런 의미가 없다. 시장에 내놓으면 적정가격에 거래가 될 것이다. 시장입찰제로 분양하면 미분양의 가능성도 제로가 된다.

토지임대계약 만료 전 수명이 다하면 새로 지을 경우 자기 돈을 들이지만 제값은 언제든지 받을 수 있다. 토지임대계약 종료 시에는 낡은 집 그대로 감정가격으로 팔 수 있다. 물론 계약 만료 후 토지임대 재계약에 참여할 수도 있다. 단 참여자격만 부여할 뿐이지, 입찰은 공개적으로 진행된다. 현 단계에서 법률 개정 필요성은 없다. 보다 정확한 시장개념의 적용이 중요하다. 나중에 지대시장제의 시행을 위한 세칙만 보강하면 된다.

토지임대주택, 은행의 '과잉이득' 환수도 가능하다

지금 한국의 땅값은 요동을 치고 있고, 금융권이 일방적으로 혜택을 보고 있다. 2011년 유원일 전 국회의원은 "2006년~2010년 사이 가계부채가 900조 원에 육박하는 등 심각성을 더하는 가운데 7대 시중은행들이 주택담보대출로 벌어들인 이자수익이 무려 51조원에 이른 것으로 파악됐다"고 밝힌 바가 있다. 그 이야기가 요즘에도 재현되고 있다.

가계대출이 1800조원으로 10년 전의 두 배로 증가한 상태에서 최근 MBC 보도에 따르면 8대 시중은행이 2020년 한 해 동안 벌어들인 주택담보 이자 수입만 41조원에 이른다. 2006년부터 2010년까지 5년 동안 벌어들인 이자 수입에 육박하는 돈을 한 해 동안 벌어들이고 있는 셈이다. 이만저만한 '부당' 이득이 아닐 수 없다. 땅값이라는 '미실현 가격'의 허수적 작용에 의한 것이기도 하지만 '미필적 고의'에 가까운 부당이득이다.

토지임대주택이 공급자에게 매력적인 것은, 개발이익 환수를 일부러 하지 않아도 시장가격으로 입찰하여 공급한 후 주변 시세대로 지대를 조금씩 올려 받으면 투자한 금액 이상으로 회수가 가능하다는 점이다. 토지임대 방식이 어떻게 해서 맨해튼에서 돈을 벌면서 성공했는지를 상기할 필요가 있다.

수요자도 불만 없다. 과도한 대출 없이 내 집과 같은 안정적인 거주가 가능하다. 5~6억 원 전세금으로 10억~12억 원짜리 주택에 내 집처럼 살고 있는 강남 자곡동 사례를 상기하면 된다. 매매를 통한 시세 차익 실현에 대한 기대가 불명확한 요즘 같은 금리 인상기에는 더더욱 그렇다.

그렇다면 누가 손해보는가? 그동안 헛된 땅값의 거래를 볼모로 삼아 비싼 이자수익을 거두어들인 은행이다. 하지만 엄밀히 보면 손해가 아니다. 이치대로 원점 회귀하는 것이다. 은행의 '과잉 이득'을 환수하는 것이 바로 토지임대주택의 원리다.

4-4. 3기 신도시, 공공임대-토지임대 주택공급으로 주거 안정 극대화

반영운(2022년 1월)

3기 신도시 개관 및 추진현황

3기 신도시란 정부가 공공주택특별법에 근거하여 '수도권 주택공급 확대'를 위해 수도권 일원에서 추진하고 있는 공공주택사업이다. 특히 3기 신도시에 포함된 곳은 대부분 서울시의 경계에서 2㎞ 이내 있어서 접근성이 뛰어나다. 따라서 주택 수요의 관심이 매우 높다고 할 수 있다. 그 중 광명시흥의 경우에는 서울과 1㎞ 이내에 위치하고 있다.

3기 신도시에 포함된 곳은 다음과 같다. 먼저, 330만 ㎡ 이상 규모의 신도시는 남양주왕숙·왕숙2, 하남교산, 인천계양, 고양창릉, 부천대장, 광명시흥, 의왕·군포·안산, 화성 진안 등이다. 다음으로 100만 ㎡ 이상 대규모 택지는 과천, 안산 장상, 인천 구월2, 화성 봉담3 등이다. 3기 신도시는 2018년 9월에 주택시장 안정대책의 일환으로 추진되었다. 특히 수도권 주택공급 확대방안의 하나로 1차로 수도권 공공택지 30만호 확보를 시작으로 위에서 언급된 지역들이 차례로 지구지정을 완료하고 필요한 교통개선대책도 확정하고 지구계획도 승인하는 등 일련의 절차를 밟고 있다. 아울러, 한국토지주택공사(LH)는 2022년에 3기 신도시 전체에 대한 보상을 모두 마무리하기로 했다. 예를 들어, 작년 12월에 보상이 시작된 인천계양·하남교산 신도시는 2021년 12월 현재 87%, 83%의 보상이 각각 완료된 상태다. 이로써 수도권 주민들을 위해 대규모 주거를 공급하기 위한 3기 신도시 사업은 본격적으로 시작되었다. 이제 사전 분양 등의 절차를 거쳐 주거 공급을 시작한다.

3기 신도시 주택은 경기도에 93%가 공급된다. 예를 들어 광명 시흥에는 7만 가구, 남양주 왕숙에는 6만6000가구, 고양 창릉에는 3만8000가구, 하남 교산에는 3만2000가구, 부천 대장에는 2만 가구 등 총 22만6000가구가 공급된다. 그런데 이 중 50%인 11만3000가구 이상이 현행법에 따라 공공주택으로 공급된다.

3기 신도시 주택 공급방식

경기도 내에 조성되는 신도시 주택 중 공공주택 공급 최저비율은 50%이다. 그러나 최근 공공주택 공급 비율이 60%로 상향되도록 2021년 2월에 관련법 개정이 발의되었다. 그리고 이재명 대통령 후보는 경기도 지사 시절 기본주택(장기임대형 공공주택)을 100% 공급할 계획을 세우기도 했다. 3기 신도시가 100% 장기 임대주택으로 공급된다면 어떨까? 이에 대한 반응은 두 가지로 나뉜다. 먼저, 단기적으로는 임대주택 공급이 상향되면 분양주택 수가 줄어들게 되면서 분양주택시장 수요가 높아지면서 집값이 오를 수 있다, 그러나 장기적으로 보면 토지투기 방지 등으로 인해 주택시장이 안정될 수 있다.

여기서 주택공급 방식에 대해 좀 더 알아볼 필요가 있다. 공공주택특별법 제 2조 2항은 공공주택지구의 주택유형별 공급비율을 정하고 있다. 즉, 공공임대주택은 전체 가구 수의 35% 이상, 공공분양주택은 25% 이하, 나머지는 민간분양주택의 비율로 주택을 공급한다. 여기서 주목해야 할 점은 바로 공공임대주택의 공급비율이 35%라는 점이다. 나머지 약 75%의 주택(약 17만 가구)은 공공의 이름으로든 민간의 이름으로든 '토지와 건물'이 매각되는 '분양 주택'이라 할 수 있다. 이러한 이유로 3기 신도시에서 공급되는 대부분의 주택 역시 성남 대장동 사업을 포함한 기존의 주택공급 사업처럼 쉽게 막대한 토지불로소득이 보장되는 토지 투기의 대상이 될 수 있다. 따라서 토지불로소득을 원천적으로 차단하면서 공공주거를 안정적으로 공급할 수 있는 방안을 모색할 필요가 있다.

3기 신도시, 공공임대, 토지임대형 주택공급으로 주거안정 극대화

토지 불로소득을 원천적으로 차단하기 위한 주택공급 대안의 하나로 최근 '기본주택(장기임대형 아파트)'이 거론되고 있다. '기본주택'은 소득, 자산, 나이 등에 관계없이 무주택자라면 누구나 입주할 수 있는 30년 이상 장기임대형 공공주택으로서 역세권 핵심지역에 품질 높은 임대주택을 공급해 무주택자의 주거안정을 추구한다. 이 기본주택은 바로 토지와 건물을 공공이 건설하여 공급한다. 일반적으로 공공임대주택(아파트)은 좁고, 싸고, 위치가 좋지 않고, 인프라가 좋지 않아 일반인이 선호하는 주거 유형이 아니다. 따라서 저소득층이 선호하는 주거유형으로 인식되고 있다. 그런데 이 기본주택은 기존에 인식되고 있는 것과는 달리 접근성과 주거 품질을 아주 향상시켜 저소득 가구는 물론 중산층 가구도 관심을 갖게 할 수 있다. 그런데 여기서 주목해야 할 것은 공공임대주택 공급 규모이다. 위에서 살펴본 것처럼 공공임대주택은 공급되는 전체 가구의 약 35% 이하 밖에 되지 않는다는 점이다. 이러한 사실은 3기 신도시를 통해 공급하는 주택의 대부분이 분양주택으로서 여전히 토지 불로소득의 대상이 되고 있다는 점을 반증하고 있다. 주거 및 주택가격을 하향 안정화하려면 토지불로소득 추구 의지를 꺾을 수 있도록 주택시장에 강한 신호를 주어야 한다. 즉, 공급되는 주택의 토지임대 비율을 100%로 상향시켜 토지불로소득의 가능성을 원천적으로 차단하는 것이다. 3기 신도시에 공급되는 약 22만 6천 가구의 주택이 토지임대 방식을 채택하게 된다면 주거 안정성은 물론 주택가격도 하향 안정화 될 것이다. 따라서 현재 결정되어 있는 공공분양 및 민간분양 방식의 주택을 토지임대 방식의 주택으로 변경하여 입주자의 '생애주기'를 고려한 적정한 양의 양질의 공공임대 주택을 공급할 필요가 있다.

여기서 분양주택 수요에 대응하기 위해 토지임대형 분양주택을 공급할 필요가 있다. 토지임대형 분양주택(토지임대주택)은 토지는 임대하되 건물은 분양받아 소유하는 방식으로서 저소득층이 아닌 중산층에게 적절한 방식의 주택이라 할 수 있다. 이 방식은 30년 또는 60년 동안 토지를 임대한 후 그 위에 주택을 짓거나 분양받기 때문에 주거 안정성이 보장되어 건물을 아껴서 사용하게 된다. 또한 분양주택의 수요를 충족시키게 된다. 토지임대주택은 수분양자가 건물을 매매나 양도도 할 수 있어 매우 자유롭게 재산권을 활용할 수 있다. 이처럼 3기 신도시에 공급되는 22만 6천 가구의 주택이 공공임대 또는 토지임대 주택으로 공급될 때 임대나 분양수요를 충족하게 되면서 서서히 주택가격이 안정될 수 있다. 여기서 주의할 점은 바로 공공임대나 토지임대 주택이 섬처럼 고립되어 공급되지 않고 대량으로, 즉 시장에 충격을 줄 정도로 공급되면 시장에 긍정적으로 작용하여 주택 가격이 하향 안정화되기 시작할 것이다.

따라서 3기 신도시에 공급되는 주택은 공공분양 또는 민간분양처럼 토지를 매각하지 말고, 반드시 공공이 토지를 소유하면서 공공임대 또는 토지임대형 주택으로 공급해야 한다. 분양과 임대를 적절히 혼합하게 되면 그 효과가 매우 반감된다는 사실을 주의해야 한다. 토지불로소득을 원천적으로 차단하고, 저소득층이나 중산층에게 안정적인 주거를 공급할 수 있는 기회가 바로 3기 신도시에 있다.

제5부

현장에서 겪는 부동산문제와 토지의 공공성

제5부 현장에서 겪는 부동산문제와 토지의 공공성

5-1. '버려진 땅' 난지도의 변신이 시사하는 부동산 해법

– 쓰레기 매립장이어서 모두가 누리는 공원이 된 난지도의 역설

조정흔(2021년 6월)

대한민국에 이보다 더 드라마틱한 반전이 있는 공간이 또 있을까? 이 곳은 어느 누구도 거들떠보지 않던 버려진 땅이었다. 아니 버려진 땅이라기보다는 쓸모없는 것들을 버리기 위해서 만들어낸 땅이라고 해야 맞을 것이다. 버려진 땅이었기에 어느 누구도 관심을 기울이지 않았던 땅이었다.

하지만 지금은 서울 시내에서 누구나 10원 한 장 지불하지 않고, 한강 변의 조망권을 온전히 누릴 수 있는 곳이 됐다. 거기에 아름다운 조형물과 예술작품까지 무료로 관람할 수 있다. 가을에는 한길이 넘는 갈대숲에서 숨바꼭질을 하고, 캠핑을 즐기러 많은 사람들이 모여든다. 수십 년간 쓰레기 폐기물이 매립되어 버려진 땅, 가난한 사람들이 모여 살던 땅은 이렇게 오롯이 시민들의 품으로 돌아왔다.

현재 서울의 한강변은 고급 아파트, 고층 빌딩으로 가득 들어차 소수의 부자들이 '조망권'을 독점하고 있다. 조망권을 이유로 상상하기 어려운 비싼 부동산 가격이 형성돼 있다. 한강 조망이 가능한지 여부에 따라서 수억 원의 가격 차이가 발생한다. '한강 조망권'이라는 공공의 가치를 조금이라도 사유화시켜서 팔기 위해 한강변 아파트를 설계하는 건축가들은 한강변의 한자락 조망에 걸치는 아파트가 최대한 많이 나오도록 설계한다. 한강 조망권은 철저하게 상품화, 사유화 되었다.

그러나 상암동 월드컵공원은 조망권을 누리기 위해 한 푼도 지불할 필요가 없다. 서울이라는 거대 도시에 있는 강과 하늘을 감싸고 있는 산을 온전히 느낄 수 있다. '쓰레기 매립장'이라는 극한의 환경, 버려진 곳이었기에 가능했던 역설이다. 이곳이 쓰레기 매립장이 아니었다면 아마도 자본은 순순히 모든 시민들이 누릴 수 있는 공간이 되도록 놔두지 않았을 것이다.

난지도는 원래 1960년대까지만 해도 한강 하류의 토사가 범람하여 만들어진 여의도와 같은 섬이었다. 범람원으로서 토질이 비옥했던 난지도는 농사를 짓는 농지로 주로 이용되었고, 한강변 금빛 모래사장에서는 아이들이 뛰어놀았다.

지금이라면 상상도 할 수 없는 일이지만 1960~1970년대의 급속한 도시화로 서울의 인구가 폭증하고 처리해야 할 쓰레기의 양이 늘어나면서, 1978년 난지도는 도시계획시설(쓰레기 매립)로 지정됐다. 이곳에서 농사를 짓던 농민들 소유의 농지들은 헐값에 수용되어, 어느 날 갑자기 쓰레기 매립장이 되었다.

또 매립장 주변의 토지들도 쓰레기 매립용량이 늘어남과 동시에 점차 버려진 땅, 쓸모없는 땅으로 변해갔다. 1990년대까지만 해도 근처에 있던 서부면허시험장을 지나갈 때면, 쓰레기 악취로 인하여 코를 막고 버스의 창문을 닫고 지나다니곤 했었다. 지금은 작은 혐오 시설 하나만 들어와도 온 동네에 난리가 나지만, 과거 급격한 경제발전과 도시화·근대화를 추진했던 독재 정권시절, 농지가 쓰레기 매립장이 되는 데는 많은 시간이 걸리지 않았다.

난지도 쓰레기 매립장 뿐 만 아니라 과거 독재정권에서는 토지 보상도 없이 멀쩡히 농사를 짓고 있던 농민들 소유의 땅을 강제로 빼앗아서 공단을 조성하는 일이 일어나기도 했다. 구로동 분배 농지 사건이 대표적이다. 1961년 박정희 정권은 공단을 조성한다는 목적으로 서울 구로동 일대의 땅 30만평을 강제 수용했다. 농민들의 반발과 국가를 상대로 한 소송은 권력기관을 동원해 막았다. 지난 2008년이 되어서야 진실·화해를 위한 과거사정리위원회가 이 사건을 '국가 공권력 남용'으로 결정했고 후손들은 기나긴 소송 끝에 올해 4월 대법원으로부터 배상 판정을 받아냈다.

과거 급속한 경제발전과 근대화·산업화 과정에서 개인의 인권·재산권·생존권은 쉽게 희생되었다. 1960~1970년대에 도시계획시설 공원이나 도로 등으로 지정되어 이용할 수 없었던 토지들은 이제야 순차적으로 손실보상이 진행되고 있다. 하지만 쉽지 않은 일이다. 1970년대의 서울의 미개발지인 농지 또는 임야와 2020년대의 고도화된 도시 서울의 토지가치를 비교하기 위해서는 고도성장 50년의 시공을 넘나들어야 한다.

당시의 '산업화', '경제 성장'이라는 가치와 현재의 '양극화 해소', '분배를 통한 안정적 성장'이라는 시대적 가치는 언뜻 보기엔 상반된 것이 지만 동전의 양면과 같은 관계를 갖는다. 경제발전에 따른 도시의 확장으로 부동산의 용도가 변경되고, 부동산 가치에 변화가 일어났다. 경제 발전의 결과 높아진 소득 수준과 더불어 양극화가 문제가 되고 있다. 부동산 자산 격차는 양극화의 가장 원인이기도 하다.

수익지상주의에 매몰된 부동산 시장

한 시대가 추구하는 가치는 동시대 사람들의 생각과 환경에 따라서 변한다. 그럼에도 고도성장 시기를 이미 벗어나 있는 우리에게 부동산은 아직도 부의 축적 수단, 투자 수단이며, 수익지상주의를 벗어나지 못하고 있다.

일하는 사람들의 안전과 주민들의 정착이 아니라 최대한 짧은 기간 내에 적은 비용의 공사비로 수익을 극대화하기 위한 다단계식 하도급, 마구잡이 철거 공사로 무고한 이웃들이 희생되는 일이 계속 벌어지고 있다. 그런데도, 우리는 여전히 돈 되는 부동산 투자를 위해 눈에 불을 켜고, 이웃들의 생명과 안전을 지키기 위한 규제를 비난한다. 내 이웃과 가족을 지키기 위한 마지막 보루조차도 '돈' 앞에서 모래성처럼 무너지고 만다.

짧은 시간에 눈부신 경제성장과 발전을 이루어내고 세계의 선진국들과 어깨를 나란히 할 정도의 국력을 갖추는 거대한 나라가 되었지만, 우리의 의식 수준은 아직 박정희 시대를 크게 벗어나지 못하고 있는지도 모른다.

집권 여당인 더불어민주당은 부동산 소유자들의 세금을 깎아주고, 돈이 없는 사람들에게 부동산으로 돈을 벌라고 부추기는 정책을 내놓고 있다. 부동산 가격 급등으로 인한 청년과 무주택 서민들의 박탈감을 집 사서 돈 벌게 해주겠다는 식의 불가능한 정책으로 무마하겠다고 한다.

실타래처럼 얽혀있는 부동산 문제의 해법은 의외로 간단할 수 있다. 바로 부동산의 소유와 개발로 인하여 발생되는 이익과, 부동산의 이용으로 인하여 누리는 편익의 크기에 따라 정당하게 과세하면 된다. 또 부동산을 실제로 사용하여 경제 활동을 하거나 그 안에서 살아야 할 사람들이 평등하게 이용하도록 만들어주는 것이다.

기존 자산 소유자, 개발업자, 건설, 금융자본의 이익을 고려하여 빠져나갈 구멍을 열어놓는 원칙 없는 땜질 정책으로는 결코 부동산 문제에서 파급된 시대적 과제를 해결할 수 없다. 버려진 땅, 난지도 쓰레기 매립장이 시민 모두가 평등하게 누릴 수 있는 월드컵공원으로 천지개벽하는 모습을 보면서, 공공의 역할이 무엇인지 부동산을 통하여 누려야하는 시민의 권리가 무엇인지 다시 생각해보게 된다.

5-2. 대한항공 송현동 부지의 시세는 없다
- 토지의 공공성을 회복해야

조정흔(2020년 6월)

지난 몇 달간 서울 시내에서 매력적인 위치를 차지하고 있는 부동산이 많은 이들의 이목을 집중시키고 있다.

첫 번째는 재벌기업인 대한항공이 소유한 송현동 땅이다. 송현동이라는 지명이 낯설다. 송현동은 경복궁 동측 편 도심 요지에 위치한 3만7141.6제곱미터(㎡)의 광대한 미개발 토지다. 2002년 대한항공이 삼성생명으로부터 2900억 원에 사들였다. 대한항공은 코로나19로 인하여 경영에 어려움을 겪자 자금마련을 위하여 이 땅의 매각을 검토하고 있다고 한다.

해당 토지에는 대체로 1종일반주거지역, 교육환경보호에 관한 법률상 상대보호구역, 역사문화특화경관지구, 문화재보존영향 검토대상구역 등의 각종 제한이 걸려 있다. 토지의 소유자인 대한항공은 한옥 호텔 건립을 추진하였으나, 인접한 덕성여중 등의 학교시설로 인하여 무산되었고, 교육청과의 행정소송 결과 대법원에서 패소하였다. 종전 소유자였던 삼성생명 또한 송현동 부지에 미술관을 건립하려다 각종 규제로 인하여 포기하고 대한항공에 매각했다.

송현동 토지는 1종일반주거지역으로 용적률 150%를 적용받는다. 송현동 토지의 남측 도로 건너편 토지들이 용적률 800%(역사도심 600%)를 적용받는 일반상업지역인 것과 비교할 때, 길 하나를 사이에 두고 행정적 제한 사항에 따라 개발가능 여부와 지을 수 있는 건축물의 규모에서 큰 차이가 난다.

2020년 현재 해당 토지의 공시지가는 ㎡당 900만 원(평당 2700만 원)정도다. 서울시는 4670억 원의 보상금을 책정해놓았다고 한다. 해당 토지가 서울시에서 추진하는 역사문화 공원에 포함되어 강제 수용대상이 된다면 감정평가사는 어떤 기준으로 보상액을 산정하게 될까?

송현동 부지 시세는 결정 불가능

토지의 가치를 결정하는 여러 요인 중 핵심이 바로 행정적 요인이다. 송현동 토지의 경우 길 하나를 사이에 두고 고층빌딩을 지을 수 있는 땅인지, 저층 건물만 짓는 땅인지 결정된다. 용도지역의 차이로 인한 행정적 규제는 행정법상 용어로 '개별적 제한'과 대비되는 '일반적 제한'이라 하는데, 토지의 가치를 결정하는 주요 요인이다. 감정평가사는 동일한 용도지역을 갖는 인근지역의 표준지를 선택하여 비교하고, 동일한 용도지역 토지의 이용 상황 및 이에 따른 거래가격 등을 고려하여 가격을 결정하게 된다.

감정평가사가 보상가격을 결정할 때는 불법적인 이용 상황, 불법 형질변경, 무허가건축물 등은 고려하지 않는다. 해당 사업으로 인하여 예상되는 개발이익은 배제하고 보상액을 평가한다. 이 부분은 모든 보상평가에서 매우 엄격하게 적용된다. 임야, 전답 등에 적법한 허가절차 없이 건물을 지어 사용하는 경우 건물은 보상대상이 되지 않을 뿐 아니라, 해당 토지도 불법 형질변경이므로 대지로 인정받지 못한다.

수년전 한 수도권 신도시 지역의 보상가격 감정평가 시에 있었던 일이다. 보상 지역은 공장용도로 건축허가를 받기 어려운 지역이라서 대부분 '축사' 용도의 건축물로 허가받은 후에 사실상 공장이나 창고로 이용하는 건축물들이 대부분이었다. 건축물대장상 '축사' 용도이나, 사실상 '공장, 창고' 등으로 이용되고, 거래됐다. 이 같은 용도에 따라 시세가 형성되어 있었음에도 불구하고, 보상평가 시에는 불법 이용 상황으로 인정되어 '공장, 창고' 용도를 기준으로 거래되는 가격을 인정받지 못하였다.

또한 보상목적의 감정평가는 개발 사업으로 인한 가치상승분, 즉 개발이익을 배제하고 보상금액을 산정한다. 예컨대 원래 개발제한구역이었으나 개발 사업으로 인하여 상업지역으로 용도지역이 변경된 경우, 사업에 편입되기 이전의 용도지역인 개발제한구역을 기준으로 감정 평가해 땅 판매자의 개발이익 취득을 방지한다. 토지소유자의 노력과 관계없이 발생한 지대는 재산권으로 인정하지 않는 것이다.

보상가격은 투자가치와는 전혀 다른 개념의 가격이다. 투자자의 수익은 위험이 클수록 함께 커진다. 큰 수익을 노리는 투자자는 개발허가 불확실성이 큰 토지를 매입해 편법과 불법을 넘나드는 온갖 수단을 강구한다. 결과적으로 개발허가를 받게 되면 투자자는 큰 수익을 누릴 수 있을 테고, 투자자의 기대치가 높다면 당연히 적법한 이용 상황이나 통상적인 매매가격보다 더 높은 금액으로 매수할 수도 있을 것이다.

그렇지만 보상 감정평가 시에는 이러한 불법성, 불확실성 등은 모두 배제된다. 현재 해당 토지가 받는 공법상의 제한, 앞선 송현동 부지 사례의 경우 인접 학교로 인한 제한, 문화재보존 검토대상구역으로 인한 제한 등이 모두 감정가격에 반영된다. 공법상의 여러 제한이 많은 토지일수록 개발이 어려워 쓸모가 없거나, 빈번하게 거래되지 않기 때문에 유사한 매매 사례를 찾아내기가 어렵다.

몇몇 언론은 송현동 부지의 시세가 5000억 원이니, 7000억 원이니 하지만, 시세가 있을 리 만무하다. 대상 토지의 최유효이용, 즉 적법한 이용 상황이 불확실하기 때문이다. 따라서 대체가 가능한 인근 지역에서 정상적으로 이용이 가능한 토지들을 기준으로 여러 각도에서 검토하고, 대상 토지와 개별성 비교를 통하여 적정선을 찾아 감정평가사가 적정한 가치를 결정하게 된다.

송현동 토지는 각종 행정적 제한이 없었더라면 진작 초고층빌딩으로 개발되었을 토지이나, 역설적으로 토지가 갖고 있는 각종 행정적 제한으로 인하여 미개발지로 남을 수 있었다. 서울도심 한복판에 미개발지로 남아 있다는 사실 자체가 개발, 이용이 불가능하여 정상적인 매매가격이 형성될 수 없는 토지라는 가장 강력한 증거다. 개발과 이용에 많은 난관이 있는 토지의 경우에도 반드시 그 위치에 있는 그 부동산을 소유하여, 개발해보고 싶은 사람의 욕망과 그가 갖고 있는 돈의 크기에 따라서 토지의 가치가 결정된다. 바로 부동산 고유의 특성인 개별성과 고정성 때문이다. 그러나 보상가격은 특정한 부동산을 소유하고 싶은 인간의 주관적 욕망의 크기와 비례하여 결정될 수 없다.

대한항공은 송현동 토지의 매각으로 최소 1500억 이상의 양도차익을 얻을 예정이지만, 양도수익은 법인의 소득에 합산 후 귀속된다. 대한항공의 영업손실이 양도차익 이상 발생하는 경우에는 양도차익에 따른 세금을 한 푼도 내지 않을 수 있다고 하니, 대한항공으로서는 쓸모없는 토지를 매도하여 경영자금을 확보함과 동시에 세금까지 아낄 좋은 기회가 아닐 수 없다(2020. 6. 오마이뉴스 보도). 오히려 재벌 대기업의 비업무용 토지 소유에 대한 특혜라는 시각도 있다(2020. 6. 한국NGO신문 보도).

용산 정비창부지, 공공을 위해 개발돼야

두 번째는 공기업인 코레일이 소유한 용산정비창 땅이다. 용산 정비창 부지는 오랜 기간 철도시설의 부속 토지로 이용되었다. 2007년경 서부이촌동 일대와 묶여 용산 국제업무지구로 개발이 추진되어 오다가 무산되었으며, 오랜 소송을 통하여 코레일이 소유권을 돌려받은 상태다.

삼성물산이 2009년 사업시행자 지위를 포기하면서 롯데관광개발이 사업시행자 지위를 양도받았다. 묘하게도 송현동 부지가 삼성생명으로부터 대한항공이 매수한 토지이듯, 용산정비창 부지 또한 삼성물산이 시행자 지위를 갖고 있다가 롯데관광개발에게 양도한 토지다. 삼성 관련 회사들이 발을 담갔다가 빠져나온 토지들이라는 공통점이 있다. 수천억 원에서 수조 원대에 이르는 대규모 부동산 관련 사업에 관여할만한 투자자 집단이 극소수이기 때문일 것이다.

잠자고 있던 용산 정비창부지는 지난 5월 6일 국토부가 발표한 수도권 주택공급 강화방안에 등장함으로써 다시 세상에 나왔다. 국토부는 용산역 정비창부지의 개발 사업을 통하여 8000가구 규모의 미니신도시를 조성하겠다고 발표하였다. 그러나 용산 정비창부지는 2008년 오세훈 서울시장 당시 한강르네상스, 용산 국제업무지구 추진으로 인하여 일대의 땅값을 폭등시킨 전력이 있으며, 2018년 박원순 시장이 용산, 여의도마스터플랜을 언급했다가 일대 부동산 시장이 들썩이는 바람에 부랴부랴 개발계획을 전면 보류한 해프닝이 있었던 땅이다.

아니나 다를까, 국토부의 용산정비창부지 개발 계획 발표와 동시에 매물이 사라지고, 가격 폭등 조짐이 나타났으며, 정부는 일대를 곧바로 토지거래허가구역으로 지정하였다. 이처럼 용산정비창부지는 살짝 건드리기만 해도 폭발하는 시한폭탄과 같은 곳이므로 매우 조심스럽게 잘 다루지 않으면 불쏘시개가 될 확률이 크다. 부동산 시장은 공급이 부족해서 가격이 상승하는 측면보다는, 불로소득을 유발하는 공급이 투기 수요와 투기 심리를 자극하여 가격이 상승하는 측면이 크기 때문이다. 따라서 용산정비창부지는 코레일이라는 일개 공기업의 이익극대화를 목표로 할 것이 아니라, 대한민국 전체의 사회적 가치와 시대적 요구에 부합하는 방향으로, 개발이익과 불로소득을 최대한 차단하면서 공공의 이익에 부합하도록 개발하는 방법이 무엇인지에 대한 대책부터 선행되어야 할 곳이다.

용산 정비창부지는 애초부터 철도시설의 유지 관리라는 공공목적을 달성하기 위하여 용도가 제한되는 공법상 제한을 받고 있었기에 미개발지로 남아있을 수 있었다. 따라서 종전의 용도제한을 풀고 개발 사업을 수행하려는 경우에는 새로운 공공 개발 사업으로 인하여 예상되는 개발이익을 배제하여 토지가격이 평가되어야 한다. 이러한 개발이익 배제의 원칙은 공공목적사업으로 인한 토지수용보상 시에 일반적으로 적용되는 원칙이다.

공기업인 코레일의 만성 적자문제 해소를 위한 방편으로 보유하고 있던 부동산의 용도제한을 풀고 토지가격을 높여 민간자본에 매각하는 방식으로 해소하는 것은 일반적인 보상원칙에 맞지 않을 뿐만 아니라, 높아진 토지가격으로 인하여 분양가와 임대료를 높이고, 주변 부동산 가격까지 연쇄적으로 상승시키는 결과를 불러올 수 있다.

반면, 개발사업 대상 토지의 취득 원가가 낮으면 개발 후의 부동산을 운용, 관리하면서 발생하는 임대료 수입 등을 통한 투자수익률을 높이는 효과가 발생한다. 대신 개발이익을 통제함으로 인하여 발생한 투자수익이 민간 자본에 흡수되는 것이 아니라, 다시 공공목적에 이용되고 공공에 귀속되도록 설계해야 명분이 있다.

부동산을 최대한 높은 가격에 분양하고 매각한 후에 털어버리는데 초점을 맞추는 것이 아니라, 어떻게 실제 이용하는 사람들과 함께 오랜 기간 상생하면서 관리해나갈지에 더 초점을 맞출 수 있게 된다. 이런 측면에서 용산정비창 부지에 토지임대부 건물분양방식의 공급 제안은 불로소득 차단의 한 방편이 될 수 있을 것이다(2020. 5. 오마이뉴스 보도).

토지 등의 부동산은 속성상 온전히 사유재산권의 대상일 수 없다. 공공 목적을 위한 행정적 제한을 통하여 용도와 가치에 결정적인 영향을 미친다. 우리 헌법 23조 또한 사유재산인 동시에 공공성을 갖는 재산권의 이중적인 성격을 잘 반영하고 있다. 2020년의 대한민국 부동산은 과거의 가치와 결별해야 한다. 부동산이 사유재산권의 대상으로서 가치의 저장수단이 되고, 이로 인한 자산 격차와 빈부 격차의 주요한 원인이 되는 현실, 우리 미래 세대가 부동산 투기를 통한 불로소득 외에는 자기 삶에 대한 희망을 가질 수 없도록 하는 현실을 해소하기 위한 방법을 찾는 것이 시대적 과제가 아닐까 생각한다.

서울 한복판에서 상징적인 위치를 차지하고 있는 대한항공 송현동 부지와 코레일의 철도정비창 부지를 통하여 토지가 갖는 공공성을 회복하기 위한 개발, 이용, 수익의 모델을 찾기를 바란다.

5-3. 대장동 도시개발사업의 전망

배문호(2021년 10월)

내년 초에 실시될 대선을 앞두고 여당이 지난달부터 먼저 대선 경선을 시작하였다. 초반에 대세를 잡은 이재명 경기도지사가 민주당 지지자들의 투표에서 과반을 넘기고 순항을 하자 그의 개혁적인 성향과 정책에 보수세력들은 위협을 느끼게 되었다. 이에 토건마피아, 금융·법조카르텔, 부동산광고로 많은 수익을 취한다고 알려진 보수언론들이 이재명 후보의 성남시장 재직시절에 시작한 '성남 판교대장 도시개발사업'에서 과도한 개발이익이 발생했고 그에 대한 여러 의혹을 제기하며 이후보를 공격하면서 성남 대장동 도시개발사업이 세상에 크게 알려지게 되었다. 한마디로 이후보를 흠집내기위하여 시작한 것이다.

해방 후 1960년대 우리나라는 본격적으로 산업화, 도시화 시대에 접어들면서 토지개발이 시작되었다. 그 주요 무대는 경부고속도로를 중심으로 하는 남북축이었다. 제3한강교(한남대교)가 1969.12.25 준공되면서 강남지역이 1970년대 영동지구 토지구획정리사업으로 개발되었고, 경부고속도로 준공으로 한강이남 지역은 지속적으로 개발될 수밖에 없었다. 특히, 민주화이후 시작된 1990년대 '주택 200만호 건설'의 핵심은 5대 신도시 건설이었고 그중 하나가 성남시 분당신도시였다. 분당신도시는 서울 동남쪽으로 25㎞ 정도 떨어져있어 강남과 가깝고 업무지역중심의 자족적인 도시로 건설한다며 서울에 있는 주공, 토공, KT, 가스공사를 이전하고 인구 40만을 수용하는 도시로 개발되었다. 그래서 '천당 위에 분당'이라는 말도 회자되었다.

계속해서 수도권에 인구가 집중되고 주택부족이 사회문제로 부각되자 정부는 수도권에 11개나 되는 제2기 신도시를 건설하게 된다. 이때 판교도 서판교는 주공, 동판교는 토공, 판교벤처밸리는 경기도가 2003~2009년까지 개발하여 284만 평에 인구 9만 명이 거주하게 된다. 이렇게 되자 미금역과 정자역축으로 서쪽 녹지지역이고 판교 남쪽지역인 분당구 대장동이 사람들의 관심을 갖게 된다. 2000년대 이전에 대장동은 미개발지로 남아 있는 녹지, 논밭으로 이루어진 전형적인 농촌지역이었다. 대장동 지역이 개발압력을 받게 되자 필히 개발될 수밖에 없다고 믿고 땅을 매집하는 부동산 투기세력들이 우후죽순처럼 생겨나게 된다.

이들은 소규모 부동산개발회사를 설립(대장동에 땅을 구입한 '씨세븐' 등)하여 속칭 '지주공동사업'으로 원주민 토지소유자들에게 시세보다 좀 더 많은 땅값을 준다는 약속한 후 계약금을 지불하고 토지에 대한 사용승낙서를 받아낸다. 토지사용승낙서를 가지고 있으면 비록 개발사업 부지에 대한 토지소유권을 이전하지 않더라도 인·허가를 받는 데 문제가 없기 때문이다. 잔금은 사업성립조건부로 하여 인·허가 완료 후에 금융기관으로부터 대출을 받아 지불하게 된다.

때마침 도시개발법이 2000.01.28. 제정되어 도시개발사업에 민간참여가 가능하게 되자 이곳에 상당한 땅을 가진 부동산개발업자들은 사업을 하려고 준비 중이었다. 도시개발법에는 토지소유자나 토지소유자가 설립한 조합, 부동산투자회사들도 개발사업을 할 수 있도록 되어 있었다. 2000년대 중반 대장동 지역은 난개발이 우려되어 주택공사가 2005년부터 공영개발을 적극 추진하게 된다. 2009.10.01에는 주공과 토공이 통합하여 LH(한국토지주택공사)로 통합공사가 출범하면서 본사내 전국의 도시개발사업을 담당하는 전담조직(지역도시개발처)도 신설한다. 이 당시 LH는 대장동 도시개발구역과 시행자지정, 개발계획(안)을 가지고 관계기관 협의를 하고 있던 시기였다.

하지만 LH에 정치권의 외풍이 불어 닥친다. 이미 대장동 지역에서 상당한 토지를 확보하여 민간개발을 적극 추진하려던 투기세력들이 정치권에 각종 로비를 하면서 LH는 곤경에 빠져 개발사업 추진을 계속해야 하는지 말아야 하는지 고민하게 된다. 당시 LH는 통합이후 부채가 과다하다며 빚이 많은 공기업이라는 오명을 받고 있었고 통합공사는 전국 414개나 되는 사업지구에 대한 전면적인 사업구조조정을 시작하여 사업을 폐지, 중지, 축소, 연기 등 다양하게 검토 중이었다.

2009.10.01 창립기념식에 참여한 당시 MB는 '민간과의 경쟁하는 사업은 지양하고 민간이 사업하기 어려운 사업을 LH가 하여 공적역할을 다하라'는 묘한(?) 언급을 한다. MB는 10월 7일에도 다시 동일한 취지의 말을 한다.

다음 날 LH 이지송사장은 '민간과 경쟁하는 부분은 폐지하겠다'고 언급하고 10월 20일 LH의 첫 국정감사가 열린다. 국감에서 성남시가 지역구인 신영수 당시 새누리당 국회의원이 대통령의 발언을 언급하면서 '대장동 지역은 민간개발을 하게 하면 어떻겠느냐?'는 질의를 하고 현대건설사장 출신 MB직계 이지송사장은 '그렇게 하겠다'는 답변을 한다.

당일 국감은 싱겁게(?) 오후 5시에 일찍 마치게 된다. LH는 행정적인 절차를 거쳐 이듬해 6월에 공식적으로 대장동 도시개발사업에 손을 털고 나온다. 이 무렵 신영수의원의 동생과 주공 이사출신이 대장동 사업을 공영개발에서 민간개발로 변경하려는 불법로비를 하였다는 사실이 2015년에 밝혀지면서 수원지검에 구속되는 사건이 발생하기도 한다.

여기서 다시 반전이 일어난다. 2010.06.02. 제5회 지방선거에서 성남시장에 이재명이 당선된 것이다. 그는 2010.07.01부터 2018.03.15까지 성남시장에 재임하였고 이 시기에 대장동 도시개발사업이 본격적인 궤도에 오르게 된다. 그는 선거공약에서 대장동사업을 공영개발사업으로 하겠다는 것을 내세웠기 때문에 시장당선 후 2010년 말 성남시가 주체가 되는 공영개발방식으로 전환하게 된다. 도시개발법에 인구 50만이상의 '대도시 시장'은 도시개발사업의 인·허가권을 가지고 있기 때문에 가능한 것이다. 그래서 조례를 제정하여 성남시 도시개발공사를 설립하려고 하였으나 당시 시의회는 새누리당(국민의힘 전신) 시의원들이 대부분이었고 그들은 공사설립을 반대하여 공영개발사업은 제대로 추진하기가 어려웠다.

그러나 2014.06.04 제6회 지방선거에서 성남시장에 이재명시장이 국회의원출신 신영수후보를 누르고 재선에 성공하고 시의회 구성도 변화가 있어서 2014년에 성남시 도시개발공사를 출범시키고 사업을 본격적으로 공영개발로 추진한다. 그러나 성남시는 개발경험, 조직과 인력이 빈약하고 1조 5,000억이나 되는 천문학적인 사업자금을 조달할 방안이 난망이었다. 그래서 부득이 민관공동 도시개발사업을 할 수 밖에 없었다.

대장동사업의 정식 명칭은 '성남 판교대장 도시개발사업'이다. 사업 이름부터 판교를 끼워 넣어 성공적인 신도시로 평가되는 판교의 명성에 무임승차하려는 투기꾼(?)들의 의도가 보인다. 여기서 '도시개발'이란 아직 도시적 형태와 기능을 지니지 않은 일단의 토지에 도시적 기능을 부여하기 위해 토지의 형태를 바꾸고 용도를 부여하는 행위를 말한다. 기존의 도시계획법상의 일단의 주택지조성사업, 일단의 공업용지 조성사업, 시가지조성사업, 토지구획정리사업을 통합, 보완하여 도시개발법이 2000년 제정되면서 새로이 생겨난 개발유형이다.

기존의 신도시 건설은 택지개발촉진법에 의한 공공위주의 택지개발이 토지수용으로 인하여 국민들의 재산권 침해요소가 많다고 하여 토지소유자 중심의 민간 도시개발사업 참여를 확대하자는 취지가 담겨져 있다.

우여곡절 끝에 대장동 공공개발사업을 전담할 도시개발공사에 2014.01.01. 성남시가 전액 출자하여 출범한다. 그러나 도개공의 설립자본금은 50억 원에 불과하였다. 일개 지방정부인 성남시가 많은 사업자금을 투입할 여력이 없었기 때문이다. LH는 자본금이 40조원이고 이것의 5배에 해당하는 200조원의 채권을 발행할 수 있지만 지방공사에 불과한 도개공은 지방공기업법에 의거 자본금의 4배인 200억 원 정도 밖에 채권을 발행할 수 없다.

1조 5,000억 원이나 드는 사업을 200억 원 가지고는 도저히 할 수가 없는 것이다. 그럼 어떻게 하여야 하는가? 민관공동사업으로 할 수 밖에 없었다. 도시개발법 규정에 지방공사와 민간업체와 5:5로 공동 개발할 수 있는 법적 근거가 있었기 때문에 가능한 것이다.

민간사업자 공모는 2015.02.13. 공고가 나고 2.24일 사업설명회를 하였다. 바로 이 무렵 2015.02월에 '화천대유자산관리'가 설립된다. 3.26일 사업계획서를 접수한 결과 3개 컨소시엄(하나은행, 산업은행, 메리츠증권)이 신청하였다. 다음날 우선협상대상자로 하나은행 컨소시엄이 선정된다. 여기서 접수마감 하루 만에 사업자 선정을 한 것을 가지고 일부 언론에서 의혹을 제기하기도 한다.

필자의 경험에 의하면 미리 평가지표가 정해져 공고되었고 계량평가는 수치만 대입하면 바로 나오고 비계량 평가는 사업계획과 운영계획, 절대평가와 상대평가로 참여업체가 수십 개도 아니고 3개 컨소시엄 정도면 하루 종일 심사하면 충분히 가능하다고 본다. 오히려 접수 후 심사기간이 길어지면 온갖 청탁이나 비리가 난무하게 된다. 여기서 사업자가 선정될 2015년 당시는 '하우스푸어'라는 말이 있었을 정도로 부동산 경기가 그리 썩 좋은 때가 아니었다는 것을 기억해야 한다.

이렇게 하여 2015.07월에 탄생한 사업시행사(PFV)가 성남도개공(50%), 민간사업자(50%)가 출자한 SPC인 "성남의뜰"이다. 지분구조를 살펴보면 성남도개공이 50%+1주로 과반이 넘어 의사결정을 주도할 수 있었고 민간은 50%-1주이다. 구체적으로는 하나은행 14%, 재무적 투자자인 국민은행, 기업은행, 동양생명보험이 각 8%씩 24%, 하나자산신탁 5%, SK증권 6%, 화천대유 1%-1주이다. 여기서 특이한 점은 화전대유와 SK증권이 보통주로, 성남도개공이 제1우선주, 나머지 투자자는 제2우선주로 참여하였는데 우선주도 의결권을 주었다는 점이다.

문제는 대장동 사업이 초대박을 터뜨리면서 보통주 주주인 화천대유와 SK증권을 통하여 특정금전신탁으로 투자한 천하동인 1~7호 등 7명에게 그들이 투입한 자본금과 투자금에 비하여 너무 많은 배당이 이루어졌다는 점이다.

정확한 수지분석은 사업정산서를 봐야 알 수 있지만 알려진 바에 의하면 성남시 등 공공이 5,503억(57.7%), 민간이 4,040억(42.3%)의 수익을 올린 것으로 되어 있다. 공공부문의 도개공 배당이 1,822억, 신흥동 공원조성비 2,761억, 북측 터널공사비로 920억이고 민간부문은 화천대유가 577억, SK증권을 통한 천화동인 1호~7호 7개회사(paper company), 기타 재무적 투자자가 3,463억의 수익을 챙겨갔다. 도저히 이해되지 않은 천문학적 인 수익이다. 이 4,040억 원의 자금의 흐름을 전부 다 밝혀내는 것이 매우 중요하다. 그래야 사업자금의 전모를 알 수 있다.

여기서 특이하게도 대장동 도시개발사업은 2개 지역의 사업을 엮은 결합개발방식으로 이루어져 있다. 하나는 대장동 210번지 일원 920,467㎡(278,440평)이고, 또 다른 지역은 성남시 신흥동에 있는 제1공단 56,002㎡(16,946평)부지를 도시공원으로 조성하는 도시계획사업이다. 지방정부인 성남시는 대장동 개발이익으로 구시가지 공원조성공사를 한 것으로 이해할 수 있다.

그러면 대장동 도시개발사업이 대박(?)이 난 이유는 무엇일까? 도시계획가적 관점에서 살펴본다.

① 분당과 판교 신도시개발로 기 투입된 도시기반시설(신분당선과 분당선 전철, 용서고속도로, 각종 학교), 편의시설(병원, 백화점)을 무임승차한 것이다. LH가 파주신도시를 건설하면서 제2자유로 건설과 13개 연결도로 정비 및 확장에 약 2조원의 사업비가 투입된 사례에서 보듯이 신도시 건설에는 도로망 확충에 많은 토목사업비가 들어가기 마련인데 대장동은 분당과 판교의 도로망에 무임승차하여 비용이 현저히 적게 들어갔다.

② 사업지구 규모가 거의 같은 27만평의 대구시 대곡지구와 토지이용계획을 비교해보면 대장동지역은 학교시설이 초·중등학교 복합부지로 오직 1개만 구획되어 있다. 학교는 보통 조성원가로 공급되기 때문에 학교시설을 적게 배치할수록 사업성이 좋아진다. 이에 반하여 대곡지구는 초등4개, 중등2개, 고등2개로 총8개나 있다. 실로 많은 차이가 난다. 대장동에 공급된 주택수가 5,904호인 데 통상 학교는 3,000호 마다 초·중등학교를 추가로 건설해야 하는 데 6,000호를 넘기지 않은 선에서 꽉 채워서 주택을 건설하고 학교는 줄여서 사업수지가 많이 개선된 듯하다. 도시계획 측면에서도 바람직하지 않고 공공성은 무시된 토지이용계획이다.

③ 대장동지구는 토지이용계획상 아파트부지 12개 블록, 연립주택부지 3개 블

록으로 총15개나 된다. 지나치게 주택건설 위주였다. 이와 규모가 같은 대곡지구는 아파트부지가 9개 블록으로 되어 있다. 연립주택부지를 제외하고 아파트 블록 3개나 더 많아 사업성이 매우 좋은 토지이용계획이다. 그리고 분양아파트를 지을 수 있는 블록이 10개이고 임대단지는 단 2개에 불과하다. 대곡지구는 분양이 5개, 임대가 4개 블록이다. 결론적으로 대장지구는 철저한 사업수익만을 고려한 토지이용계획, 도시계획으로 되어 있었다. 인·허가 관청인 성남시와 성남시 교육청은 도대체 무엇을 한 것인가?

④ '성남의뜰'이 사업시행자로 선정된 후 2016.11.08. 실시계획 인가를 받은 이후가 공교롭게도 우리나라 부동산의 대세 상승기였다. 대장동지역은 2015년 이전에 시행사 주요인물들이 이미 지주사업으로 토지를 거의 확보하고 있었고 2017년 문재인정부가 출범한 이후 수도권 부동산시장은 미친 듯이 상승하였기 때문에 큰 사업수익을 남길 수 있었다. 또한, 이 시기는 저금리시대로 재무적 투자자들이 저금리로 사업자금을 조달할 수 있었든 점도 있다.

⑤ 이러한 부동산개발 사업을 해보면 사업진행에 지장을 주는 3대 복병이 있다. 분묘이장, 송전탑이설, 문화재발굴이 바로 그것이다. 대장동 사업은 전직 지검장, 변호사, 법조인, 언론인, 국회의원 자녀들을 돈을 매개로 이들의 인적 네트워크를 통하여 이러 3대 복병을 일사천리로 해결한 것도 한 이유이다.

생각해보면 인·허가 관청에서 도시계획적인 관점에서 주민들의 공간복지를 위한 토지이용계획을 수립, 검토하였더라면 이러한 천문학적인 개발수익은 발생하지 않았을 것이다.

모순은 극에 달해야 그 실체가 드러난다. 2021년 10월, 한국사회를 뜨겁게 달구는 부동산 개발사업인 성남시 대장동 도시개발 사업이 바로 그것이다. 필자는 대장동 사업이 어떤 배경에서 어떤 세력에 의해 추진되었고 그 경과와 진행 경위를 이미 살펴보았다. 또한, 소위 사업이 대박(?)난 이유도 토지이용계획과 도시계획적 측면에서 언급한 적이 있다. 그러면 현 시점에서 국민적 공분을 불러일으키고 2021년 국정감사에서 여야의 정치 쟁점이 되고 대선 예비선거의 핫이슈가 되는 대장동 사업에서 배울 수 있는 역사적 교훈은 무엇이 있을까?

① 대장동 도시개발 사업에서 민간 디벨로퍼의 광기에 가까운 탐욕의 투기적 부동산개발이 이루어진 근원적 원인은 2021년 현재 서울을 중심으로 한 수도권 집중현상에 있다. 서울·경기·인천의 인구가 2019년 25,925,799명을 기점으로 대한민국 전체인구 51,849,861명의 절반을 넘어섰다. 수도권 인구집중률은 경제개발이 시작되기 전인 1960년에는 20.8%이던 것이 1980년에 35.7%, 2000년에 50%, 2020년 현재 더욱 심화되고 있다. 국토면적의 12.1%에 불과한 수도권에 인구와 지역내총생산(GRDP)에서 과반을 넘어섰다.

인구가 한곳으로 과도하게 편중되면 집값은 상승할 수밖에 없다. 이처럼 수도권 집값의 지속적 상승의 원인은 이러한 인구와 경제력의 쏠림에 있다. 수도권에 인구가 쏠림으로 주택수요가 공급보다 더 빠른 속도로 증가하는 것은 당연하다. 집값이 상승하니 주택을 공급하면 큰돈을 벌 수 있는 구조가 되어 너도나도 도시개발, 택지개발, 재건축으로 달려들고 있는 것이다. 정부도 수도권에 계속해서 1기·2기 신도시를 건설하여 주택공급을 해왔다. 이것이 또 사람과 기업의 수도권 집중으로 집값이 재차 상승하는 현상이 되풀이 되었다. 해서, 주택 공급정책은 집값을 잡는 근본적인 해결책이 아니다.

주택수요를 분산하는 정책이 가장 효과적이다. 수도권에 버금가는 지방의 대도시권을 2~3개 만들어 인구편중을 낮추어서 수요를 분산시키는 것이 가장 바람직하다. 참여정부 시절부터 시행하여 2017.12월 이전을 완료한 혁신도시 정책이 한 해결책이 될 수 있었다. 그러나 정치적 이해관계에 따라 각 지방의 사정을 고려하여 전국에 10개나 분산적으로 만들면서 도시마다 몇 개의 공기업과 국책연구기관만 이전시켰을 뿐 사람을 끌어당기는 기능이나 규모를 갖추지 못하여 실패한 정책이 되었다. 선택과 집중이 되지 않았다. 필자는 혁신도시를 다녀보면서 지역적 특성도 없이 거의 모든 혁신도시가 서울의 한 블록을 옮겨놓는 것처럼 조성되었다는 느낌을 받았다. 이 보다는 수도권의 대항마로 경상권, 호남권, 충청권에 각 1개씩 3개의 혁신도시로 집중하여 육성하였으면 하는 아쉬움이 있다.

② 부동산개발에서 개발이익이 많이 생기면 환수하는 장치가 반드시 있어야 한다. 불로소득이 발생하기 때문이다. 개발사업의 시행이나 토지이용계획의 변경으로 정상지가 상승분을 초과하여 사업시행자에게 귀속되는 토지가격의 증가분이 개발이익이다. 1989년 토지공개념 3법의 하나로 제정된 '개발이익 환수에 관한 법률'에 의한 개발부담금이 바로 그것이다. 문제는 이 개발부담금을 통한 개발이익환수가 역대 정부의 부동산 정책에 따라 경기조절의 수단으로 전락되어 들쭉날쭉하면서 누더기가 되어 버렸다.

처음에는 개발이익의 50%(1990.01.01.~1998.09.18)이었으나 외환위기 때는 면제(1998.09.19.~1999.12.31), 그 후 25% 2000.01.01.~2003.12.31.), 부과중지(2004.01.01.~2005.12.31.), 25%(2006.01.01~2013.12.31)로 변천하였고 이후 계획입지사업은 20% 또는 개별입지사업은 25%(2014.01.01.~2014.07.15)를 적용하다가 그마저도 50% 감면하여 개발이익의 10%(2014.07.16~2018.06.30)로 낮추었다가 2018.07.01.일부터 다시 환원하여 현재는 개발이익의 20%이다.

실로 머리가 어지러울 지경으로 개발이익의 감면, 면제, 특례의 반복이다. 이러한 역사적 사실로 보아 그동안 정부와 국회는 개발이익 환수에 대한 진정한 의지가 없었다고 보아야 한다. 이러한 허점을 사업시행자는 잘 이용하여 왔다. 대장동 개발사업도 2016.11.08일에 실시계획 인가를 받았기 때문에 당초 개발이익의 20%에서 특례기간동안 감면을 받아 10%만 납부하면 법률적으로 아무 문제가 없었다. 결국 개발이익의 대부분을 사업시행자인 성남의뜰(성남시 포함)이 가져가는 꼴이 되었다. 결국 개발이익환수를 제대로 하는 토지공개념이 다시 부활되어야 함을 시사한다. 개발부담금 제도는 1989년 최초로 법률을 만들 당시로 돌아가서 다시는 냉·온탕식으로 변경되어서는 곤란하다.

③ 이제까지 진행되어 온 부동산 개발사업의 패러다임을 바꾸어야 한다. 돌이켜 보면, 토지개발은 토지구획정리사업, 택지개발사업, 도시개발사업, 재개발·재건축 사업 등으로 발전하여 왔다. 사업의 초점은 개발이익을 최대로 추구하는 것이었다. 부동산 금융이란 명분으로 투기자본이 부동산개발에 무분별하게 투입되면서 개발이익 극대화가 도를 넘어섰다. 모든 사업을 공공사업으로 할 수도 없고 또 모든 사업을 민간에게만 맡겨서도 곤란하다. 하지만 공공이 수용하여 조성한 토지에 주택·건물을 건축하는 것은 토지임대부 방식으로 해야 한다. 땅은 공공이 소유한 채 민간에 임대하면 된다. 토지임대부 주택, 토지임대부 상가, 토지임대부 공장 등등. '토지임대-건물분양' 방식으로 하여야만 부동산 불로소득을 방지할 수 있고 토지의 공공성을 확보할 수 있다.

한국사회에서 부동산개발과 관련한 모든 모순은 대장동 도시개발 사업에서 그 실체가 다 드러났다. 부동산개발에서 발생하는 불로소득을 제대로 환수하고 부패카르텔의 고리를 끊어야 한다. 다시 토지공개념으로 돌아가야 한다. 토건세력들이 일부 정치인, 관료들과 결탁하는 고리가 생기지 않도록 헌법을 개정하여야 한다. 땅은 누구의 것인가? 원초적으로 우리 모두의 것이어야 한다.

5-4. '대장동 사태'라는 수레바퀴를 끝내는 방법
- 화천대유 게이트로 본 부동산 공급방식에서 공공의 역할

조정흔(2021년 10월)

한 유력 대선 후보의 연루 의혹 제기로 시작된 화천대유 사건은 일파만파 퍼져나가기 시작하더니 전직 대법관, 전직 대통령을 감옥에 보낸 특별검사와 그의 자녀, 야당 정치인들과 그의 자녀에게까지 얽히고 있다. 6년차 대리의 50억 원에 달하는 퇴직금 뇌물 의혹과 야당 유력 대선 후보 부친의 집 매매 의혹이 터졌고, 여기에 재벌가에서 흘러나온 수백억 대의 투자금과 수익금 의혹에도 불이 붙었다.

매일같이 새로운 사건과 인물이 등장하면서 한편의 범죄 드라마를 구성하는 영화와 같은 장면이 펼쳐지고 있다. 화려한 등장인물에 더해, 그들 사이에서 오고갔다고 추정되는 금액이 수십억에서 수백억 원에 이르러 일반 시민은 그야말로 상상하기 어려운 '그들만의 세상'의 이면이 벗겨질 참이다.

이 사건의 등장인물들이 이익을 배분하는 과정에서 불법이 자행되었는지는 검찰수사 등에 의하여 밝혀질 것이므로 논할 대상이 아니다. 대신 대한민국의 개발사업에서 발생하는 개발이익이 부동산 문제에서 어떤 의미를 갖는지에 대하여 짚어보려고 한다.

개발이익이란 이론적으로는 개발사업이 끝난 후의 부동산 가치에서 개발사업을 시작할 때의 부동산 가치와 각종 개발비용을 차감하여 산출할 수 있다. 개발이익에는 토지의 용도변경, 개발허가로 인하여 발생하는 불로소득과 부동산 시장환경·수요의 변화 등으로 인하여 발생하는 이익, 개발업자의 개성이나 창의성이 발현된 사업 모델로 인하여 발생하는 이익 등이 있을 것이다. 이 가운데 언론에서 문제가 되는 개발이익은 정상적인 지가상승이나 통상적인 이윤의 범위를 넘어서는 불로소득의 의미로 사용한다.

그런데 개발사업 후의 부동산 가치는 매우 변동성이 크다. 부동산 경기 확장 국면에서 부동산, 특히 아파트 가격의 경우 실제 거주할 집이 필요해서 구입하는 수요보다는 시세 차익을 예상하고 구매 행렬에 참여하는 수요자의 심리에 의하여 영향을 받기 때문이다. 여기에 미래의 소득을 현재로 당겨오는 비용인 대출금리, 임대사업자등록제도, 1주택자에 대한 보유세, 양도세 공제제도, 대출제도 등 여러 가지 제도가 복합적으로 작용해 변동성을 키운다.

문재인 정부 취임 이후 지난 4년 동안, 이러한 모든 요인들이 결합해 투기 수요가 폭발하였고, 부동산 가격의 폭등 현상으로 나타났다. 그런데 대장동 개발사업에서 나타나듯, 투기 수요로 인한 아파트 가격 상승 기대 심리는 개발사업에 참여하는 시행사, 투자자에게 천문학적인 소득을 안겨준다. 이익이 있는 곳에 자본과 사람이 모인다. 이익을 분배하고 조정하는 공공의 역할은 희석되고, 오히려 이들과 유착해 자본의 이익을 더 크게 만드는 데 기여한다. 개발시행사에서 자문료를 지급받은 국회의원, 전직 대법관, 특별검사가 서민들의 주거 복지와 주거 안정을 위한 자문을 했을리 만무하다. 국토교통부는 이명박 정부 때나 문재인 정부 때나 관계없이 일관되게 공급 확대(건설사 일감 만들기를 위한), 분양가상한제 폐지 또는 완화(건설사 이익 확대를 위한) 정책을 펴 왔다.

대장동에서 발생한 개발이익 약 1조 원 중 절반은 개발업체가, 절반은 성남시(공공)가 환수했다고 한다. 전용 84㎡ 분양가가 약

8억 원 정도이니, 전체 약 6천 세대가 한 세대 당 1억7천만 원 가량 더 높은 분양가를 지불한 셈이 된다. 그런데 네이버부동산 등에 따르면 2019년 분양한 대장동 아파트의 2021년 매도 호가는 18~19억 원 정도이다. 비록 고액을 지불했을지언정, 분양받은 자들은 엄청난 시세차익을 기대할 여건이 조성됐다.

이렇게 살펴보면 대장동 게임에 참여한 플레이어는 모두 해피엔딩 아닌가? 원래의 전답 토지소유자들은 아파트 개발 후를 상정한 토지 가치에는 미치지 못하지만(토지 수용시에는 개발이익 배제의 원칙이 적용됨) 어느 정도 거래 시세가 반영된 토지 보상을 받았을 것이며, 민간 시행사는 약 4천5백억 원의 이익을 올렸고, 성남시(공공) 또한 약 5천5백억 원의 개발이익을 환수하여 공원조성사업 등 시의 숙원사업을 해결하였다. 아파트건설에 참여한 건설사는 시공 이익을 누렸으며, 8억 원에 아파트를 분양받은 수분양자 또한 18억 원으로 상승한 호가 덕분에 무려 10억 원의 시세차익을 기대하고 있으니 말이다. 여기에 더하여 시행단계에서 토지매입자금 등을 대출해주고 신탁업무를 처리해준 금융기관, 아파트 소유자 또는 전세입자들을 상대로 대출을 일으켜 이익을 올리고 있는 은행도 있다.

게임 참여자들인 정치인, 대법관, 특별 검사, 재벌 대기업, 은행, 신탁사 등 금융기관, 건설, 시행, 시공사, 아파트 수분양자, 그리고 개발에 참여한 공공기관인 성남시는 모두 이 개발사업에 참여하여 최선을 다하여 자신의 이익을 늘리기 위하여 노력했고, 각자의 몫을 챙겨갔다(이 과정에서 발생한 불법행위 여부는 검찰 수사의 몫으로 돌린다).

그런데 왜 국민들은 분노하는가? 소수의 사람이 많은 이익을 가져간 것이 분노의 핵심이 아니다. 부동산 개발사업이라는 수레

바뀌는 부동산 가격을 더 올리는 악순환을 초래하기 때문이며, 부동산 가격의 폭등은 자산 불평등, 양극화를 심화시키고, 우리 미래 세대의 희망을 빼앗기 때문이다.

부동산 가격을 올리는 공급은 나쁜 공급

대장동 개발사업의 근거법령은 지난 2000년 7월에 제정되었다. 민간의 도시개발사업 참여 확대를 기대하고 제정된 법률이다. 제정 이후 지속적으로 민간사업자가 손쉽게 사업을 추진할 수 있는 방향, 즉 규제 완화를 중심으로(소유자 동의 요건 완화, 동의 절차 간소화, 건축행위 제한, 시행 방식에 환지 방식 도입, 농어촌정비사업 활성화를 위한 규제 완화, 일정 면적 이상 국토부장관의 승인권 폐지, 결합, 순환 개발로 인센티브 부여 등) 개정되어 왔으나 이와 병행하여 민간사업자의 과도한 개발이익환수 장치는 마련되지 못하였다.

사업자는 일정 요건이 충족되면 토지 강제 수용권을 행사할 수 있으면서도 분양가상한제 등 규제를 받지 않고, 일부 택지를 감정가가 아닌 입찰로 매각할 수 있으니 기대 이윤 수준이 커졌다.

이에 도시개발법에 근거하여 많은 개발사업들이 이루어졌고, 그중 하나가 바로 총사업비 2조 7천억 원이 투입된 부산 해운대 엘시티(공식 명칭 : 해운대 관광리조트(온천센터))사업이며, 대장동 개발사업 또한 도시개발법에 따른 개발사업이다. 이 사업이 낳은 부작용은 과거 우리 사회를 크게 흔든 바 있다.

공공이 민간 자본까지 끌어들여 택지 개발을 하는 이유는 공급 확대다. 그런데 대장동 개발 사례에서 보는 것처럼 개발이익이 커질수록, 이익 극대화를 추구하는 민간 자본의 속성상 주변 아파트 가격 및 아파트 분양가, 택지 가격을 모두 상승시키는 악순환을 낳는다. 결국 도시의 구성은 당초 공공이 목표로 한 거주민들의 주거 여건 개선보다는 이익 극대화에 초점이 맞추어지게 된다. 따라서 개발사업이 원인이 되어 부동산 가격이 상승하고, 연쇄적인 투기수요를 부추기는 결과를 낳는다. 결국 민간을 끌어들인 공급은 저소득층의 주거지만 파괴하고, 부동산 가격을 올리기 때문에 하지 않느니만 못하다.

강제 수용권의 발동을 전제로 하는 공급은 부동산 가격을 낮추는 방향을 유도하는 공급, 투기 수요를 차단하는 공급, 투기와 불안 심리를 진정시키는 공급이어야 한다는 것이다. 민간 시행사는 물론이고 지방자치단체, LH공사 등의 공공부문도 개발이익을 가져갈 수 없도록 하여야 국민들은 장기적으로 부동산 가격을 하향 안정시킬 수 있는 공급을 기대할 수 있게 되고, 투기 수요를 자연스럽게 소멸시킬 수 있다.

대장동 개발사업에서 성남시는 1조 원의 개발이익 중 5천5백억 원을 환수하여 성남시민을 위한 기반시설을 정비하는 사업에 썼다고 주장한다. 하지만, 서민 주거안정을 위한 주택 공급의 측면에서 본다면 개발이익이 발생하지 않도록 하여 더욱 저렴하고 서민이 부담 가능한 주택을 공급하는 것이 더 나은 선택이 아니었을까 하는 아쉬움이 든다. 인허가 권한을 갖고 있는 지방자치단체 등의 공공이 또 다른 공공의 목적 달성을 위한 재원 확보라는 명분하에 개발 사업의 플레이어로 참여한다면, 결국 공공이 민간과 함께 개발사업을 통하여 이익을 극대화하고, 부동산 가격을 올리는 방향의 사업 추진에 복무하게 되어 매우 위험한 결과를 초래할 수 있다.

각종 개발사업지에 산재한 국공유 토지들, 용산정비창 부지를 포함한 코레일 보유 철도용지, 한국전력이 보유한 전력 공급 설비 부지 등은 현재 기관별, 관리 주체별 이해관계에 따라 산발적으로 관리된다. 때로는 요지의 땅을 대기업에 고가로 매각하여 공기업의 부채 감축 수단이 되고, 그 결과 공공이 소유했던 토지가 부동산 가격을 올리는데 일조하거나, 특정 자본에 특혜를 제공하는 수단으로 사용된다. 이 모두 앞서 지적한 공공과 민간의 합작 개발이 낳는 부작용과 유사한 문제들을 유발하고 있기 때문이다.

수용된 토지는 공공이 소유해야

서울 시내에도 가격이 좀처럼 오르지 않는 부동산이 있다. 바로 개발이 쉽게 이루어지기 힘든 다세대밀집 지역의 노후 다세대주택이다. 보통 노후 다세대주택은 시세 차익을 얻기 어려우므로 투자가치가 없다고 여겨진다. 철저하게 실수요자 중심의 시장이며, 가격이 매우 저렴하므로 서민 주거지로서 큰 역할을 하고 있다. 채당 2~3억 전후의 다세대주택이 아직 서울에 제법 있고, 가격의 변동 폭도 크지 않다. 물가상승률에 따른 가치 상승, 사용가치의 감소분 등이 상쇄되어 소폭의 등락이 있을 뿐이다. 부담 가능한 저렴한 가격, 가격의 안정성 측면에서 주택 시장의 좋은 모델이 될 수 있다.

강제수용을 통한 공공택지개발로 공급하는 아파트는 저렴하되, 시세 차익을 기대하기 어려워 투자가치가 없는 다세대주택 시장처럼 만들면 된다. 토지임대부 건물분양 방식으로 아파트를 분양하고, 사용가치에 기반하여 주택을 평가하며, 이를 기준으로 토지임대료를 부담시키되, 건물만의 거래가 이루어질 수 있도록 하는 것이다.

주택 수백채를 소유할 수 있을 정도로 돈이 많은 사람도 수백채의 주택에 거주할 수는 없다. 주택 임대차시장은 철저하게 실수요자 중심의 시장이므로 투자 심리나 제도에 의하여 변동성이 큰 매매시장보다 훨씬 안정적이고 사례도 많다. 공공이 직접 택지를 조성하여 주택부지로 공급하고, 건물은 전문 시공사가 시공을 하며, 시공 품질에 따른 건설원가를 기준으로 건물만 분양한다. 토지는 공공이 그대로 보유하되, 임대차시장에서 도출되는 사용가치에 따라서 토지임대료를 수취하는 방식으로 장기적으로 운용이익을 누리는 것이다.

서울 시내의 어느 곳에서나 전유면적 85제곱미터의 아파트를 2억 원대에 분양하는 놀라운 일이 가능하게 된다. 관건은 토지임대료를 어떻게 책정하느냐인데, 소수의 수분양자에 대한 특혜가 되지 않게끔 시장임대료를 기준으로 하여 토지임대료를 산출하여 부과해야 한다. 누구나 마음 편하게 거주하고, 언제나 사고팔 수 있으면서도, 사용가치에 따른 시장임대료를 기준으로 토지 임대료를 내야하니, 우리는 시세차익이나 투자가치보다는 부동산 본래의 가치인 사용가치에 조금 더 집중할 수 있게 된다.

다만, 우리나라의 경우에는 사용가치를 환산하기 어렵게 만드는 전세 제도의 존재가 있다는 점을 고려해야 한다. 여기에 더하여 전월세 시장을 교란하고, 전세가격에 기반하여 부동산 가격을 더 높이는 방향으로 작용하여 온 저리의 전세자금대출 제도로 인한 부수 효과를 다각적으로 검토하고 관련 제도를 정비해야 한다. 투기꾼들의 시세조작 수단이 된 것은 아닌지 의심되는 실거래가가 조장하고 있는 시세차익 중심의 부동산이 아니라, 장기적인 관리와 운영, 사용가치를 중심에 두는 부동산 가치평가제도를 정비하여야 한다.

근대화, 도시화, 고도성장기를 거쳐오면서 우리 사회의 기성세대가 자산을 축적해온 주요한 수단이 바로 부동산이었다. 부동산 불패신화의 관념 속에서 수십 년간 축적되어 온 부동산 공화국의 부패 카르텔이 얼마나 거대한 괴물이 되어 우리의 미래를 집어삼키고 있는지 화천대유의 대장동 개발사업이 단적으로 보여주고 있다.

8억 원에 분양받은 아파트가 18억이 되었다고 기뻐하는 누군가의 뒤에서 그들이 미래를 저당 잡힌 대가로 지불하고 있는 그 돈으로 부패와 비리 공동체로 엮여있는 누군가는 수십, 수백억의 돈 잔치를 벌이고 있었다. 만일 시장 상황이 예상하지 못한 방향으로 흘러간다면, 18억이 되었다고 기뻐하였던 그 아파트는 18억에 사줄 누군가를 다시는 찾을 수 없게 될 수도 있다. 이런 시대를 이제는 끝내야 할 때다.

5-5. 대장동, 부동산 불로소득의 마지막 파티
- 개발방식의 전면 전환 계기가 되어야

이태경(2021년 10월)

대장동 개발사업이 모든 이슈를 삼키는 블랙홀 노릇을 하고 있다. "화천대유는 누구 겁니까?"라는 질문이 지시하듯 국민의 힘과 조중동 등의 언론이 대장동 개발사업의 비리몸통으로 이재명 지사를 엮으려 했던 것이 대장동 사태의 초기 국면이었다면, 국민의힘 곽상도 의원의 아들이 화천대유 직원으로 근무했으며 퇴직시에 퇴직금 겸 성과급 겸 산재위로금(?)으로 무려 50억 원을 수령했다는 사실이 알려지면서 대장동 사태는 완전히 다른 방향으로 전개 중이다.

거기에 더해 이젠 윤석열 전 총장의 부친 소유 연희동 자택을 2019년 화천대유 대주주인 김만배의 누나이자 천화동인의 주주인 여성이 구입했다는 사실까지 밝혀졌다. 거래가 이뤄질 당시 윤석열은 서울중앙지검장이었고 가장 유력한 검찰총장 후보였다. 점입가경이란 이럴 때 쓰는 표현이다.

이슈의 블랙홀이 된 대장동 개발사업이란

대장동 개발사업은 성남시 대장동 택지개발사업에 구시가지(원도심)에 공원을 조성하는 사업이 결합된 2개의 사업으로, 성남시 분당구 대장동 210번지 일원에 5,903세대의 공동주택 등을 신축하기 위한 920,467㎡(약 278,440평)의 택지를 개발하고 이와 연계하여 구 시가지에 위치한 수정구 신흥동의 구 제1공단 56,022㎡(약 16,946평)부지를 공원화하는 1조 5,000억 원 규모의 민관

공동 도시개발사업이다.

대장동 개발사업은 기구하기 짝이 없다. 2005년 LH가 공영개발사업을 확정지었다가, 2010년 이명박 대통령의 발언과 국민의힘 전신인 한나라당 신영수 전 국회의원의 압력 등으로 민간개발로 바뀌었다가, 이재명 지사가 2010년 6월 성남시장에 당선된 후 공영개발로 다시 바뀐다.

그 후에도 사업은 순탄치 않았다. 성남시의회 다수당이던 한나라당 시의원들이 대장동 개발을 위해 반드시 필요한 성남도시개발공사 설립 조례안을 결사적으로 반대했기 때문이다. 성남도시개발공사 설립 조례안은 난항을 겪다 통과됐다.

한편 대장동 개발사업은 공영개발이 아닌 민관공동 도시개발사업으로 추진될 수밖에 없었는데, 성남시와 성남도시개발공사는 1조 5천 억짜리 사업을 독자적으로 추진할 자금력과 조직과 개발경험이 없었기 때문이었다.

대장동 개발사업은 성남도시개발공사(지분 50%+1주)와 하나은행컨소시엄(50%-1주)이 공동출자해서 만든 성남의뜰(SPC이자 PFV)이 시행했는데, 성남의뜰은 법인세법상 프로젝트금융투자회사여서 직원을 둘 수 없는 바 자산관리 및 수탁업무를 수행할 자산관리회사(AMC)를 둬야했고 그 회사가 바로 문제의 화천대유다.

대장동 도시개발사업은 간난신고 끝에 추진됐고 결과적으로 성남시는 5,503억 원(성남도시개발공사 배당 1,822억 원+공원조성비 2,761억 원+북측 터널공사비 920억 원의 합계, 배당률 57.7%)을 이익으로 가져갔고, 민간사업자인 화천대유(577억 원)와 SK증권(3,463억 원, 정확히 말하면 특정금전신탁을 통해 천화동인 1호부터 7호까지가 실질적 배당권자)은 4,040억 원(배당률 42.3%)을 가져갔다. 여기까지가 대장동 민관합동개발사업의 대략적인 개요와 흐름이다.

판도라의 상자가 된 대장동에서 곽상도, 박영수, 윤석열에 이어 어떤 이름이 더 등장할지는 알 길이 없다. 분명한 건 부패와 비리 관련 범죄는 철저히 수사해 지위고하와 신분을 막론하고 엄벌해야 마땅하다는 것이다.

하지만 우리가 곽상도와 박영수와 윤석열에게만 집중해서는 곤란하다. 대장동 사태의 표면은 부패카르텔의 부동산 불로소득 파티이지만, 이면은 그걸 가능케 한 개발방식이기 때문이다. 대장동은 그나마 성남시가 1조원에 달하는 개발이익 가운데 절반이상을 공적으로 환수한 곳이다. 그럼에도 불구하고 화천대유 등은 4천억 원 이상의 개발이익을 가져갔다.

대장동에는 고작 5,903세대가 들어갔다. 대장동은 도시개발사업치곤 아담한(?) 사이즈였던 것이다. 그런데도 1조원에 달하는 천문학적 개발이익이 발생했다는 사실은 의미심장하다. 극단적으로 표현하자면 대장동에 입주한 시민들은 각 세대당 8천만 원에 가까운 돈을 민간개발업자들에게 보조금(?)으로 지급한 셈이다. 그리고 대부분 무주택자들이었을 입주민들이 민간업체에 지급한 보조금 중 상당액은 부패카르텔의 불로소득 파티에 사용된다.

대장동은 개발사업의 패러다임을 완전히 바꾸어야 함을 가르쳐 준다. 개발사업의 패러다임을 완전히 바꾸어야 부패카르텔의 불로소득 파티장으로 전락한 개발사업을 국민의 품으로 가져올 수 있고, 사회가 만든 토지가치를 주권자들이 공유할 수 있다.

개발사업시 발생하는 개발이익 환수는 두 개의 트랙으로 진행되어야 한다. 먼저 공영개발은 법 등을 개정해서 공공이 수용·조성한 토지를 민간에 매각하지 말고 공공이 소유한 채 민간에 임대하는 토지임대부 방식을 취해야 한다. 토지 매입비용은 공공이 채권을 발행하면 경향적으로 상승하는 임대료로 채권의 원리금을 충분히 충당할 수 있을 것이다. 공공이 토지를 소유하고 이를 임대해 시장 가치에 가까운 임대료를 계속 받는다면 토지에서 발생하는 가치를 거의 온전히 공공이 환수하는 것이고, 개발에 따른 토지불로소득을 부패카르텔들이 손도 댈 수 없게 된다.

물론 공공이 수용·조성한 토지를 민간에 감정가에 매각하고 거기서 나오는 개발이익을 공익목적으로 사용하는 공영개발도 생각할 수 있지만, 이런 민간매각방식의 공영개발은 토지 매각 후 불로소득의 발생과 이를 노린 투기의 창궐을 막기 어렵다는 난점이 있어 공영개발의 메인으로 채택하는 건 곤란하다.

한편 민간개발의 경우는 현재 25%내외에 머물고 있는 개발부담금의 실질부담률을 대거 상향해야 한다. 개발에 참여하는 민간이 투입비용을 제한 적정이윤만 가져가게 '개발이익환수에 관한 법률'을 개정해야 한다. 용도전환 등을 통해 폭증하는 개발이익은 토지에서 발생하는 것이며 거의 전적으로 사회가 만든 것이기 때문이다.

대장동 이전의 한국사회와 이후의 한국사회는 완전히 달라져야 한다. 개발사업에서 발생하는 개발이익이 부패카르텔의 불로소득 파티로 기능하는 걸 차단하고 국민 모두에게 고루 배분될 수 있도록 개발사업의 패러다임을 대전환해야 한다.

5-6. 농지제도, 어떻게 개선할 것인가

장상환(2021년 5월)

LH 직원들이 직위를 통해 얻은 정보를 이용해 개발지역 농지에 투기한 사실이 폭로되면서 이를 막기 위한 농지법 개정 논의가 활발하다.

3월말 정부가 발표한 농지제도 개선방안의 핵심은 농지 취득자격 심사 강화, 투기우려 농지 취득에 대한 사전·사후 관리체계 정립, 농지 불법행위 제재 강화 및 부당이득 환수제 도입 등이다. 의원들이 제출한 개정안에는 주말체험용 농지 소유 금지, 비농업인의 농지 취득 제한, 농지 전수조사 실시 등의 내용이 들어 있다. 국회 농해수위는 4월 27일 전체회의를 열고 정부와 의원들이 제출한 농지법 개정안들을 상정하고 법안심사소위로 회부했다.

그러나 이번 농지제도 개선방안은 투기지역에 대한 심사 강화와 신규 취득농지에 대한 조사 정도로 땜질식 처방을 벗어나지 못한다. 현행 농지제도 문제의 핵심은 비농업인도 쉽게 농지를 소유할 수 있는 점이다.

1994년 농지법 제정 때 이농과 상속의 경우 1ha 이하라면 자경이 아니라도 농지를 소유할 수 있게 해주었다. 1950년 농지개혁 이후 상업화와 도시화에 따른 이농으로 비농민의 농지소유가 대규모로 확대되었음에도 정부는 이에 대처하지 않았다. 뒤늦게 농지법을 제정하면서 제2의 농지개혁과 같은 갑작스런 충격을 준다는 이유로 현상을 인정해주는 무책임을 범한 것이다.

여기에다 비농업인이라도 농업진흥지역 밖 경사율 15% 이상 농지를 합법적으로 소유할 수 있고, 주말·체험 영농 목적으로 소규모 농지를 소유할 수도 있다. 농지구입 때 농지소재지 거주 제한이나 통작거리 제한을 폐지하는 규제완화를 한 것도 비농업인의 농지소유를 부추겼다.

행정기관에 의한 농지관리도 부실했다. 농지취득자격증명 발급을 위한 농업경영계획서 제출은 형식에 그쳤다. 농지소유 목적을 위배했을 경우 처분명령과 불이행시 과징금 부과 실적도 미미했다. 상속이나 이농으로 취득한 비농업인의 농지임대가 합법적으로 인정되기 때문에 회사법인 이용, 쪼개기 등 편법 매입이나 비농민의 불법적, 위장자경 농지임대도 이와 섞여서 사후관리가 제대로 되지 않은 것이다.

농지투기가 극성을 부리는 또 다른 원인은 농지를 택지 등으로 전용함에 따른 전용이익이 과도하기 때문이다. 농지 시가는 농업수익지가에다 전용수익지가를 합쳐서 형성된다. 전용수익지가는 전용시 실현차액에 전용 확률을 곱한 것이다. 농지가격은 논보다 전용이 쉬운 밭, 농업진흥지역보다 진흥지역 밖 경사지가 더 높다. 도시와 가까운, 도로에 가까운, 전용 수요가 큰 농지의 가격이 더 높다. 실제로 전용되는 면적은적어도 전용기대확률은 주관적으로 높게 평가되니까 농지가격이 턱없이 올라가는 것이다.

2019년 기준 한국 농지 전체면적은 167.9만ha, 농지가격은 484조 원으로 1ha(10,000㎡)당 2억8천만 원으로 1평(3.3㎡)당으로 계산하면 약 10만 원이다. 농지를 농업용으로 이용할 때 수익은 논의 경우 연간 임차료가 평당 약 1,000원으로 1ha에 300만 원이다. 이것을 이자율 3%로 환산하면 현재가치 1억 원, 2%로 환산하면 1억5천만 원에 불과하다. 시장지가가 수익지가의 두 배, 세 배에 이른다.

시설원예를 하는 농지의 경우에는 연간 임차료가 평당 3,000

원 정도로 높아지지만 이 경우 시가도 평당 20-30만원씩 하게 된다. 농민은 이렇게 높은 가격으로 농지를 구입하여 농업경영을 할 수 없다.

농지투기 문제가 사회적 이슈로 떠오른 이번 기회에 비농업인의 농지 투기가 만연하는 근본원인을 해결해야 한다. 우선 이농 및 상속, 증여에 의한 비농민 소유농지는 일정기간(예컨대 5년) 농민에게 매각을 의무화하고 이후 적정가격에 국가가 매입, 관리하여 귀농하는 젊은 층이 농지를 합리적 가격으로 확보하고 안정적으로 경작할 수 있도록 해야 한다. 투기적 소유 농지는 지가차익 발생을 차단, 환수하고 국가가 공시지가로 매입해야 한다.

비농민의 위장자경을 부추기는 농지 양도소득세 감면 조세특례 제한을 영농 8년에서 20년으로 확대하거나 폐지해야 한다. 농업진흥지역 전용을 금지하는 대신 농민에게는 재산권 행사 제한에 대한 보상으로 적절한 소득을 보장해줘야 한다.

이러한 제반 농지정책이 잘 실행되기 하기 위해서는 농지관리 체계에 현지 실상을 잘 아는 농민이 참여하도록 해야 할 것이다.

5-7. 싱가포르의 토지-주택 정책

반영운(2022년 1월)

싱가포르의 2018년 현재 인구는 약 564만 명이고 국민소득은 약 6만 5천 달러이며 자가보유율은 약 90%를 상회하고 있다. 영국으로부터 정치적인 독립을 이뤄낸 이후 이렇게 급격하게 경제성장 및 주거 안정을 이루게 된 데에는 탁월한 토지 및 주택정책이 있었기 때문이다. 즉, 공공의 토지 보유율이 1960년대 초반 약 40%에서 최근 약 90%에 달하고 있어 안정적인 공공주거는 물론 저렴한 공공 임대산업단지를 공급할 수 있는 기반이 마련되었기 때문이다. 이것은 무엇보다 사회가 공동으로 창출한 토지가치를 공공이 환수하여 토지불로소득이 생기지 않도록 근본적으로 해결하면서 얻게 된 결과라고 할 수 있다.

싱가포르와는 달리 우리나라는 어느 때보다 토지 소유의 불평등이 심각하며, 결과적으로 토지가치도 토지소유의 불평등만큼 심각하게 독점되어 있다. 이러한 이유 때문에 토지 위에서 건설되는 주택도 자가 소유율이 타 선진국에 비해 현저하게 낮다. 따라서 필자는 토지 소유 및 토지가치 분배 문제를 근본적으로 해결함으로써 주택문제도 동시에 해결한 싱가포르의 사례를 살펴봄으로써 우리나라의 토지 및 주택 정책이 나아가야할 방향을 찾아보고자 한다.

싱가포르 토지 정책

싱가포르는 1819년 해안 정착지를 형성한 이후, 영국 왕실의 식민지 및 인도의 부속 식민지가 되었으며, 1945년 별도의 영국 왕실 식민지가 된 이후 1965년에 독립하였다. 싱가포르의 토지정책은 1828년 잭슨계획(Raffles Town Plan)을 시작으로 토지등록부를 작성하면서 시작되었다. 이후 1947년 크라운 랜드 규칙을 통해 토지 임대 종료 시 도시 개선을 위한 토지매입이 원활하도록 99년 임대 원칙을 선언하였다. 이 당시 싱가포르는 인구가 증가하면서 주택 등 각종 기반시설이 절실히 필요하였다. 그러나 당시 싱가포르 토지의 상당 부분을 민간기업과 개인들이 소유하고 있었으며, 영국 식민지 정부가 1920년에 제정한 토지조례로 인해 공공 목적의 토지 취득이 어려웠다. 그나마 확보된 토지는 주택이 아닌 군사적 또는 산업적 용도로만 쓰이고 있었다.

따라서 싱가포르는 1966년에 상징적인 토지 수용법을 제정하여 싱가포르 초기 경제개발, 주택, 보건, 교육 등 당시에 절박하게 필요한 공공기반시설 건설을 위한 토지를 확보하게 되었다. 토지 수용법은 정부가 주거, 상업 또는 산업적 목적 등 다양한 공공적 목적을 위해 과도한 재정적 비용 없이 사유지를 확보할 수 있는 근거와 권한을 부여하였다(토지수용법 제5조 제3항 등). 정부의 토지 취득 과정에서 토지 소유주에게 지급되는 보상금의 경우, 초기에는 현저히 낮게 지급되었으나 1973년 이후에서야 시장가격에 맞게 보상금이 지급되었다. 또한 1964년에 인근해법(Foreshore Act)을 개정하여 해안 경계선 상실에 대해 토지 소유주들에 보상을 종결함으로써 싱가포르 정부는 대규모 재건축과 토지 개발을 할 수 있게 되었다. 이러한 법적, 제도적 기반으로 인해 싱가포르는 개발 시기에 대규모 택지를 강제로 수용하여 주택 및 산업 기반시설을 효과적으로 건설하고 저렴하게 유지할 수 있게 되었으며, 결과적으로 개발도상국가에서 선진국으로 탈바꿈 되었다.

싱가포르 초기의 토지정책과는 달리 1980년대 이후 토지정책은 미래지향적인 마스터플랜에 맞추어 변화하고 있다. 또한 개발사업 추진 시 보통 평가된 지가 상승의 70% 수준에서 개발부담금(Development Charge, DC)을 부과하고 있다. 싱가포르 토지정책 중 중요한 것은 바로 토지비축시스템이다. 1970년대 GDP의 3~4%에 달하는 연간 재정흑자를 기반으로 토지를 비축하기 시작하여 싱가포르의 토지 면적은 1960년에 581㎢에서 1990년에는 633㎢로 넓어졌다. 이는 영국군의 기지 반환, 토지의 강제수용, 토지의 개간 등을 통한 결과이다. 싱가포르는 현재 토지의 80% 이상이 국가 및 법정 위원회에 속해 있다. 이렇게 국가가 토지를 독점적으로 소유함으로써 국가 개발, 경제 및 사회적 목표를 효과적으로 달성할 수 있었다.

싱가포르 주택 정책

앞서 언급한 것처럼 1950년대와 60년대 초에 싱가포르는 인국 급속히 증가하면서 많은 시민들이 불결하고 안전하지 못한 주택에서 살고 있었다. 심지어 한 방에 50명이 함께 살기도 하였다. 또한 주거지역은 교육, 수도 등의 기반시설이 갖추어져 있지 않았고 심지어 화재의 위험에 놓여 있었다. 1961년에 발생한 Bukit Ho Swee 화재로 인해 집이 타고 16,000명의 사람들이 집을 잃게 되었다. 이러한 상황을 해결하기 위해 싱가포르 정부는 싱가포르 개선 펀드(Singapore Improvement Trust, SIT)를 만들어서 공공주택을 공급하기 시작하였다. 그러나 여러 문제로 필요한 주택공급량을 달성하지 못하여 주택청(Housing Development Board)을 만들어서 빠른 시간 내에 저렴한 주택을 대량으로 공급하였다. 싱가포르의 공공주택 공급현황을 살펴보면 다음과 같다.

먼저, 전체 싱가포르 국민의 85%가 공공주택에 살고 있다. 저소득층 가구는 방 1-2 개가 있는 아파트에, 노인 가구는 스튜디오 아파트에, 중산층 가구는 방 3-4개 아파트에, 고소득층 가구는 방 5-6개 아파트에 살고 있다. 둘째, 싱가포르 국민의 90%가 자기 주택을 소유하고 있다. 40년 전에 자가 소유율이 10% 미만이었던 것에 비하면 엄청난 발전이라고 할 수 있다. 즉, 이 수치는 전 세계에서 가장 높은 자가 보유율이라고 할 수 있다. 셋째, 싱가포르 주택청은 이전에는 저렴한 공공주택을 많이 공급하던 것에서 벗어나 질적으로도 훌륭한 공공주택을 공급하고 있다. 즉, 최근 싱가포르 공공주택은 훌륭한 조경과 여러 층에 걸친 주차장, 놀이터와 체력 단련실 등을 갖추고 있으며, 교통 거점 및 편의시설과의 접근성도 뛰어나다.

싱가포르 주택청은 다음과 같이 재정을 조달한다.

① 주택청은 아파트를 판매한 수익이나 공공 기금으로 재정을 충당한다. 간혹 발생하는 재정적자는 싱가포르 정부의 보조로 해결한다. 아파트 가격은 대다수 국민이 감당할만한 수준을 유지하도록 통제된다. 이를 위해 주택청은 토지 수용권과 재개발권을 갖고 신도시도 건설하면서 주택문제를 해결한다. 주택청은 또한 주차장, 상업시설 등을 관리하여 아파트 건설비용을 충당한다.

② 주택청은 공공주택 건설 재정으로 이자율이 높은 은행 금융을 활용하지 않고 중앙연금기금(Central Provident Fund, CPF)을 장기 저리로 활용할 수 있다. 그리고 시민들은 CPF를 이용하여 계약금도 없이 융자를 얻어 집을 살 수 있으며, 저소득층은 할부금을 지불하기도 하여 안정적으로 가정 경제를 유지할 수 있다.

싱가포르 주택청에서 공급하는 주택을 구입할 수 있는 자격은 다음과 같다.

① 21세 이상의 싱가포르 시민이어야 한다.
② 구매자는 가족의 일원이어야 한다.
③ 구매자는 경제수준에 맞는 주택을 구매해야 한다.

즉, 2,000달러 이하의 월급을 받는 사람은 방 두 개의 아파트를 구매할 수 있다. 단, 구매하기 30개월 이내에 구매자의 가족이 아파트를 소유하지 않아야 한다. 가구 당 여러 채의 주택을 소유할 수 없다.

싱가포르의 공공주택이 공급된 지 40년이 지나면서 주거환경을 개선할 필요가 있어 정부는 공공복지 차원에서 주택개선프로그램을 운영하고 있다. 또한 싱가포르 공공주택에는 인종통합정책도 도입하여 운영하고 있다.

한국 토지-주택 정책 시사점

지금까지 살펴 본 싱가포르 토지 및 주택정책을 통해 몇 가지 얻을 수 있는 교훈이 있다. 먼저, 싱가포르의 경제성장과 주거안정은 높은 공공토지비축비율에 기인한다는 것이다. 이것은 싱가포르에서 건설되는 대부분의 주택과 산업단지는 공공 토지 위에 건설된다는 것을 의미한다. 싱가포르 주택청이 건설하는 주택의 경우, 임대되거나 판매되는데 두 경우 모두 토지는 판매되지 않고 싱가포르 정부가 소유한다. 따라서 공동체의 노력으로 생겨나는 토지의 가치를 공동체를 위해 사용할 수 있는 기반이 생기게 된 것이다. 주택을 분양받은 시민은 토지불로소득을 기대하지 않고 저렴하고 양질의 주거 환경에서 사는 것이 유일한 목적이 된다. 건물 구매자는 한 번 주택을 시장가격에 사고 팔수 있다. 토지가 국가의 것이니 토지불로소득이 생기지 않는다. 토지임대주택을 분양받은 시민은 좀 더 세심하게 건물을 사용하여 오랜 기간 동안 양질의 생활환경을 유지할 수 있다. 시간이 오래 지난 공공주택의 경우, 싱가포르 정부는 다양한 프로그램을 이용하여 주택을 개선하여 품질을 향상시키고 있다. 우리나라도 신도시를 건설할 때 수용한 토지를 판매하지 말고 공공이 소유하면서 토지임대주택을 대량으로 공급할 필요가 있다. 만일 3기 신도시의 경우 약 22만 호를 공공임대, 토지임대 주택으로 공급한다면 우리나라 주택시장에 상당한 충격을 주게 되면서 주택 가격이 안정화될 것이다.

둘째, 싱가포르 정부는 오랜 기간 동안 꾸준히 공공토지를 비축했다는 점이다. 비록 초기에 공공의 목적으로 싼 가격에 민간토지를 수용하긴 했어도 다시 민간에 판매하지 않고 비축함으로써 다양한 도시개발 사업을 수행할 수 있었다. 우리나라의 경우, 공공주택 개발 사업이나 산업단지 개발 사업을 하면 대규모로 토지를 수용한 후 토지를 개발하고 민간에 판매해 왔다. 따라서 국가가 소유하고 있는 토지 비율이 싱가포르에 비해 현저히 낮다. 싱가포르와는 반대로 주택이나 산업단지를 분양받은 최초 수분양자의 경우, 사회가 발전하면서 생겨난 막대한 토지가치를 독점하게 되었다. 이것은 사회적으로나 경제적으로 매우 불공평한 결과를 초래하게 된다. 싱가포르의 경우, 이러한 토지정책으로 인해 오늘날의 경제적인 성공을 누리고 있다고 해도 과언이 아니다. 우리나라도 싱가포르의 경우처럼, 공공토지를 비축하기에는 어려움이 많이 있다. 따라서 토지 소유를 제한하지 못한다면 토지의 가치를 공공이 환수할 수 있도록 시스템을 갖출 필요가 있다.

셋째, 싱가포르는 시민들에게 저렴하고 양질의 공공주택을 길게는 99년 동안 임대하고 있다. 그리고 공공주택을 가구의 특성에 따라 안정적으로 공급하고 있다. 저소득층의 경우에는 장기저리의 융자를 통해 주택을 구입할 수 있게도 한다. 특히, 최근까지 가족에 소속되지 않으면 주택을 구입할 수 없었다. 철저하게 가구 당 하나의 주택을 공급하려는 세밀한 정책을 운영한 덕분에 주택 보급율 90%를 넘게 된 것이다. 우리나라도 양질의 공공임대 주택을 가구의 생애주기에 맞게 공급해야 할 것이다. 젊은 세대와 노인 세대에게 맞춰진 세심한 공공주택 정책이 필요하다.

5-8. 산업단지 공급, 공공 토지임대 또는 토지-건물 임대 방식으로

반영운(2022년 1월)

도시화가 진행되면서 정부는 도시에서 필요한 주택이나 산업단지 등의 도시개발 사업을 시행한다. 이러한 도시개발 사업은 기본적으로 토지개발을 통한 공간구조의 변화를 동반하게 된다. 즉, 공공이 기반시설 등 사회적 인프라를 공급한 결과, 공간구조가 압축적으로 변화하면서 특정 지역이 쇠퇴하거나 활성화 되는 불균형적인 부와 피해의 분배 문제가 생겨난다. 이로 인해 지역 간, 계층 간 갈등이 발생한다. 이러한 문제가 발생하는 근본적인 이유는 바로 토지개발로 인해 생겨나는 이익을 공평하게 환수하여 분배하거나, 토지개발로 인해 생겨난 피해를 신속하고 적절히 보상, 배상, 복원할 수 있는 사회시스템이 부재하기 때문이다. 따라서 도시개발 과정 중에 토지개발로 인해 생겨난 사회적 이익을 공평하게 환수하고 분배하기 위해서는 제도적으로 '토지의 공공성'을 확보할 수 있는 '공공 토지임대제' 도입이 필요하다. 예를 들어, 공공임대주택 또는 공공임대산업단지 등의 도시개발 사업 추진 시 공공의 이익을 달성하기 위해 수용한 토지를 민간에게 매각 또는 분양하지 않고 임대함으로써 토지개발로부터 발생하는 불로소득을 원천적으로 차단할 수 있다. 그러나 산업단지의 경우, 공공은 산업단지가 지역사회의 경제적 기반으로서 매우 중요한 공적 역할을 담당한다는 명분으로 토지를 수용한 후, 공공이 소유한 토지를 개별 기업에게 매각(분양)하여 토지 조성비용을 회수한다. 이 과정에서 생겨난 막대한 개발이익이 개별기업에게 독점되면서 일자리

창출이나 경제성장 등의 공적 목적은 일부 달성될 수 있다. 그러나 이로 인해 산업 개발을 위한 재투자, 산업단지 개발 시 필연적으로 나타나는 환경오염, 환경파괴 문제를 해결하기 위한 기금 조성 등의 공적 목적이 사라지게 된다. 따라서 필자는 도시개발사업, 그 중에서도 특히 산업단지를 공급할 때 토지의 공공성에 기반을 둔 공공토지임대제도 도입 방안에 대해 살펴본다.

산업단지 개발 및 공급 현황 및 문제점

도시계획이란 도시의 건전한 발전, 공공의 안녕질서, 공공복리의 증진을 위한 토지이용·교통·위생·산업·보안·국방·후생 및 문화 등에 관한 계획을 말한다. 또한 도시계획의 내용은 토지이용계획, 교통계획 및 시설계획, 공원녹지계획, 공공처리시설계획, 상업업무시설계획, 교육·문화시설계획, 방재시설계획, 도시개발사업계획 등을 포함한다. 여기서 도시개발이란 도시변화의 수요에 대응하여 도시발전을 도모하기 위한 일련의 의도적 행위로서 도시계획의 이념을 실현하는 행위를 말한다. 도시개발을 위한 각종 사업은 도시개발사업과 도시계획시설사업 등 두 가지로 나눌 수 있다. 먼저, 도시개발사업이란 주거, 상업, 산업, 유통, 정보통신, 생태, 문화, 보전 및 복지 등의 기능이 있는 단지 또는 시가지를 조성하기 위해 시행하는 사업을 말한다. 둘째, 도시계획시설사업은 기반시설 중 「국토의 계획 및 이용에 관한 법률」에 따라 도시·군관리계획으로 결정·고시된 도시계획시설 설치·정비, 개량 사업을 말한다.

이러한 도시개발 사업은 공공재인 토지 위에서 주거, 산업, 생태(환경) 등의 공공 인프라를 공급하는 사업이다. 따라서 불가피하게 토지의 형질을 변경하면서 공공의 목적을 달성하게 된다. 이 과정에서 토지 불로소득이 발생하게 되는데 이것은 위에서 언급한 것처럼 사회 구성원이 함께 노력한 결과물로서 특정 개인의 노력 여부와는 관계없는 사회적 공공자산이다. 이러한 사회적 공공자산은 개인이나 특정 이익집단에 의해 독점되어서는 안 된다. 오히려 이 공적 자산을 환수하여 사회 공동체의 구성원이 공동체의 발전을 이룰 수 있도록 재투자되어야 한다. 따라서 이를 환수할 수 있는 다양한 개발방식 및 조세제도가 필요하다.

도시개발사업 중 산업단지는 지역 내 일부 공간에 집단적으로 기업을 유치하여 산업기능을 활성화하기 위해 공공 또는 민간이 조성하는 공간이다. 특히 공공이 조성하는 산업단지는 지역경제 활성화라는 공공 목적을 달성하기 위해 도시개발사업으로 진행한다. 산업단지는 공공이나 민간이 조성하게 되는데 조성된 토지를 공급하는 방식에 따라 판매(매각) 또는 임대로 구분한다. 이 중 대부분의 국가에서는 판매 방식보다는 임대 방식이 통용되고 있다. 임대는 다시 임대 대상물에 따라 토지 임대 후 임차인이 공장을 건설하는 방식과 개발자가 공장을 건설한 후 공장을 임대하는 방식으로 구분할 수 있다. 또 실수요 기업이 개발자로부터 직접 토지나 공장을 임차하는 경우와 개발자로부터 투자가가 토지나 건물을 임차한 후 이를 실수요 기업에게 재 임대(sublease)하는 경우로 구분할 수 있다. 일반적으로 우리나라를 비롯한 개발도상국가들은 재 임대를 규제하고, 산업단지 내 부지에 대한 분양자격을 실수요 기업으로 한정하기도 한다. 하지만 선진국의 경우, 재 임대에 의해 실수요 기업이 산업단지 내의 부지를 가장 많이 이용하게 된다. 이렇게 기업이 임대를 선호하는 이유는 첫째, 임대 기간이 20년, 30년, 60년, 99년 등 장기적으로 토지의 이용을 보장하기 때문이다. 둘째, 기업들이 건물이나 토지에 대한 투자보다는 공장설비에 대한 투자를 선호하기 때문이다. 셋째,

최근 산업의 급격한 발전으로 인하여 기업의 입지이전이 보다 빈번해졌기 때문이다. 마지막으로, 프랑스의 경우처럼 부동산의 매매 시 엄격한 법적 규제가 가해지며, 많은 세금이 부과되어 입지의 빈번한 이전이 요구되는 상황에서 부동산을 소유할 유인이 크지 않기 때문이다. 한편 판매 방식 역시 토지를 매각하는 방식과 공장을 건설한 후 이를 매각하는 방식으로 구분할 수 있다. 이 경우 보다 보편적인 것은 토지를 매각하는 것으로 우리나라와 일본, 대만, 독일 등에서 보편적으로 사용되고 있다. 이에 비해 개발자가 공장용 건물까지 건설한 후 이를 매각하는 방식은 해외사례에서는 거의 찾아볼 수 없다.

위에서 살펴 본 것처럼 우리나라의 산업단지는 다른 나라와는 달리 거의 대부분 조성된 토지를 기업에게 판매하는 방식으로 공급된다. 이 때문에 산업적인 목적보다는 토지 투기를 통한 수익 창출의 목적으로 산업단지를 분양받는 기업이 생기고 있다. 최근 국가산업단지의 경우, 지역경제 활성화라는 명분하에 대규모로 조성된 토지를 판매하기 위해 조성원가에 심지어 정부가 토지비용의 일부를 보조하기도 한다. 그런데 일부 국가산업단지의 경우 분양된 토지의 40퍼센트 이상에서 기업이 입주하여 산업행위를 하지 않고 있다. 이는 산업단지의 활성화로 인해 생기게 될 자본 이득(capital gain), 곧 지대 추구하기 위한 목적으로 산업 용지를 투기수단으로 삼았기 때문이다. 이러한 이유로 해외 경쟁국가에 비해 산업용지 가격이 높아지게 되면서 투자를 원하는 기업의 경우, 과도한 초기 투자비용으로 기업 경쟁력 및 투자 활성화 저해를 우려하게 된다.

산업단지 공급, 공공 토지 및 토지-건물 임대 방식으로

위에서 살펴본 것처럼 대부분의 해외 국가들은 산업단지를 판매(매각)가 아닌 임대방식으로 공급하고 있다. 간혹 일본 등 몇 나라에서 산업용지가 판매에 의해 공급되고 있으나 대부분의 국가에서는 기업들이 토지 및 건물을 토지주로부터 임차해서 산업 활동을 하고 있다. 우리나라에 적용할 수 있는 분양방식은 중앙정부나 지방정부에 의한 산업단지 개발 시, 토지는 판매하지 않고 반드시 임대 방식(장기, 단기 등 다양하게)으로 분양하고, 건물은 입주자의 필요에 따라 스스로 건설하거나 건물도 임대받는 형태로 다양화 할 필요가 있다. 여기서 주의해야 할 점은 임대산업단지로 소개되거나 공급되고 있는 5년이나 10년 임대 후 분양(매각) 조건으로 산업 용지를 공급해서는 안 된다. 왜냐하면, 임대 후 분양 시 생기는 토지 불로소득이 문제가 되기 때문이다. 과거의 국민임대산업단지는 5년 후 분양조건으로 임대하는 순수한 임대단지는 아니었다. 5년 후에 분양하면 토지불로소득이 발생하기 때문에, 기업들은 토지불로소득을 노리고 입주를 결정하게 된다. 이러한 이유로 기업의 한정된 자금이 비생산적인 데 투입되어 기업의 생산효율성을 저하시키게 된다.

따라서 산업용 토지의 목적을 달성할 수 있도록 토지 임대 또는 토지-건물 임대 방식을 유지하는 것이 필요하다. 이를 위해서

① 산업단지 개발 시 공공 기관(토지주택공사, 지역 개발공사 등)이 토지를 구입하기 위한 자금을 장기 저리의 공적자금(연금, 기금 등)에서 조달할 수 있어야 한다.

② 기업의 입장에서 토지를 담보로 운영자금을 융통해야만 했던 금융 시스템을 개선해야 한다. 즉, 자금이 부족한 기업(중소기업)에게 폭넓은 금융 혜택이 주어져야만 이 임대제도는 성공할 것이다. 즉, 기업이 보유한 기술을 담보로 장기 저리의 산업 금융이 가능하게 해야 한다. 또한 이렇게 해야만 싱가포르처럼 산업단지를 부동산 투기가 아닌 기업가치 창출의 일환으로 생각할 수 있다.

③ 토지의 임대 기간은 기업의 필요에 따라 단기, 중기, 장기로 나누어 공급할 수 있다. 산업의 변화에 빠르게 대응해야 하는 기업의 경우에는 단기 계약을, 그렇지 않은 기업의 경우에는 중기나 장기 계약을 할 수 있게 한다.

④ 토지 임대료는 시장의 임대료를 고려하여 책정한다. 이를 통해 공공임대료와 시장임대료의 차이에서 오는 토지불로소득을 원천적으로 차단할 수 있다. 또한 산업단지 개발 시 투자된 토지 수용 및 개발 비용을 중장기적으로 안정적으로 회수할 수 있다. 임대료는 임대 방식의 다양성에 맞춰 매월, 매년, 또는 일시불로 지불하도록 한다. 그리고 임대료는 5년이나 10년에 한 번 씩 재평가한다. 임대료를 확실하게 징수하는 '토지-건물 임대 산업단지'를 조성하게 되면 입주하는 기업은 〈이윤+토지불로소득〉의 극대화를 추구하는 것이 아니라 이윤의 극대화를 추구하게 된다. 다시 말해서 사업의 타당성만으로 입주를 결정하게 된다는 것이다.

⑤ 산업용지 비축 체계가 필요하다. 지금까지 국가나 지방자치단체에서 조성한 공공산업단지의 토지가 대부분 매각되면서 공공 산업용지가 매우 부족하다. 향후 '수용'방식을 통해 조성되는 공공 산업단지는 토지를 판매하지 말고 임대하여 공공 산업용지를 비축해야 한다. 이를 통해 현재 산업 활동을 하고 있는 기업은 물론 향후 변화된 산업구조에서 참여하게 될 기업들의 변화된 필요를 충족시키기 위해 공공 산업용지를 다량 확보해야 한다. 이를 위해 토지은행 등의 제도를 마련하여 산업용지 현황 파악은 물론 노후 산업단지 재생 시 토지를 공공이 매수하도록 하는 등 적극적인 공공 산업용지 확보 전략을 수립해야 한다.

우리나라는 싱가포르나 대만처럼 땅이 좁고 부동산 값이 비싸기 때문에 토지로부터 나오는 불로소득을 토지 소유주가 독점하는 것을 원천적으로 차단해야 한다. 특히 산업용 토지의 경우, 지역 경제 활성화와 맞물려 있어 개발 시 발생하는 토지불로소득을 토지임대료로 환수하여 산업단지 관리, 지역경제 활성화에 재투자하여야 한다. 이렇게 될 때 기업은 순수하게 기업 활동에 전념하게 되고, 국가나 지방자치단체는 산업단지 개발 및 관리를 위한 재정을 안정적으로 확보할 수 있게 된다.

5-9. 토지 공공성 확보로 환경정의 실현할 수 있어

반영운(2021년 12월)

토지는 인간이 생산하지 않은 것으로서 인간의 삶에 절대적으로 중요한 영향을 미친다. 그런데 토지의 가치는 공동체의 공동의 노력에 의해 생기게 된다. 그러나 토지는 일단 사용되면 독점적이고 배타적인 성격을 띠게 되면서 토지의 가치가 토지를 소유하는 자에게 독점적으로 귀속된다. 이는 본질적으로 원칙에 어긋나므로 토지의 가치를 공공이 환수하여 공공의 필요를 충족시키는데 사용할 필요가 있다. 토지의 가치를 공공이 환수하는 방법은 다음과 같다.

① 공공개발의 경우에는 토지를 민간에게 분양하지 않고 임대하여 지대를 원천적으로 환수한다.
② 민간개발의 경우, 100%에 가깝게 지대를 환수한다.

이렇게 환수된 토지의 가치를 활용하여 주거, 상업, 공업 등의 토지개발로 인해 녹지를 비롯한 생태계 파괴, 인간의 건강 및 공동체 문화 파괴 등의 환경문제가 생긴다. 이러한 문제는 일반적으로 원인자 책임의 원칙에 의해 해결하는 것이 원칙이나 많은 경우 원인자 또는 오염자를 특정하기 어렵거나 특정하더라도 이미 벌어진 문제를 해결하기 어려운 상황에 놓여 있는 경우가 많다. 예를 들어, 김포의 거물대리, 인천의 사월마을의 경우, 유해한 물질을 배출하는 개별입지 공장이 입지하면서 주변지역의 생태계는 물론 주민들의 건강이 심하게 영향을 받고 있다. 그런데 누구에게 이러한 문제에 대한 책임을 물어야 할지 애매한 상황에 놓여 있다. 즉, 인과관계의 책임을 규명하기 어려울 뿐만 아니라, 일부 책임이 있다 해도 이미 파산하거나 지불능력이 없는 중소기업이 대부분이다. 따라서 이러한 문제는 국가 공동체가 먼저 해결하여 파괴된 생태계를 복원하거나 주민의 건강을 치료할 필요가 있다.

이러한 환경 파괴, 건강피해, 공동체 파괴 등의 문제를 해결하기 위해서는 개발 이익 환수 및 지대의 차등적 징수를 통해 목적세 또는 기금을 조성한 후 공원 및 녹지 조성·운영·관리, 환경피해지역의 생태계 우선 복원, 피해주민 우선 이주 및 건강피해 우선 치료 등에 활용할 수 있다.

차등적 지대 조세제를 통한 공원녹지 확보

도시 개발과정에서 녹지를 체계적으로 확보하려면 그 과정에서 개발 비용이 전반적으로 상승되기 때문에, 개발 방식에 대한 적절한 규정을 가하지 않으면 민간 개발과정에서 녹지 확보가 어렵다. 따라서 지대 조세제(Land Value Taxation)의 틀 속에서 땅을 독점적으로 소유하면서 잘 이용하지 않은 토지에 대해서는 높게 지대를 부과하고 공익을 위해 녹지 및 공원으로 편입되거나 조성되는 토지에 대해서는 지대를 부과하지 않거나 아주 약하게 부과하여 공원 녹지 확보를 용이하게 할 수 있다. 또한 공원이나 녹지로 지정된 토지의 소유자에게 토지 사용의 대가로 시장가치에 맞게 공공이 일정하게 토지사용료를 지불할 수 있다. 이를 통해 공원일몰제 이후 확보하기 어려운 도시공원을 도시 지역에 공급할 수 있다. 공원이나 녹지의 확보는 기후위기에 대응하거나 적응하기 위한 가장 적절한 대안 중의 하나이다. 이렇게 확보된 공원 녹지는 평상시에는 시민 휴식처로 사용되면서 재난이나 기후위기 상황에는 대피처, 물 저장소, 폭염 피난처, 대기오염 정화 등의 다목적 기능을 할 수 있는 소중한 공간이다.

공공토지임대제도로 주거단지 및 산업단지 생태계 보존 및 공평한 비선호시설 입지

공공의 목적으로 토지를 수용한 경우, 수용된 토지를 민간에 분양하지 않고 임대를 통해 토지가치인 지대를 환수한다. 공공토지의 경우, 생태계 보존은 물론 순환경제를 실현할 수 있는 인프라를 설치하기 쉽다. 즉, 공공 토지 내 또는 공공 토지 주변의 다양한 생태계를 보존하기 위한 계획(녹지율 및 생태면적률 향상 등)을 수립하여 효율적으로 실행할 수 있다. 이 때 필요한 비용은 환수한 지대를 활용하여 충당할 수 있다.

이를 위해,

① 정부는 공공 목적으로 사용될 토지를 적정 가격에 수용한다. 이후 토지를 개발하여 산업단지나 주거단지로 건설하면서 넓은 공원과 녹지를 확보함으로써 질 높은 주거 및 업무 환경을 제공하거나 생태계를 보호할 수 있다.
② 공공이 비축하거나 수용한 토지 위에 공적 도시계획을 수립 및 시행함으로써 비선호시설, 즉, 환경오염 또는 환경위험 시설을 선제적으로 취약계층으로부터 격리하고, 지역적으로 불공평하게 배치되지 않도록 원천적으로 관리할 수 있다.
③ 징수된 토지 임대료를 활용하여 공원 및 녹지, 하천 등의 생태계를 보존 또는 유지하거나 관리할 수 있다.

공공 토지임대제도를 통해 얻을 수 있는 효과는 다음과 같다.

① 도시개발 사업 시 녹지 면적을 최대한 확보할 수 있어 기후변화 대응 및 시민 삶의 질 향상에 기여할 수 있다.
② 공공 토지에 설치하는 혐오시설의 경우, 입지 선정 시 취약계층이나 취약 지역을 원천적으로 배제할 수 있어 지역 간, 지역 내 형평성을 확보할 수 있다.
③ 징수된 토지 임대료를 활용하여 생태계 보존 및 유지관리가 가능하다.

개발이익 환수 및 토지임대료 징수를 통한 '환경정의 기금' 조성 및 운영

앞에서 설명한 것처럼 대부분의 환경문제는 주거, 상업, 공업 등의 다양한 토지이용 목적을 달성하기 위한 토지개발로 인해 생겨나기 때문에 그로 인한 환경파괴, 건강피해, 공동체 파괴 등의 문제를 해결하기 위해서는 개발 시 발생하는 이익과 지대를 환수하여 '환경정의 기금'을 조성할 필요가 있다.

'환경정의 기금'은 원인자 책임의 원칙에 맞게 개발이익을 환수하거나 지대를 차등적으로 징수하여 조성할 수 있다. 이를 위해 '환경정책기본법'을 개정할 필요가 있다. 이렇게 조성된 기금을 활용하여 공원 및 녹지 조성·운영·관리, 환경피해지역 생태계 우선 복원, 피해주민 우선 이주, 건강피해 우선 치료 등의 사업을 실행할 수 있다.

이를 통해 개발의 혜택을 누리는 주체가 피해에 대한 책임을 지게 하는 '환경정의'가 구현될 수 있다. 또한 개발행위로 인해 생기는 다양한 피해를 공동체의 세금으로만 해결하지 않고 개발행위 당사자와 당해 지역에서 해결하게 되어 '오염자/원인자 책임의 원칙'을 실현할 수 있다. 아울러, 공원 및 녹지의 조성, 운영, 관리, 환경피해지역 생태계의 우선적인 복원, 피해주민의 우선 이주 및 치료 등을 신속하게 진행할 수 있다.

제6부

부동산정책과 금융개혁

제6部 부동산정책과 금융개혁

6-1. 재정과 금융 민주화는 부동산시장 정상화의 출발점

최배근(2021년 12월)

민주정부는 왜 부동산정책에서 실패를 반복하는가

문재인 정부는 부동산 투기수요에 의한 불로소득 차단과 질 좋은 장기공공임대주택의 대규모 공급, 그리고 가계부채 관리 등을 목표로 하였으나 어느 것 하나 제대로 달성했다고 말하기 어렵다. 이 세 가지 목표는 모두 관련된 것이고, 이 목표들을 달성하려면 비선출권력인 경제관료에 대한 민주적 통제와 금융의 정상화 등이 필수적인데 애당초 이러한 인식은 존재하지 않았기 때문이다. 목표를 제대로 설정하지 않았기에 '부동산시장의 정상화'는 처음부터 요원하였다. 부동산시장 정상화는 금융과 재벌 자본 그리고 이들의 이익에 복무하는 경제 및 금융 관료 등에 의해 가로막혔다. 예를 들어, 투기수요에 대한 보유세 강화나 공공임대주택 공급 기금 증액 등을 기재부가 가로막았고, 금융위원회는 투기수요에 대한 금융지원을 주도하였다. 부동산시장의 정상화보다 안정화에 목표를 두었듯이 이들은 시장의 투기수요와 싸울 의지가 처음부터 없었다.

부동산시장 정상화의 지연 혹은 실패의 결과는 (부동산시장 경착륙이나 가계부채 붕괴 등에 따른 사회경제 충격을 수반하는) '파국'의 불가피성을 의미한다. 가계부채의 위험성을 인식한 문재인 정부는 처분가능소득 대비 가계부채 비율을 150% 선에서 관리하는 가계부채총량제를 도입하였다. 그런데 문재인 정부 출범 직전인 2017년 3월말 150.4%에 있던 처분가능소득 대비 가계부채 비율은 2021년 6월말 171.4%까지 21% 포인트나 증가했다. GDP 대비 가계부채 역시 2017년 3월말 87.3%에서 2021년 6월말까지 105.8%로 15.8% 포인트나 상승하였다. 미국이 금융위기 직전에 최고 99.1%였다. 가계부채를 이 지경까지 만들어놓은 당사자들, 기재부와 금융위원회와 한국은행 등이 뒤늦게 가계부채에 대한 우려의 목소리를 쏟아내고 있다. 너무 뻔뻔하지 않은가?

부동산 불로소득 메커니즘의 정치경제학

한국사회는 부동산공화국이라 부를 정도로 가계와 기업과 정부 모두 부동산에 인질로 잡혀 있다. 부동산 불로소득이 바로 그 원천이다. 그렇다면 부동산 욕망(불로소득)을 만들어내는 주역은 누구인가? 그 뿌리는 '정치실패'에 있고, (학계와 정부 포함 사회 전체를 금융자본 논리로 재구성한) '금융화'가 그 출발점이다. 미국에서 80년대 이후 금융의 성장과 불평등 그리고 가계부채의 증가가 동조화 현상을 보인 배경이다. (제조업에서 자본 수익성의 하락에 따른) 자본의 탈제조업화로 자본은 금융에 유입된다. 불로소득 측면이 강한 금융자본은 산업자본에 비해 탐욕적이다. 금융자본의 욕망 증대는 금융 성장의 장애 요인 제거로 나타난다. 무엇보다 은행에 대한 자금공급을 결정하는 중앙은행 통제력에서 벗어나 자신들이 지배하는 시장에서 자유로운 자금조달이 필요하였다. 이를 위해 금융회사가 가진, 유동성이 낮거나 없는 자산을 유동화(증권화, 현금화)시킬 필요가 있었다. 주택담보증권(MBS) 등 자산담보증권(ABS)이 금융혁신이라는 포장을 쓰고 등장한 배경이다.

예를 들어, MBS는 국립주택저당금고(GNMA)인 정부보증모기지로 1970년에 시작되었고, 민간은행에 의해서는 1977년에 Bank of America에 의해 (조기상환 위험이 있는) 지분형 MBS(mortgage pass-through securities)가 처음 발행되었고, 1983년에는 미국 연방주택대출저당공사(FHLMC)가 (조기상환 위험을 해결한) CMO를 처음 발행하는 등 계속 진화하여 자산의 증권화는 80년대 중반에는 비모기지 자산으로 확장되었다.

시장으로부터 자금 조달 능력이 증가하며 금융의 성장은 금융자본 영향력의 증대로 이어진다. 월가가 주도한 〈월가-워싱턴〉 동맹이 형성된 배경이다. 금융이 성장하려면 과도한 수익성(리스크) 추구를 제한하는 규제를 완화해야 하는 반면, 규제는 정치의 영역이기에 정치(정부)에 대한 영향력을 증대시켜야 했기 때문이다. (1인1표라는 민주주의 원리가 작동하는) '재정'이 (1원1표라는 돈의 힘이 지배하는) '금융'에 종속되는 정치(민주주의)의 실종으로 이어진 것이다. 그리고 금융화는 (일자리 및 소득 양극화를 수반한) 탈공업화와 더불어 기업경영에서 단기주의(shortermism)를 강화시키고, 재정(지출) 최소주의(선별 복지)를 뿌리내리면서 불평등이 심화한다. 이처럼 부유층의 저축과 저소득층의 차입을 매개하는 금융에게 주택(부동산)은 금융 성장의 새로운 엔진이 되었다. 그 결과 사회의 부채화를 의미하는 금융의 성장과 (가계)부채 주도 성장의 결과는 금융사이클(금융불균형)을 구조화시킨다. 실제로 미국에서 실질 주택가격의 추이는 2차 대전 이후 70년대 후반까지 변화 없이 안정적 흐름을 이어갔다. 이 시기 은행위기가 없었던 것도 마찬가지다. 금융이 민주적 통제를 받은 결과였다. 그러나 80년대 이후 금융의 성장과 가계부채의 증가 그리고 불평등 심화는 동조화 현상을 보였고 은행위기의 빈도도 증가하였다.

부동산시장 정상화 과제는 2차 민주화 프로젝트 : 1차 민주화 프로젝트의 한계

군부독재에서 문민정부로의 이행 과정은 정부로부터 시장으로의 권력 이행 과정이었다. 군부독재의 유산인 정부주도 개발을 청산 대상으로 설정한 문민정부는 자본에 대한 민주적 통제 없이 시장에 권력을 이전하였다. 첫째, 정부주도 개발의 상징인 경제기획원을 해체하여 재무부와 통합함으로써 권한이 집중된 비선출 권력(재정경제원)을 출현시켰다. 둘째, 정부 주도에서 시장 주도로 전환하면서 '자발적 금융화'를 추진하고, 사회적 자산인 '재벌기업'을 재벌 총수(자연인)의 배타적(사적) 소유물로 전환시킨다. 자본 독재의 길이 열린 것이다. 그리고 그 결과는 외환위기였다.

미국(IMF)의 힘을 확인하고 (월가)금융자본에 자발적으로 투항한 전문관료를 넘어서지 못한 1기 민주정부(국민의 정부)에서 역설적으로 권력은 완전히 시장(자본)으로 이동하였다. 노무현 대통령이 2005년 5월 "이미 권력은 시장으로 넘어간 것 같다"며 "우리 사회를 움직이는 힘의 원천이 시장에서 비롯되고 있다"고 토로한 배경이다. 그 결과 한국 사회는 시장의 지배자인 재벌 자본과 (월가 논리에 투항한) 금융자본의 세계로 재구성된다. 특히 (권한이 집중된 비선출권력인) 경제관료 조직은 새로운 권력인 (재벌 및 금융) 자본의 도구로 전락한다. 본격적으로 (경제금융관료조직의 이익을 위해 자본의 이익에 복무하는) 모피아가 탄생한 배경이다. 그 결과 (재벌 및 금융) 자본의 이해 중심으로 공공영역이 재구성된다. 화폐 공급의 원천인 한국은행과 공공영역에서 돈의 배분을 결정하는 재정관료, 그리고 금융회사에 절대적 영향력을 행사하는 금융위원회 등이 재벌 및 금융 자본의 이해와 일체화된다. 첫째, 한국은행의 실질적 권한을 갖는 금통위원 7인

중 4인이 〈모피아 3인+자본 1인〉의 대변자로 구성된다. 둘째, 금융위원회 9인 중 7인이 〈모피아 6인+자본 1인〉의 대변자로 구성된다.

부동산시장 정상화 과제는 2차 민주화 프로젝트 : 부동산 정상화가 실패하는 이유

그 결과 지난 20년간 (검찰조직의 이익을 위해 검찰권을 사유화한) 정치검찰이 민주정권과 수구정권을 가로지르듯이 경제와 금융 관료도 민주정권과 수구정권을 가로지르는 이른바 회전문 인사(revolving door)가 진행되고 있다. 예를 들어, 김영삼 정부에서 재경원 출신으로 강만수와 더불어 (시민단체 등으로부터) 외환위기 주범 중 한 명으로 지목됐던 윤증현은 김앤장 고문으로 있다가 노무현 정부에서 금융감독위원장을 하고, MB 정부에서 기재분 장관으로 돌아왔다. 회전문 인사가 문제가 되는 것은 정치검찰이나 모피아가 일반 국민의 이익보다는 재벌 및 금융 자본의 이익에 복무하는 부패카르텔의 일원이기 때문이다. 수구정권이야 같은 이익을 공유하는 정치집단이지만, 민주정권이 공공 이익에 반하고 특권층 재생산 이익에 복무하는 정치검찰과 모피아 등을 방치할 뿐 아니라 중용을 한다는 것은 심각한 문제다. 문재인 정부 부동산정책의 실패와 소득주도성장의 중단 등에서 보듯이 민주정권의 경제정책들이 번번이 좌초하는 배경이다.

부동산시장 정상화 과제는 2차 민주화 프로젝트 : 재정과 금융 민주화는 2차 민주화 프로젝트

시장경제는 (1원 1표라는 돈의 힘이 작용하는) 시장의 영역이 (1인 1표라는 민주주의 원리가 작용하는) 정치의 영역에 의해 견제를 받아 시장과 민주주의가 균형을 이룰 때만이 지속가능하다. 그런데 한국 사회는 87년 체제로 민주주의를 출발만 시켰을 뿐이다. 선출권력에 대한 민주적 통제가 가능해졌을 뿐 실질적인 공적 권한을 갖고 있는 비선출권력은 공공 이익보다 자본에 포획당해 있었다. 국민이 주인인 대한민국은 헌법에만 존재할 뿐 진짜 주인은 자본과 이들과 이익을 공유하는 비선출권력 등이었다. 정치가 시장에 포획된 결과가 부동산시장 정상화를 가로막는, 즉 부동산 공화국에서 벗어나지 못하게 하는 요인인 것이다.

따라서 부동산시장 정상화를 위해서는 경제 및 금융 관료 등 (권한이 집중된) 비선출권력에 대한 민주적 통제가 필요하다. 이를 통해 금융의 정상화도 가능하다. 예산(기금 포함)-세제-중장기국가발전전략수립-경제·재정정책의 수립·총괄·조정 등과 관련된 기재부 및 국무조정실에 대한 선출권력의 실질적 장악과 더불어 부동산금융을 관리하는 금융위원회(금융감독원 포함)에 대한 선출권력의 통제가 필요하다. 사실, 기본소득과 기본금융, 기본주택 등을 기재부와 금융위 등이 반대하는 이유도 자신들의 권한 약화에 대한 저항의 산물이다. 촛불혁명은 '나라다운 나라' 그리고 '국민이 진짜 주인'인 나라에 대한 염원이었다. 문재인 정부에서 전자는 상당한 성과를 이루어냈다. 이제 후자의 과제를 남겨두고 있다. 재정의 민주화와 금융 정상화 등은 국민이 진짜 주인인 나라가 되기 위한 조건이고, 2기 촛불정부의 과제이다.

6-2. 우리나라 부동산 금융의 개선 방향

임재만(2021년 12월)

지난 박근혜 정부에서 '빚내서 집사란'말이 유행했다. 현 정부 들어서도 주택담보대출의 LTV, DTI 등에 대한 규제를 시행했으나, 전세자금대출과 신용대출로 대출규제 자체가 무의미해졌다. 코로나-19를 거치면서 가계부채는 1845조 원을 넘는 사상 초유의 사태를 맞고 있다. 여기에 개인금융부채에서 누락된 개인사업자 대출과 주택 임대보증금 채무까지 포함하면 약 3200조 원으로 추정된다. KDI 보고서에 따르면 2021년 8월 말 개인사업자 대출 잔액 988.5조 원 중 사업자대출은 573조 원에 이른다. 서울대 김세직 교수팀은 2020년 전세와 반전세 보증금 규모를 850조 원으로 추정하기도 한다. 주택가격 상승과 주택공급 확대에 따라 2016년 말 47조 원이던 부동산PF대출 잔액은 2020년 말 88조5천억 원으로 증가했다. 금융투자협회 자본시장통계에 따르면 부동산 펀드는 2021.12.10. 현재 126조5천억 원, 리츠의 자산규모도 79조 원에 이른다. 부동산신탁사 등에 신탁한 부동산 규모는 389조 원이며, 정부가 조성하고 운용하는 주택도시기금의 2020년 실적은 100조 3천억 원이다.

2020년 주거실태조사에 따르면 PIR은 전국 중위수 기준 5.5배(수도권 8.0배, 광역시 등 6.0배), RIR은 전국 16.6%(수도권 18.6%, 광역시 등 15.1%)를 보였다. 소득 대비 집값 수준으로 볼 때 웬만한 가구는 소득만으로 절대 집을 살 수 없다는 것이다. 결국, 내 집을 마련하기 위해서는 목돈을 조달해야 한다. 초기 자금을 마련하기 위해서는 오랫동안 지출을 줄이고 저축을 해야 하며, 집을 사려고 대출을 이용하더라도 오랫동안 원리금 상환에 매달려야 한다는 것이다. 주택공급을 위해서도 막대한 자금이 필요하다. 주택을 건설할 땅을 매입하고 건축비를 투자해야 하는데, 이러한 투자자금은 주택을 팔아야 회수할 수 있다. 만약 분양주택이 아니라면 오랫동안 월세로 자금을 상환해야 한다.

우리나라 주택공급을 위한 금융은 IMF 외환위기 전후로 시대를 크게 구분할 수 있다. 이지웅의 연구에 따르면 우리나라의 주택금융화 과정을 1997년 외환위기 이전(산업화를 위한 금융억압과 주택금융의 제한, 비공식적인 전세제도의 발달과 전세금을 이용한 주택소유주의 주택투기) - 주택금융화의 과도기(1998-2002: 주택담보대출 활성화와 증권화 도입, 주택투기의 대중화) - 주택금융화 재편기(2003-2007: 주택투기 규제와 주택투자 촉진, MBS 발행과 전세의 월세화) - 주택금융화의 성장기(2008년 금융위기 이후 금융선진화 전략과 주택투자의 정착)로 구분하여 각 단계의 특징을 설명한다. 우리나라는 개발독재 시대의 복지체계 부재 시대에서 1987년 이후 중산층 육성과 자산복지체계가 형성되기 시작했다. 그 핵심에는 내 집 마련의 꿈이 있었다. 정책실행에 필요한 막대한 자금은 정부의 직접 투자가 아닌 국민주택기금과 같은 공공기금과 가계 저축을 활용했다.

IMF 이후에는 기업대출 축소와 함께 가계 저축 위축으로 주택자금대출이 확대되었다. 부의 재분배와 사회보장 대신 빚내서 집을 사는 자산복지체계 형성을 완성하려는 것이었다. 전통적인 경제에서는 가계가 노동력을 제공하고 얻은 소득으로 지출하고 저축한 돈을 조달해 기업은 투자하고 고용한다. 금융의 역할이 강화되면서 기업대출의 탈출구로 가계대출이 확대되고, 가계의 주택 투자가 증가했다. IMF 이후 부동산시장과 금융시장의 연계성이 크게 높아졌다. 부동산 유동화 제도의 도입으로 ABS, MBS 발행 규모가 늘고, 리츠와 부동산펀드 등 간접투자상품도 도입했다. 부동산 개발업의 등장과 함께 부동산 PF대출도 일어났다. IMF 이전부터 운영하던 부동산신탁사는 구조조정의 시련을 겪었으나, 최근 다시 높은 실적으로 보인다. IMF 이전 장기분할상환 위주의 주택대출이 IMF 이후 단기, 변동금리, 만기일시상환 위주로 급격히 바뀌어, 이를 장기 고정금리 대출로 전환하고 MBS 발행을 통해 주택대출 재원을 조성하기 위해 2004년 한국주택금융공사를 설립했다.

2008년 지구적 금융위기 이후 집값의 하향 안정화로 하우스푸어의 등장, 전세가격의 상승과 월세화 현상이 나타났다. 당시 정부는 금융선진화전략을 통한 주택금융화를 주도했다. 장기 고정금리 주택담보대출 확대, MBS 발행 촉진, 전세자금대출 등 확대로 주택금융화가 진전했다.

주택금융화는 누구나 집을 살 수 있다는 꿈을 실현해줄 듯이 맹렬하게 주택투자를 촉구한다. 실업의 상존, 비정규직 확산, 노동소득분배율 정체 등으로 소득이 정체되어있는 상황에서는 아무리 대출을 해줘도 집을 살 수 없는 계층이 존재하게 된다. 대출 확대와 저금리로 주택수요가 증가해도 집이 없는 무주택자의 주택수요를 자극하는 것이 아니라 집이 있는 계층의 추가적인 주택수요를 자극해서 임대소득과 시세차익을 노린 투자가 증가했다. 가계가 금융화에 수동적 자세에서 적극적 편승으로 태세를 전환하면서 주택투자로 자산을 축적하는 계층과 그렇지 못한 계층 사이의 격차는 확대된다. 주택금융화는 자산불평등과 소득불평등을 확대하는 기제로 작동하게 된다. 특히 금융대출보다 전세를 이용할 경우 기존 다주택자는 손쉽게 이자를 내지 않는 부채와 집을 비워두지 않고도 시세차익을 노린 투자를 할 수 있다.

주택금융의 영향 : 해외의 주택금융시스템

주택체제는 주택관련 제도, 조직, 주택과 연관된 지배적인 정치·경제·사회·문화적 태도의 집합체로서 주택의 공급과 소비가 이루어지는 기본 시스템이다. Ruonavaara의 연구에서는 주택체제를 "특정 시점에 도시, 지역, 국가와 같은 특정 지역에서 적용되는 주택 관련 규정에 따른 근본적인 원리의 집합체"로 조금 좁게 정의한다. 주택체제는 경제성장에 따라 결정된다는 관점이 있는가 하면, 주택문제에 대한 국가개입 정도나 자가중심인지 임대중심인지에 따라 주택체제를 분류하기도 한다. Esping-Andersen의 연구에서는 탈상품화 수준, 계층화, 노동조합의 영향, 가족주의 등을 기준으로 주택체제 유형을 자유주의와 보수주의, 사민주의로 구분했다. 한편, 우리나라를 포함한 동아시아 주택체제를 강한 국가개입과 높은 가족역할의 특징을 지닌 독자적인 주택체제로 이해하기도 한다.

이종권의 연구에서는 주택금융시스템의 유형을 크게 예금기관 중심형(영국, 일본, 아일랜드, 스페인 등), 주택연계 저축제도 중심형(프랑스, 싱가포르), 공적 모기지은행 중심형(독일, 덴마크, 오스트리아 등), 2차 모기지시장 중심형(미국, 캐나다, 호주 등)으로 분류한다. 현재 우리나라는 여러모로 미국형 주택금융시스템을 따라가고 있다. 다만 소득에 비해 집값이 상당히 높고 금융부문에 대한 국가 개입 정도가 높아 LTV, DTI 등 규제로 주택시장에서 차주 개인에게 과도한 대출은 어느 정도 억제되고 있어 금융기관 건전성에는 큰 문제가 없다고 여겨진다.

주택금융의 영향 : 주택금융화

금융자본이 주택시장에 침투하여 금융 없이는 주택시장이 작동하지 않을 정도로 그 역할과 비중이 높아지고 있다. 금융화에 대한 일관된 정의는 없다. 거칠게 정의하면 금융부문의 막대한 성장, 그리고 금융적인 태도가 비금융 부문으로까지 확산되는 것을 모두 일컫는다. Fuller의 연구에 따르면 금융화라는 일반 개념을 각 부문에서 조작적으로 정의할 필요가 있으며 주택 부문에서는 주택의 금융화와 임대주택의 금융화를 구분해야 한다고 한다. 금융화가 사회 전 분야에서 진행되고 있지만 각 부문마다 그 양상과 영향이 다르다는 것이다. 판 데르 즈반은 비금융기관의 금융활동에서 수익의 추구, 주주가치 중심 기업지배구조에서 노동자의 경영참여 배제, 일상생활이 금융화로 금융화 양상을 설명한다.

그렇다면 금융화의 원인은 무엇인가? 구춘권의 연구에서는 금융화의 기원과 한계를 설명하는 비판적 정치경제학의 세 가지 이론적 흐름을 소개한다. 첫째, 금융화를 이윤율의 하락, 즉 실물경제의 정체와 관련된 현상으로 이해하는 접근이다. 둘째는 화폐적 제약에 대한 케인즈의 논의를 계승한 포스트 케인즈주의 중 화폐케인즈주의 이론으로 화폐에 내재된 불안정과 자기파괴적 속성으로 금융화가 실물경제의 정체를 가져올 수 있다는 접근이다. 첫 번째 접근과 반대로 금융화로 실물경제의 정체를 가져올 수 있음을 강조한다. 세 번째 접근은 조절이론과 이와 유사한 문제의식의 이론적 흐름에서 나온 접근으로 시장의 자유와 개인의 업적과 책임을 강조하는 신자유주의적 세력의 연합이 헤게모니를 장악한 것을 금융화의 배경으로 설명한다.

금융완화와 경제적 불평등 사이의 관계에 대해 윤성훈의 연구에서는 첫째, 사람들의 사회적 지위 유지 욕구가 정부의 포퓰리즘 정책 또는 금융규제 완화와 결합하면 소득불평등 악화는 가계부채를 과도하게 늘리고 주택가격 거품을 유발하여 금융위기를 초래할 수 있다는 가설, 둘째, 경제적 불평등이 금융완화(대출기준 완화, 대출여력 확대, 금융규제 축소 등)를 유발한 것이 아니라 금융완화가 자본소득 격차를 유발하여 경제적 불평등을 악화, 가계부채 확대와 금융위기는 금리변동에 따른 신용주기 현상이라는 가설이 대립한다고 한다. 아마도 금융완화와 경제적 불평등은 공변관계에 있는 것으로 추정되며, 되먹임 현상을 통해 악순환하는 것으로 추정할 수 있다.

Sternik와 Safronova의 연구에서는 1990년대 초반 이후 세계경제가 금융과 상품 시장이 세계화, 금융부문의 규제완화 등의 변화와 경제성장에서의 역할로 전통적으로 가장 보수적인 시장인 부동산시장에도 중대한 변화를 이끌었다고 한다. 금융기관이 부동산시장에 중요한 플레이어로 등장하는 과정을 다양한 학자들이 가장 공통적으로 언급하는 금융화로 표현한다. 지난 수십년간 이러한 추세는 핀테크산업의 급속한 발달에 따라 크라우드펀딩같은 자본조달방법, 부동산 공유, 토큰화 등의 기술이 활용되면서 보완되었다.

Siebel의 연구에는 "주택의 상품화와 금융화가 진전될수록 거시경제적 불안정성이 확대하고 불평등이 심화한다. 이러한 결과는 연령, 지리적 위치와 이주에 대한 태도를 기반으로 한 정치적 분열을 심화한다"고 주장한다. 특히 주택 부문에서 모기지 금융의 폭발적 증가가 주택공급의 확대로 이어지지 않았다고 주장하며, 이는 건설, 가격, 모기지신용의 경기동행적 행동 때문이다. 주택금융화의 영향으로 과거 성장 또는 자본형성에 기여했던 주택이 이제는 과잉 금융의 저주에 빠졌다는 것이다.

바람직한 부동산 금융시스템으로의 전환 : 주택금융 개혁방안

신용상의 연구에 따르면 가계부채와 기업부채가 속도와 규모면에서 크게 증가하는 가운데, 단기 변동금리대출 비중이 높아져 금리변동 리스크에 크게 취약해진 상황이라고 한다. 가계부채 급증으로 가계의 처분가능소득은 정체 또는 감소하여 채무상환 부담도 악화되었다. 신용상은 가계부채 상황에 대비한 선제적 관리 방안을 주문한다. 기준금리 인상의 속도 조절과 부채총량관리 등 거시건전성 차원의 관리, 취약 부문에 대한 특화된 리스크 관리, 다중 채무자 및 취약가구에 대한 지원 방안이 그 것이다. 그러나 이러한 대증적 방안으로는 금융의 가계와 주택에 대한 지배 문제를 해소할 수 없다. 근본적인 체질 개선과 구조개편이 필요하다. 구춘권의 연구에서는 금융화에 대한 시급한 대응은 금융자본 활동의 규제라고 주장한다. 장기적으로 실물경제와 금융부문의 재균형화를 위해 금융화를 제한하고, 금융자본을 실물경제로 환류해야 한다는 것이다. 서영표의 연구에서는 현 정부의 부동산 가격 상승 억제 정책이 실패한 원인을 우리 사회에 팽배한 불로소득 추기 기회의 평등화라는 심성구조에서 찾는다. 투기 행위의 확산과 그에 따른 사고구조 확산은 신자유주의적 금융화가 한국에서 구현되는 독특한 형태라는 것이다. 그럼에도 시장맹신주의, 투기조장사회는 사람들의 필요를 충족하지 못하기 때문에 지속할 수 없으므로, 우리 몸의 불편함과 무의식의 불안을 저항정치의 재료로 삼아야 한다고 주장한다. Wijburg은 학계가 금융화 과정과 정도에 대해서는 관심이 높지만 탈금융화를 위한 연구에는 관심이 적다는데 놀라움을 금치 못하면서 금융 주도 주택 축적체제의 해체를 위한 금융시장 개혁, 공공주택과 부담가능주택 부문의 강화를 위한 정책, 그리고 주택금융화에 저항할 수 있는 도시 거버넌스 구축과 반정치적 사회운동을 향후 주된 연구주제로 제시한다.

결국 가계와 주택의 금융 지배에서 벗어나기 위해서는 신자유주의적 금융화를 가능하게 하는 사고구조의 개혁이 필요하다. 투기심리 사회적 내면화에서 탈출하는 방안은 토지 불로소득의 철저한 차단과 환수, 그리고 국민적 환원이라는 큰 틀의 철학적 원리의 확립하는 것이다. 아래에서는 그간 국내외에서 금융의 개혁을 주장한 여러 학자의 견해를 정리한다. 시장주의부터 중도적 실용주의와 진보주의까지 다양한 견해를 토대로 우리나라의 금융 개혁을 위한 방안을 모색할 재료로 삼을 수 있을 것이다.

주택금융 개혁방안 : 시장주의적 처방

손재영의 연구에서는 금융당국의 대출규제를 합리적으로 개선하고 금융기간이 시장원리에 따라 대출을 운용할 수 있는 호나경을 조성해야 한다고 주장한다. DTI 기준은 금융기관이 채무자의 상환능력 및 의사를 나타내는 다른 지표들과 종합적으로 판단하게 하고, 정부는 대출자산의 건전성을 결정하는 LTV 규제만 시행하는 것이 바람직하며, LTV 상한을 높게 정하는 것이 자연스럽다는 것이다. 대신에 금리변동 위험에 취약한 변동금리 대출 비중을 줄이고 고정금리 대출 비중을 점진적으로 확대하는 장치가 필요하다고 한다. 한국주택금융공사가 일반은행의 대출자산을 무제한 매입하여 유동화함으로써 MBS 시장의 활성화를 통해 (주택) 시장 활성화에 기여하도록 해야 한다고 한다. 금융기간이 직접 예금 등으로 조달하는 재원의 한계를 극복하기 위해서는 2차 대출시장 활성화로 자본시장에서 주택대출 재원을 조달하여 1차 대출시장에서 주택담보대출을 활발하게 하자는 것이다. 그러나 대출을 통해 주택수요가 증가하면 주택가격이 상승하게 되고, 결국 대출을 받아도 집을 사기 어려운 한계상황에 직면할 것이다. 미국의 서브프라임 사태가 과도한 대출의 끝을 적나라하게 보여준다.

주택금융 개혁방안 : 중도 실용주의적 처방

Shiller의 연구에서는 금융민주화를 주장한다. 현재 미국과 같은 주주가치 극대화 모델의 금융의 문제점을 극복하기 위해서는 금융의 민주적 통제와 금융소비자의 금융 문해력 증진이 필요하다는 것이다. 이를 위해서 금융시장의 투명화가 필요한데, 금융 정보 인프라의 구축이 필수적이다. 금융소비자 보호를 위해 모두를 위한 재무상담 서비스, 소비자를 위한 금융 감시기구의 설립을 주장한다. 금융계약의 복잡성과 모호성을 방지하기 위해 금융소비자에게 유리한 옵션이 자동적으로 설정되도록 하는 디폴트 옵션 금융계약을 도입할 것을 주장한다. 또한, 금융정보를 공시하고, 접근성을 높여 실질적인 금융소비자 교육과 상담이 가능하도록 해야 한다. 이러한 금융 관련 정보의 공시를 통합금융 데이터베이스를 구축해 실행한다. 칠레의 Unidad de Fomento과 같은 물가연동 기축통화(market basket)를 통해 물가변동에 따른 위험에 노출되지 않도록 하자고 제안한다.

둘째 대안은 다양한 금융 리스크를 헤지할 수 있는 새로운 리스크 시장을 설치하는 것이다. 부동산가격지수에 기초한 부동산 선물시장을 통해 부동산 가격 위험을 헷지할 수 있다. 새로운 파생상품을 생계리스크보험(장기적으로 소득을 보호), 저소득층을 위한 지속적인 워크아웃형 모기지 대출, 홈 에퀴티 보험, GDP 연동증권(trill) 등을 제안한다.

주택금융 개혁방안 : 진보주의적 처방

땅과 집값에 대한 경제학을 저술한 Ryan-Collins은 대출의 위험을 줄여주는 주요 수단인 땅을 은행과 금융체제 전반에서 분리하는 개혁, 즉 탈금융화가 필요하가도 주장한다. 금융개혁 수단으로 은행이 부동산을 배제하고 대출을 하도록 유인하는 방향으로 금융규제 제도를 변경하고(금융규제와 신용규제 시행), 은행의 소유권과 기능에 구조적 변화를 주어 은행에서 부동산대출보다 기업대출을 지원하도록 하며(독일, 스위스, 오스트리아 같은 관계형 금융, 생산금융 강화와 주택투자은행 확대), 국가 차원의 화폐개혁을 통해 시중은행이 신용창조를 할 수 없게 막는 한편(은행업이나 중앙은행만 새로운 화폐를 창조할 수 있는 국가화폐 체계 도입), 주택구입을 뒷받침해주는 지분담보대출을 장려할 것을 제안한다(차주와 대주가 공동 소유하는 이슬람 금융방식, 예금자와 대출자 간 일대일 연결, MBS 대신 커버드 본드).

바람직한 부동산 금융시스템으로의 전환 : 주택가격위험 헷징 방안

해외 학계에서 제시되어 온 주택가격위험을 헤지할 수 있는 방안은 크게 네 가지로 구분할 수 있다.

① 주택가격하락에 대한 보험상품을 도입하는 것이다.
② 기존의 선물계약 또는 주택가격지수를 기초자산으로 하는 선물계약을 통한 헤지 방안이다.
③ 주택에 대한 주식시장을 도입하여 분산투자를 유도하는 방안이다.
④ 주택가격위험을 내재화한 새로운 주택저당대출상품을 설계하는 방안이다.

주택가격위험 헷징 방안 : 주택가격보장보험과 임대료보험

주택가격보장보험은 실제 상품화되었던 역사가 있는 방안이다. 여기서 주택가격보장보험은 정확하게는 주택에 투자한 자기자본의 가치에 대한 보장보험을 말한다. 1966년 미국에서 군부대 폐쇄로 인한 주택가치의 손실에 대해 군인과 군무원을 보호하기 위한 프로그램을 시행했다. Marcus와 Taussig의 연구와 Yarmolinsky의 연구에서 일반적인 주택가격보장보험을 최초로 제안했다. 이에 따라 1978년 미국 Illinois주의 Oak Park에서 보험가치와 실제 매매가격의 차이를 보상해주고 관리비용은 지방정부나 특정 재단에서 보장해주는 프로그램이 시행되었다. 1988년에는 일리노이 주택 자기자본 보장법(Illinois Home Equity Assurance Act)이 제정되었다. 처음에는 $175로 최소 5년 동안 손실의 80%를 보호해주었으나 나중에는 $200로 손실액 전액을 보호해주는 프로그램으로 발전했다. 이후 Pittsburgh의 Baltimore와 Missouri의 Ferguson과 Florissant에서도 이 프로그램이 시행되었다. 그러나 이 제도는 크게 성공하지 못했다. 그 이유는 커버리지 범위에 매우 지역적으로 한정되었으며, 실제 매각가격에 기초한 손실만 보호했기 때문이다. 또한 과도한 관리비용과 보험금 지급을 보장하는 기금의 부재, 보험가입자의 도덕적 해이 등도 원인으로 지적될 수 있다. 이러한 문제를 극복하기 위한 방안으로 Case, Shiller와 Weiss는 주택가격지수와 연계한 보험상품의 도입을 제안했다. 이 보험은 일반보험과 금융헤지수단을 결합한 것이다. 보험계약 옵션에는 자동이체식 선물과 옵션(pass-through future and option)이 있는데, 이는 보험회사가 부동산선물시장 또는 부동산지수에 대한 옵션시장에서 숏포지션을 취하는 주택소유자의 보장매입자가 되는 계약이다. 또는 생애사건발생부보험(life-event-triggered insurance)이 있을 수 있다. 이는 주택소유자가 보험료를 일정하게 지불하고 부동산지수가 충분히 하락하거나 생애 중 특정 사건이 발생할 경우 보험금을 청구할 수 있는 상품이다. Song의 연구에서는 모기지보험(mortgage insurance)과 주택가격보장보험을 연계하면 차입자와 대출기관 모두 보호할 수 있는 방안이 될 것이라고 주장한다. 또한 임차자를 위한 임대료지급보호보험(rental payment protection insurance)의 도입도 필요하다고 주장한다. 임대차계약 만료시점에 임대차계약을 갱신할 경우 일정한 보험료를 지급하는 대신 행사임대료와 시장임대료보다 낮은 임대료를 지불하고 계속 같은 주택에 거주할 수 있는 콜옵션을 임차자에게 부여하는 방식이다. 한편 Sommervoll와 Wood의 연구에서는 1990년부터 2006년까지 호주 멜버른의 주택거래자료를 이용해 주택가격지수에 기초한 보험이 주택소유자를 어느 범위까지 보호할 수 있는지 검토했는데, 보험금 지불 상황이 매우 안정적으로 나타났으며, 보험계약의 만기시점을 도입할 경우 효율성이 더욱 개선되는 것으로 보고했다. 그렇지만 Ambrose와 Buttimer의 연구에서는 주택가격보장보험이 주택가격 하락 시기에 주택소유자를 보험금으로 어느 정도 보호할 수 있지만 자산가치가 하락할 경우 차입자가 전략적으로 지급불능을 선언할 유인을 제거하지 못한다고 비판한다.

한편, 주택가격보장보험은 보험회사가 보험료 수입 자산을 운용할 때 주택가격지수선물을 이용하는 방안을 제시할 것이므로 이에 대해 살펴보기로 한다. 주택가격지수선물계약을 통한 주택가격위험 헤지방안은 부동산선물이 최근 도입되면서 주목받기 시작한 방안이다. Iacoviello와 Ortalo-Magn의 연구에서는 가구가 주택가격 파생상품에 투자함으로써 주거소비로 인한 포트폴리오 왜곡을 보상할 수 있다고 주장한다. Bertus, Hollans와 Swidler의 연구에서는 CME 선물계약으로 미국 라스베가스의 주택가격위험을 헤징할 수 있는지 검토한 결과 투자자, 저당대출자, 주택소유자의 관점에서는 상당한 주택가격위험 헤지능력을 발견

했으나, 주택건설업자의 관점에서는 제한적인 헤지능력을 보였다. Anderson의 연구에서는 덴마크의 코펜하겐시 권역별 주택가격에 대해 전국주택가격을 선물로 가정한 분석에서 1에 근접한 헤지비율과 90% 이상의 헤지효과성이 있다고 보고했다. 한편, 박정희의 연구에서는 전국주택가격지수를 현물지수로 보고 보유비용모형에 기초한 이론적 선물지수를 산정하고, 최소분산헤지비율을 추정한 다음 시뮬레이션을 통해 선물을 활용한 완벽한 헤지가 가능함을 보였다. 그러나 현물지수가격과 이론적 선물지수가격이 모두 전국지수로 현실적으로 투자와 헤지가 가능하지 않은 사례를 분석했다는 문제가 있다. 최인식, 유승규, 김재준의 연구에서는 서울시 강남과 강북의 특정 아파트의 전세가격 변동 위험을 헤징하기 위해 주택전세가격지수를 기초로 한 파생상품의 도입이 필요함을 주장했으나, 헤지비율이나 헤지의 효과성을 추정하지 않았다. Syz의 연구에서는 향후 주택가격이 상승 또는 하락함에 따라 저축액도 변동하는 주택가격지수에 연동하는 저축상품을 제안했다. 예를 들어 현재 40만 파운드 주택을 5년 후 구입하기 위해 5년간 8만 파운드를 저축으로 마련하고 주택매입 시점에 32만 파운드는 대출을 받기로 계획한 경우 주택가격이 69만 파운드로 급격히 상승하더라도 5년 후 8만 파운드를 찾기 위한 저축이 5년 후 주택가격의 20%에 해당하는 13.8파운드가 될 수 있도록 저축상품을 설계하면 주택가격 상승위험을 헤지할 수 있다는 것이다. 반대로 주택가격이 22.3파운드로 하락할 경우에도 저축액이 22.3만 파운드의 20%에 해당하는 44.6만 파운드가 될 것이므로 주택가격지수에 연동하지 않을 경우의 저축액 8만 파운드보다는 적지만 주택구입에는 아무런 문제가 없다는 것이다. 다만, 이 방안은 주택가격지수 파생상품이 도입되지 않은 국가에서는 인프라의 구축이 우선되어야 실행이 가능하며, 주택가격지수 선물이 상품화되어 있는 미국, 영국 등지에서도 거래규모가 크지 않고 주택소유자가 이 상품에 대해 이해하기 어렵고, 선물거래를 위해선 주택소유비용 외에 추가비용이 든다는 문제가 있다.

주택가격위험 헷징 방안 : 서민주택 전세보증금반환보증 의무가입

우리나라에서는 우선적으로 서민주택의 전세보증금반환보증 의무가입이 필요하다. 서민이 전세보증금 형태로 축적한 자산은 절대적 보호가 필요하다. 서민 전세보증금을 제대로 보호하고 공공성을 강화한 전세보증금반환보증제도의 개선 내용의 주요 골격은

① 일정금액 이하 서민 전월세보증금은 무상으로 의무적으로 가입해야 한다. 주택도시보증공사의 우발 채무와 재무구조 악화에 따른 대외신인도가 문제된다면 이 상품에 대해 LH공사와 같이 국고에서 손실을 보전하는 방안을 검토할 수 있을 것이다.

② 2014년 박주선 의원이 발의한 공인중개사법 개정안을 보완해 공인중개사의 전세보증금반환보증 제도 고지와 신고 대행 의무를 강화할 필요가 있다. 현 중개대상물확인 · 설명서는 주택의 물리적 내용에 치우쳐 있다. 공인중개사에게 본 제도의 고지와 신고 대행에 따른 실비 지급은 지자체와 주택도시보증공사가 분담하는 방안을 고려할 수 있다. 또한 임대인은 임차인에게 주택 가격 수준, 임대차계약과 금융기관 부채 현황을 고지하도록 관련 법령의 개정이 필요하다.

③ 임차인이 전세보증금을 제때 돌려받지 못해 보증사고가 발생하는 경우 서민의 생계에 필요한 주거이동을 고려해 보증이행일까지 주택도시기금에서 전월세보증금 한도 내 긴급 대출을 지원해야 한다.

④ 서민 전세주택은 공급이 부족하고 드물다. 보증사고 발생 시 단순히 1회성 역전세일 경우 채권추심과 구상권 회수를 늦추고, 시세에 맞는 전전세로 전환 운영할 필요가 있다. 이때 전세보증금 차액은 주택도시기금에

서 차입할 수 있을 것이다. 이는 서민의 주거 이동을 최우선적으로 보장하고, 전세 가격이 회복하거나 주택가격이 안정될 때 까지 당분간 서민 전세주택을 보호하는 방안이 될 수 있다.

⑤ 주택가격 시가확인과 심사에 한국감정평가사협회의 자발적 협조를 받을 수 있다. 한국감정평가사협회는 2018년 사회적 공헌과 책임을 다하기 위해 대국민 공공서비스를 제공하기 위해 공공서비스위원회를 신설하고 일부 서민대출, 국가 유공자 대출, 회생 신청자 대출 등에 대해 무료 시가확인 서비스를 수행하고 있다. 서민주택 전세보증금반환보증 운용에 감정평가사협회 공공서비스를 추가하면 감정평가사의 사회적 책임과 국민의 신뢰를 제고할 수 있을 것이다.

주택가격위험 헷징 방안 : 서민을 위한 공공모기지보험

공공 모기지보험(Public Mortgage Insurance)은 영국 등 유럽국가와 호주, 뉴질랜드 등 다수 국가가 다양한 형태로 상품과 제도를 도입하고 있으며 저소득층이 주택을 구입하는데 중요한 역할을 수행해 왔다. 예를 들어 1930년대 미국과 제2차 세계대전 이후 캐나다는 붕괴된 모기지시장을 개선하기 위해 공공 모기지보험을 도입했다. 대출기관은 정부보증으로 지급불능에 대응하고, 차입자는 더 많은 대출을 받을 수 있게 해 준 것이다. 뿐만 아니라 공공 모기지보험은 직접적 또는 명시적 재정 지원 수단에 비해 정부 예산에 대한 압박이 상당히 적은 정책 수단으로 평가된다.

공공 모기지보험의 도입 효과 중 가장 중요한 점은 자가소유 확대로 인한 긍정적인 경제적 외부 효과를 누리게 해 준다는 것이다. 즉 자가소유자는 자가소유를 통해 더 나은 시민이 되며, 자가소유가 늘면 근린지역과 인적 자본에 더 많은 투자가 촉진된다. 그리고 모기지 대출 시장에서 생겨난 시장실패를 교정해 준다.

대출기관은 어떤 집단의 위험이 높다고 인식할 경우 비록 이들 집단이 더 높은 이자를 부담하거나 더 많은 담보를 제공할 준비가 되어 있더라도 이들 집단을 배제하고 대출을 할당한다. 이러한 신용할당은 모기지 시장을 더 건전하게 만드는 동시에 가격과 무관한 이유로 모기지 시장에서 배제된 사람의 복지를 훼손한다. 정부의 모기지보험은 이러한 시장실패에 대응하기 위한 수단이 된다.

대체적으로 공공 모기지보험은 가입대상을 제한한다. DTI, LTV, 그리고 소득의 유형과 같은 기준에 적합해야 한다. 특정 집단이나 특정 주택 유형을 정책대상으로 하거나 일반적으로 소득과 주택가격, 대출액 상한을 둔다. 프랑스는 보조금 수혜 자격을 두고 있으며, 스웨덴은 신축 주택에 한정하기도 한다. 이처럼 정책대상을 제한하는 이유는 중·저소득층의 자가보유를 효율적으로 촉진하기 위해서다.

심기우, 김진의 연구에서는 모기지 보증이 주택가격 거품 유발 가능성과 고소득층에 대한 도덕적 해이가 발생 가능성을 단점으로 들고 있다. Merrill와 Whiteley의 연구에서도 은행이 가장 위험한 대출만 모기지보험에 가입시키는 도덕적 해이 문제(공공기관이 전액보증을 제공할 때 더욱 심각해질 수 있다)가 발생할 수 있다고 했다. 공공 모기지보험을 제대로 시행하기 위해서는 무엇보다 주택가격의 거품이 발생하지 않도록 실거주자를 대상으로 한정해야 하되, 고소득층이 혜택을 볼 수 있는 문제가 있으므로 부담 가능한 중·저소득층을 대상으로 한정해야 할 것이다. 따라서 주택구입능력이 있음에도 LTV 규제와 높은 소득 대비 집값으로 자본축적이 불가능한 생애 첫 주택 구입자와 중·저소득 주택구입자를 대상으로 최대한 낮은 보증료율의 공공 모기지보험을 도입이 필요하다. 다만, 저소득층 자가보유 촉진과 주택보조금이란 정책 수단이므로 보증료는 최소한으로 설정할 필요가 있다. LTV 한도와 관련해 고성수의 연구에서는 모기지보험 규모 80-90%까지 시장에 큰 충격이 없을 것으로 보고 도입 초기 80% 수준이 적정하며, LTV 60% 이상 초과 모기지에 대해 모기지보험 가입 의무화를 제안하고 있지만, 서민 주택의 특성을 반영해 소득이 증빙되어 부담이 가능하다면 별다른 LTV 규제 없이 주택가격 100%까지 지원하는 것이 바람직할 것이다.

바람직한 부동산 금융시스템으로의 전환 : 모기지 재설계

다음으로 모기지 재설계를 통해 금리위험과 주택가격위험을 차주와 대주 간 공유하는 방안에 대해 살펴보자. Hedlund의 연구에서는 모기지를 회복력 향상을 위해 재설계해야 한다고 주장한다. 즉, 경제상황에 따라 원리금 상환의 조정을 통해 차주의 위험공유를 향상할 수단은 많다고 하면서, 효율적인 모기지 설계에는 경기침체 시 이자율 인하와 주택가격 하락 시 부채 감축을 포함해야 한다고 한다. 새로운 모기지 재설계 방안을 금리위험 공유 모델과 주택가격위험 공유 모델로 구분할 수 있다. 자동조정모기지(automatic stabilizer mortgage)는 이자율 하락 시 FRM에서 ARM으로 전환할 수 있는 옵션을 부여하는 모기지다. 옵션비용 때문에 초기 비용이 많이 들지만 차주에게 금리변동위험을 헷지할 수 있는 중요한 보험을 제공한다. 다른 방법으로 주택을 다시 평가하지 않으면서 차주에게 대출을 차환할 수 있는 옵션을 부여하는 모기지다. 역시 초기 비용이 높고, 차환 이후 원리금 상환 능력을 보여줄 소득을 증명해야 하는 문제가 있어 실제 대출차환이 필요한 차주를 배제할 가능성이 있다.

다음으로 주택가격위험을 공유할 수 있는 모기지 재설계 안이다. Ambrose와 Buttimer의 연구에서는 고정금리대출과 유사한 수준에서 대출금리가 결정되면서도 기초자산의 가치의 변동에 따른 지급불능위험을 최소화하기 위해 주택가격 하락위험을 저당대출계약에 내재화하는 "Adjustable Balance Mortgage(ABM)"를 제안했다. 이는 주택가격위험을 최소화하는 법률 시스템의 역할을 축소함으로써 지급불능에 따르는 부정적인 외부효과와 사회적 비용을 줄일 수 있는 방안이라는 것이다. 다시 말하면 이 저당대출계약은 주택가격 하락에 따르는 경제적 위험을 다루는데 법률적 유질처분 시스템의 이용 필요성을 최소화하는 상품이라는 것이다. 이 상품은 금융기관이 지급불능에 따르는 상당한 비용을 부담하면서 대출금을 완전히 회수하지 못할 바에는 차입자에게 대출잔금을 주택가치 수준으로 조정해줌으로써 손실을 최소화하는 선택을 할 것을 전제로 한다. 그러나 이 상품을 실제 운영할 경우 주택가치의 평가를 둘러싼 금융기관과 차입자의 이해상충 문제가 중요한 쟁점이 될 것으로 보인다. 경매를 하는 경우 시장에서 매각가격이 결정되므로 이에 대한 다툼이 있을 수 없지만 실제 매각을 하지 않으면서 주택가치를 판단해야 하기 때문에 다툼이 있을 수 있다. 한편 Shiller, Wojakowski, Ebrahim, Shacketon의 연구에서는 "Continuous Workout Mortgage (CWM)"를 제안한다. 이는 조기상환이 가능한 상황에서 시장에서 관찰할 수 있는 주택가격지수를 이용하여 대출잔금 또는 상환액을 조정할 수 있는 저당대출상품이다. 그러나 이 상품은 금융기관과 차주가 "adjustable workout proportion"과 "adjustable workout threshold"를 협상해야 하는데, 상품구조를 복잡하여 차입자가 쉽게 이해하기 어렵다는 문제가 있다. 그럼에도 주택가격이 하락하면 원리금 상환액이 즉시 감액되며, 자본이득이 발생하면 공유할 수 있다는 장점이 있다.

금융화, 특히 주택의 금융화는 주택 불평등을 낳고, 주택불평등은 다시 소득불평등의 원인뿐만 아니라 자존감의 저하, 사회적 불안, 정신건강의 피폐 등 사회, 문화적 생활 전반에 부정적인 영향을 미친다. 금융이 가치를 착취하는 비생산역역인 부동산 부문에서 가치를 창조하는 생산부문으로 다시 흘러들도록 해야 한다. 금융화로 주택가격이 상승하고, 소득이 정체된 상태에서 주택의 부담가능성 위기를 겪고 있다.

주택의 탈금융화, 탈상품화, 비시장화를 위한 거대한 전환적 사고와 개혁이 필요하다. 우선적으로 금융의 환경을 주주가치 중심 금융에서 이해관계자 중심 금융으로 탈바꿈을 해야 한다. 지속가능한 금융, 국가투자은행과 기타 공공은행이 상업적 투자은행의 주택투자를 구축하고 자리를 잡아야 한다. 우체국, 새마을금고, 신협, 단위농협, 축협, 수협, 산림조합 등 공공은행과 지역금융기관을 인터넷은행으로 묶어 공공은행 네트워크를 구축하는 방안을 검토할 수 있다. 여기에 공공은행(또는 토지주택은행)은 대규모 주택공급을 위한 사회기반시설과 저렴주택 건설 자금을 장기 저리로 제공하게 한다. 공공은행의 재원은 정부의 국채 발행 출자, 직접 자본시장에서 회사채 발행 또는 한국은행이 매입, 주택도시기금 출자 등의 방법으로 조달할 수 있다.

주택금융시스템을 개혁해야 한다. 토지와 주택을 담보로 하는 금융관행의 개선이 필요하다. 부동산 매입을 위한 신용창조가 부동산가격을 상승시키고 과도한 부채 증가로 금융위기를 초래했다. 미국의 1930년대 대공황과 2008년 서브프라임사태는 민간의 과도한 부채에서 비롯한 경제위기다. 또한 차주의 소득에 따라 대출한도를 정하는 규제를 해야 한다. 영국, 뉴질랜드, 홍콩, 최근의 한국이 이러한 제도를 도입했다. DSR 로드맵을 철저히 수립하고 시행하여 부동산에 대한 과도한 대출을 방지하고 소비자를 보호해야 한다.

마지막으로 현재의 모기지 금융을 대체할 금융수단을 마련해야 한다. 신규화폐창출 권한을 중앙은행만 지니는 협소금융 또는 국가화폐시스템으로 전환하여 부동산자산과 관련한 만기 변환을 금지하는 방안을 구축하면 금융기관의 대출기능과 예금기능을 분리하고 저축자와 차입자를 일대일로 연결해주는 진정한 중계역할에 한정할 수 있다. 이러한 모기지금융은 연기금과 보험회사와 같이 장기부채를 지닌 기관투자자가 제공하는 시장이 될 수 있다. 만기예금과 장기대출이라는 만기불일치 문제를 해소하면 금융불안정성은 크게 완화된다.

특히 전세가격 상승의 원인으로 작용하고 있는 전세자금대출은 신중하게 접근해야 한다. 전세자금대출이 당장은 전세를 선호하는 사람에게 좋은 금융상품이기는 하나, 전세는 다주택자들이 오로지 시세차익에 기댄 투자에 정부가 나서서 자금을 제공하는 것이다. 전월세 가격은 수요공급의 법칙에 따라 공급, 즉 다주택자가 임대하려는 주택의 수에 영향을 받지만, 수요 측면에서는 수요자의 지불능력에 따라 결정된다. 수요자의 지불능력에 제약이 있으면 전월세 가격은 크게 오르기 어렵다. 전세자금대출은 수요자의 지불능력을 향상시켜준다. 결국 이 자금은 다주택자의 시세차익 목적 투자자금이 된다.

6-3. '한국토지은행'을 상상한다

이원영(2021년 9월)

땅값시장에서 지대시장으로

세계경제의 중심지 뉴욕 맨해튼. 우리가 정책으로 도입하기 시작한 토지임대를 거기서는 벌써 사업으로 추진해 돈을 벌고 있다. 바로 배터리파크시티 39만6694㎡(12만평)가 그것. 공유수면을 매립한 사업 초기인 1970년대에 2억 달러 장기채권을 발행한 후 2014년까지 모든 국채를 상환했음에도 2020년까지 누적 수익이 무려 38억 달러(약 4조 원)에 이르게 됐다.

지난 한해만 하더라도 뉴욕시에 2억 3000만 달러의 재정수입을 안겨다 주었다. 맨해튼의 경제성장에 따른 지대가치의 상승으로 번 돈으로 입주자의 재산세를 대납해주고 저소득층 임대주택 등 지속적인 재정에 기여하고 있다.

매립 후 일찌감치 시장에 매각하는 한국식 택지개발방식이었다면 어떻게 됐을까? 그 땅을 매입하고 이자를 감당할 만한 재력가가 일방적으로 이득을 봤을 것이다. 그리고 은행에서 대출받아 분양받은 매입자가 이자 부담을 만회할 정도로 땅값이 올라 매매차익을 거두었을 것이다. 하지만 뉴욕시는 토지임대를 했기 때문에 실거래되고 있는 시장지대를 받아 공익으로 환수할 수 있는 구조가 된 것이다. 거기에 1만4000세대의 주거의 보급을 포함한 성공적인 도시조성도 이뤄냈다. 지구촌 전체에 시사하는 바가 크다.

매립해 얻는 땅이나 임야를 전환해 얻는 개발가능지나 시세 차이의 구조는 비슷하다. 그렇다면 우리도 전향적으로 생각해야 한다. 1980~1990년대 금리가 10%에 가깝게 비쌀 때는 택지를 개발해 매각분양이라는 환금사업을 해야 추가개발용지를 확보할 수 있었지만, 지금의 1~2% 금리시대는 매각보다 지대수입에 의한 경영이 훨씬 유리하다. 자금조달도 쉽다. 예전에는 자금난 때문에 여러곳을 동시에 개발하기 힘들었다면, 지금은 전혀 다른 환경에 놓인 것이다. 바로 이 부분이 토지정책에 새로운 관점을 열어준다.

원점에서 다시 보자. 땅값이란 현재의 사용가치인 지대를 기반으로 하긴 하지만 어디까지나 미래에 예상되는 불확실한 가치를 수치로 표현한 것이다. 이자율이 바뀐다든지, 경제상황이 요동친다든지 하면 땅값도 널뛰기한다. 마치 선물거래시장 같은 투기적 수치가 현실가치로 반영되는 것이다.

널뛰는 땅값·집값이 현실의 수요자들을 미혹시키고 현실가치인 현금을 그 이자로 투입하는 부작용을 초래하고 있다. 허수가치의 상승을 기대하는 대가로 현시점 경제활동의 성과물이 투입되는 것이다. 현실의 경제여건을 향상시키고 발전시키는 데 기여하는 것이 아니라 땅값이라는 미실현가치를 기대하는 심리로 투입한다. 그 돈이 어디로 가겠는가?

그 과정에서 불로소득을 챙기는 자도 많아진다. 이런 경향은 토지수요와 공급이 원활하지 못할 때 더욱 민감하다. 근본대책은 무엇인가.

교과서대로라면 첫째, 땅값시장의 크기를 줄이고 지대시장을 키울 것. 둘째, 지대시장을 키울 수 있도록 공공이 토지자산을 가급적 많이 확보해 갈 것. 가령 토지임대주택도 지대시장의 활성화 과정에서 보편적인 주거·주택정책으로 자리 잡을 것이다. 그러기 위한 공공의 토지확보 전략으로서, 보다 유연한 자금을 융통해 공적토지를 비축하고 활용하는 장치가 필요하다.

그게 은행시스템이다. 이름을 붙이자면 '한국토지은행'. 근본적으로 땅값 상승이 미연에 조정되고 불로소득 없는 공익 증대를 기할 수 있는 전략으로서의 은행시스템이다.

또 다른 현실의 상황을 보자. 수도권에 주택수급 문제가 불거질 때마다 거론되는 것이 그린벨트 해제다. 해제 후 개발된 곳도 있지만 아직 대다수가 보존상태이다. 슬기롭게 다룰 필요가 있다. 오랫동안 불이익을 받아온 토지소유자가 더 이상 불이익을 보지 않으면서 공익가치를 구현할 방안을 모색해야 한다. 특히 수도권의 그린벨트는 개발 압력이 큰 만큼 일석삼조의 효과를 거둘 수 있는 해결방안이 필요하다.

바로 토지비축 시스템이다. 현재 '공공토지의 비축에 관한 법률'에 '토지은행'이란 이름으로 한국토지주택공사(LH) 내부에 두고 있는데, 이젠 토지비축을 넘어선 역할, 즉 은행 역할이 필요한 것이다. 하지만 2009년 LH 토지금고의 명칭만 바꾼 토지은행은 공익사업용지를 공급하는 수준에 머물러 있다. 부족한 재원, 실질적인 토지취득수단이 부재한데다, 매각 위주의 공급 등으로 이름뿐인 토지은행이다. 비슷한 토지비축을 주제로 하는 미국, 스웨덴, 캐나다, 일본의 토지은행에 비해 낮은 수준의 역할을 하고 있다.

기존 토지금고형 토지은행보다 확장적이고 유연한 주거 보급을 위한 공공토지 비축의 필요성이 증대되고 있다. 토지를 망라한 공적 자산의 확보·관리 역할과 그 중요성에 걸맞은 장치가 원점에서 요구되고 있다. 여기에 일반금융 기능까지 확대해 민간자본까지 끌어들일 필요성이 부각되고 있다. 시중의 유동자금을 적정이자의 채권으로 끌어들이는 등의 방식이 눈에 들어오고 있는 것이다.

일반은행 기능도 겸한 대만토지은행

외국의 토지은행 가운데 재원조달에 장점을 갖고 있는 사례는 대만을 꼽을 수 있다. 대만은 일찍이 쑨원(孫文)의 삼민주의(三民主義)에 입각한 토지정책이 세련되게 발전해온 편이다. '대만토지은행'은 그 산물이다. 1945년에 출범한 이 은행은 헤드오피스가 30개, 지점이 150개, 해외지점이 8개나 있는 방대한 조직이다.

기능을 살펴보면, 토지금융채권 발행업무가 주된 업무의 하나다. 즉 토지매입의 재원을 일반채권을 발행해 조달하고 있다. 가령 은행설립 초기의 운영기록을 보면 토지금융채권은 원금을 발행 2년 후부터 2차에 나눠 균등 상환하고 3년에 전부 상환 완료한다. 이율은 발행 시기의 날짜에 따라 차이가 있으나 이자는 발행일로부터 만 6개월마다 상환하는 식으로 운영했다고 한다.

대만토지은행의 또 하나 중요한 업무는 부동산신탁과 대출업무로, 대출은 목적에 따라 더욱 세분해 운영하고 있다. 즉 대만은 토지은행 기능을 일반금융에까지 확대해 일반인에게 토지채권을 광범위하게 발행하고, 토지 관련 대출의 범위도 폭넓은 편이다. 그 과정에서 토지의 정보와 토지 확보에 유리한 운영을 하고 있다. 일반은행의 기능도 겸하고 있어 그대로 본받긴 어렵지만 우리에게는 시사하는 바가 크다.

우리는 현재의 땅값이 시장에서 거래가 되긴 하지만 예측 가능한 신뢰라는 토대가 부재하다. 선물시장처럼 널뛰기하고, '영끌', '막차' 같은 도박성 용어가 난무하고 있다. 뭔가 어색하다. 인간이 이성적 존재라면 인간집단은 더욱 이성적 룰이 작동하도록 해야 하는데 땅값시장은 이상하게도 사행성 룰이 작동한다. 이젠 예측 가능한 범위의 이성적 영역에서 거래가 다뤄지도록 해야 마땅하다.

땅값이 아니라 땅사용료가 중심이 된다면 합리적 경쟁의 시장이 가능하다. 실물경제의 흐름이 선순환될 수 있다. 완벽하지는 않지만 그런 지대시장에 가깝게 돌아가고 있는 곳이 싱가포르다. 싱가포르는 별다른 첨단산업이 없음에도 6만 달러의 고소득국가 자리를 차지하고 있다. 혹자는 세계물류 중심이라 그렇다고 하는데 그 정도의 지리적 이점을 가진 나라들은 한두 군데가 아니다. 어째서 유독 싱가포르 경제만 잘 나가는가. 배터리파크시티 지대시장 일부만 놓고 본다면 뉴욕시도 대성공을 거두고 있는 것이다.

가칭 '한국토지은행'의 역할은

'은행'이라는 이름은 뭔가 국민에게 희망을 주는 듯한 느낌이 있다. '한국토지은행'이 만들어진다면 국민이 자유롭게 예금, 매입, 거래할 수 있다. 연기금도 자유롭게 투자할 수 있다. 국민에게 토지채권계좌라는 또 하나의 튼실한 정기예금 계좌를 선사하는 게 토지은행이다. '이 채권을 보유하면 당신은 부동산문제 해결에 기여하는 국민이 될 수 있다'는 것.

일반주식은 토지와 같은 미래가치를 다루고 있음에도 거래가 자유롭고 투명한데, 토지는 정보유통과 거래가 어려워 수요와 공급이 매치되지 않는 부분이 있고, 그나마 유통이 잘되는 아파트 쪽에 돈이 몰려 투기화되는 경향도 있다. 토지거래가 투명하지 못하고 음성적으로 되는 바람에 공익상의 손실도 크다.

대만형의 새 모델을 생각해본다. 토지비축 중심의 서구의 토지은행 모델과는 다른 금융적 토지은행 모델이다. 요즘같이 이자율이 낮을 때는 정기예금보다 약간만 더 얹어주는 채권시스템을 만들면 국민의 관심을 모을 것이다. 재원조달에 어려움도 없을 것이고, 토지임대 정책도 원활히 수행할 수 있다. 종래의 용어가 아니라 '예금성 채권'이라고 할까. LH가 공사 차원에서 하고 있는 토지비축을 토지은행이라는 이름으로 시장에서 보편시스템으로 운영하자는 것이다. 그런 은행이 성립한다면, 증권거래소와 같은 토지거래소 기능을 토지주택은행 내에 두든지 병행하든지 해서 지대시장제와 지대개혁을 리드할 수 있다.

토지은행에 증권거래소와 같은 토지거래소 기능이 생길 수 있다. 좋은 자산을 최대한 자본을 확충해 가져오는 게 중요하고, 그렇게 하면 정부도 다양한 운영이 가능하다. 펀드, 리츠 등으로 다변화하고, 그렇게 되면 거래도 자유롭게 만들 수 있다. 이자가 아니라 배당을 받으면서.

맨해튼의 성공은 부동산가격 앙등으로 소수계층을 제외한 온 나라가 고생하고 있는 우리에게 영감과 비전을 준다. 당시 금리 5~7% 시세였던 공채를 매입한 것은 은행가였지만 한국토지은행이 있다면 이론상으로는 모든 국민도 그 채권 매입에 참여할 수 있다. 참여했다면 그 개인은 적지 않은 수입을 누릴 수 있었을 것이다.

토지은행이 역할을 제대로 하면 토지거래관리가 용이해진다. 거래시스템의 공익적 가치를 제고한다. 세제로만 환원시키고 있는 현행시스템은 공익가치가 일부에 불과한 데 비해 거래의 활성화가 주는 공익상의 이점은 막대하다. 한국토지은행은 토지주택거래시장 조정 역할을 한다. 기업 보유 부동산을 은행이 매입 시 이점이 있다. 펀드와 주식도 가동한다. 신뢰할 수 있는 매개체가 된다.

토지은행에게 우선 매수할 수 있는 기회를 부여할 수도 있다. 조건에 해당하는 매물에 대해 우선적으로 감정가로 매입하는 권한을 주는 것이다. 공익상의 가치가 없을 때 일반매각이 가능하므로 과도한 지가상승을 방지하는 효과가 있다. 토지은행은 개발에 대한 투자도 할 수 있도록 한다. 미국, 캐나다는 은행에 주도권이 있다. 개발사업 진행 시 중간단계에서 계약금을 예치하면

은행이 중간공사비를 대출해준다. 사업 중간의 왜곡을 방지하고 민간개발이 활성화된다.

앞으로 주택·주거공급도 공공이 직접 개발하기보다 바우처로 가게 될 것이다. 5만호를 지으면 5000호는 바우처를 복지비용으로 발행하는 것이다. 선진국은 공공에서 직접 개발하는 경우는 거의 없다. 이런 민간시장을 활성화하는 데 토지은행이 기여할 수 있다. 토지은행이 활성화되면 토지의 공적 소유가 확대되고, 토지를 임대해 주택·상가 등으로 활용하게 한다. 토지임대료 수입과 직접 주택을 짓거나 매입해서 얻은 임대료 수입을 다시 국민에게 돌려줄 수 있도록 토지주택은행에서 공적 리츠를 만들어 국민주 방식으로 투자할 수 있도록 할 수 있다.

토지은행의 지대시장 활성화 효과 –통일시대가 기대된다

국토보유세가 지대시스템으로 운영되면 토지은행에서도 토지를 담보로 한 대출이나 채권발행 등이 지가기준이 아니라 지대기준으로 전환될 것이다. 업무의 신뢰성이 높아지고 거래가 투명해지고 토지관리와 이용 등에 신뢰가 생길 것이다. 지대의 평가가 더욱 정확해지는 선순환효과가 생긴다. 지대시장 기능을 활성화하는 매개체가 될 수 있다.

토지은행이 매개가 돼 지대시장이 활성화되면 장기적으로 소유와 사용을 분리해 거래하는 일이 익숙해진다.

일반적으로 토지보유의 유형은 6가지로 다음과 같다.

① 사적 자유보유(private freehold)
② 사적 임대보유(private leasehold)
③ 공적 자유보유(public freehold·정부나 공공기관의 권한 내에 있는 토지)
④ 공공 임대보유(public leasehold·국공유지를 임대받아 보유하고 있는 형태)

⑤ 비공식 사실보유(nonformal de factor tenure·무단점유토지)
⑥ 공동체 소유(communal ownership·공동체가 토지를 공동으로 소유하는 형태)

이들 유형에 맞는 소유와 사용의 기준과 개념을 세우면서 토지의 은행다운 일을 하게 된다. 소유형태에 따라 지대시장의 전략이 달라진다. 공적 개발목적의 토지뿐 아니라 전국 모든 토지에 대해 지대시장을 주도해갈 수 있다.

기후위기시대 환경문제를 고려한 체계적인 토지이용전략 수립을 위한 토대의 구축이 필요하다. 토지이용이 제대로 돼야 온실가스를 제대로 다스릴 수 있다. 그러려면 유연한 주거 보급을 위한 공공토지의 비축을 위한 재원조달 장치가 있어야 하고, 토지수급과 거래의 원활화로 땅값 거품을 억제하고 불로소득을 미연에 방지하는 장치가 있어야 한다.

한국토지은행은 지대시장의 활성화로 토지임대주택 등이 보편적인 주거정책으로 자리매김하는 데 역할을 할 것이다. 그 과정에서 일반 국민의 안정적 예금자산 증식과 부동산정책 참여 기회도 준다. 토지은행이 매개가 돼 토지개발시장의 활성화가 촉진되는 것이다. 장기적으로 전국 모든 유형의 토지에 대해 지대시장 구축이 가능할 것이다.

무엇보다 통일시대가 기대된다. 한국토지은행이 제대로 역량을 갖추면 북한 토지의 지대시장화를 감당해낼 수 있다. 북한 땅덩어리는 말 그대로 노다지가 아닐 수 없다. 한국경제와 같은 용광로 옆에 이런 맨땅이 생긴다면 맨해튼의 배터리파크시티가 거둔 4조원 수익은 조족지혈로 보일 것이다. 한반도는 어쩌면 '금본위'보다 탁월한 '토지본위' 기축통화를 발행할 수도 있다.

제7부

통일시대를 열어가는 토지정책

제7부 통일시대를 열어가는 토지정책

7-1. 통일시대, 공정하고 지속가능한 경제체제가 중요한 이유

조성찬(2018년)

2018년 4월 27일 오전 9시 30분경, 판문점 군사분계선에서 분단 역사상 3번째로 남과 북의 정상들이 만났다. 북측 김정은 위원장의 발걸음과, 이를 맞이하는 남측 문재인 대통령의 표정엔 65년 동안 지속되어온 휴전을 종결짓고 항구적 평화체제로 나아가겠다는 의지가 분명했다. 프란치스코 교황도 남북 정상회담에 대한 지지와 격려의 메시지를 발표하고 수천 명의 군중이 한국을 위해 기도했다. 남북한은 물론 전 세계에서 평화의 열기가 달아올랐다.

그러자 경기도 파주의 땅값도 덩달아 달아올랐다. 지가가 연초보다 30% 급등했으며, 거래량도 한 달 사이에 50%나 늘었다. 신의주 건너편 중국 단둥의 주택가격도 급등했다는 소식이 들려왔다. 여기저기서 평화를 맞이하는 투기자의 발걸음은 너무도 분주했다.

1868년, 세계 도시 뉴욕에서 사치와 빈곤이 공존하는 현상을 목도하고 그 원인을 규명하기 위해 『진보와 빈곤』을 집필한 헨리 조지는 미래 토지가치가 상승할 것이라는 '기대'만으로도 지가가 상승한다고 주장했다. 노벨경제학상 수상자인 스티글리츠는 그러한 기대를 한 토지투기자들을 지대추구자(rent seekers)로 칭했다. 1989년 고 정주영 현대그룹 회장이 북한을 방문했을 때는 지가가 무려 50%나 상승했고, 2002년 김대중 정부 시절에는

15%가 넘게 올랐는데, 그 원인은 모두 지대추구자들의 기대 때문이었다.

아쉽게도 과거 이명박·박근혜 정부 시절, 남북관계가 다시 냉각되었고 파주 땅값도 하락하면서 지대추구자들의 기대가 현실화되지 못했다. 그런데 이번 분위기는 예전과 다르다. 만약 남북이 평화체제로 가게 되면 지대추구자들의 기대가 현실화될 가능성이 커진다. 그렇게 되면 지대추구자들이 평화로 인한 수혜를 가장 먼저 누리게 된다. 누구를 위한 평화인가?

일제 강점기, 나진 토지투기의 추억

조선 말 토지독점 문제가 동학농민전쟁을 초래하고 이는 다시 일본군의 진출 등으로 이어져 남북이 분단되는 배경이 되었다. 그런데 남북 정상회담이 진행되는 이 시간에도 지대추구에 대한 욕구는 조금도 식지 않았다.

지대추구, 쉽게 말해서 부동산 투기는 이곳 남쪽에서는 하나의 상식이 되었다. 자기 가족과 친척들을 둘러보면 이와 연관되지 않은 사람이 거의 없을 정도다. 그럼 사회주의 계획경제를 실시하고 있는 북쪽은 예외일까? 정도의 차이는 있을지 몰라도 본질에 있어서는 큰 차이가 없어 보인다.

나진-선봉 자유경제무역지구가 속한 현 라선특별시는 북한의 함경북도와 동해바다, 중국의 지린성(吉林省) 옌볜(延边) 조선족 자치주 동쪽의 훈춘(珲春)시와 러시아의 프리모르스키 크라이에 접한 항구 도시이다. 이처럼 주변국가와의 접경지 및 바다와 대륙을 잇는 거점이라는 특성으로 인해 1932년 일본이 만주국을 세우게 되면서 나진-선봉은 일본-만주간의 연락로로서 각광을 받게 되었다. 이 때 만주에서 가장 가까운 나진에 바다와 육지를 연결하는 대규모 항만이 새롭게 정비되었고, 일본의 사카이항, 쓰루가항, 가타항 등에서 청진, 나진, 웅기(후에 선봉으로 개명됨)로 정기선이 운항되고 많은 일본인들이 만주 동부로 이동했다.

이처럼 나진은 일본이 만주로 진출하는 요충지로 유명한 항구도시였다. 그런데 일제 강점기에 조선 최초로 토지투기가 일어났던 일은 잘 알려져 있지 않다.

나진은 원래 인구 100여 명에 불과한 조그마한 어촌이었다. 그런데 1932년 8월 23일 나진이 중국 지린과 조선 회령을 잇는 철도 길회선(吉會線)의 종단항(철도 종착역과 연결된 항구)으로 결정되면서 갑자기 토지투기의 중심지로 떠올랐다.

만주로 진출하려는 일본 제국에게 있어서 길회선에 연결된 나진항은 겨울에 얼지 않고, 영토 문제가 없었으며, 물류비도 비싸지 않아 기존에 이용되던 3개 노선의 단점을 일시에 해결할 수 있었다. 나진항 개발은 경제수도 이전에 준하는 성격이었다.

청진과 경합했던 나진이 종단항의 최종 후보지로 결정되자, "조선을 넘어 전 동양적 규모의 토지전쟁이 시작되었다." 당시 한 평에 1~2전 하던 땅값은 순식간에 수 백, 수 천배로 뛰었다. 어떤 땅은 하루에 주인이 10여 차례 바뀌기도 했다. 나진에 가면 담배 값도 백 원짜리 지폐로 내고 개도 백 원짜리 지폐를 물고 다닌다는 우스개가 떠돌았다. 김기덕이나 김기택 같은 거부가 나타난 것도 당연한 현상이었다.

그러나 나진의 토지열풍은 3년 만에 멈췄다. 인구 100만의 대도시로 성장할 것이라는 '기대'와 달리, 해방 직전 나진은 인구 4만의 소도시에 머물렀다. 그러나 이때부터 전국 주요 거점을 중심으로 도시개발이 진행되면 토지투기가 함께 따라오는 관행이 시작되었다. 남쪽의 대표적인 곳이 1970년대 경부고속도로 출발점으로 개발된 서울의 강남이다.

토지제도, 공정하고 지속가능한 경제체제의 기초

오늘날의 파주 및 과거 나진의 경험을 비추어 보건데, 토지제도는 공정하고 지속가능한 경제체제의 기초임이 분명하다. 이를 조금 더 구체적으로 이해하기 위해서는 토지제도의 유형을 공부할 필요가 있다.

김윤상의 연구에서는 민법이 규정하고 있는 소유권의 세 가지 권능, 즉 사용권, 수익권, 처분권 중 어떤 권능을 사적 주체에게 귀속시킬 것인가에 따라 토지소유제도를 구분하고, 국가 단위에서 실제로 의미 있는 토지소유제도의 유형으로 토지사유제, 지대조세제, 토지공유제, 공공토지임대제 4가지를 제시했다.

먼저, 토지사유제는 사용권, 처분권, 수익권 모두 사적 주체에게 귀속되는 제도로, 남한의 자본주의적 토지소유제도에 가깝다. 일제 강점기 때 오늘날의 토지사유제가 법적으로 확립되었다. 앞서 살펴본 나진의 토지투기 사례는 그 당시 토지제도의 한계를 극명하게 보여준다. 다음으로, 헨리 조지가 주창한 것으로 유명한 지대조세제(Land Value Taxation)는 토지사유제의 폐단인 토지 불로소득 문제를 해결하기 위한 대안으로 제시된 것으로, 토지소유 주체는 그대로 둔 채 수익권에 해당하는 지대를 보유세 형식으로 환수하려는 것이 핵심이다. 한국의 문재인 정부가 개헌을 통해 추진하려던 토지공개념은 이러한 접근법이다.

토지공유제는 세 권능 모두 국가 또는 공공에게 귀속되는 것으로, 북한의 토지국유제와 유사하다. 그런데 토지국유제는 계획경제와 결합되면서 경제적 비효율성을 낳았다. 마지막으로, 공공토지임대제(Public Land Leasing)는 토지공유제와 시장경제 시스템을 결합하기 위해 토지사용권을 일정기간 개인에게 임대하고 지대를 받는 제도이다. 이 방식은 특히 토지가 국유화된 사회주의 계획경제 국가들이 시장경제로 전환하기 위해 선택할 수 있는 가장 적합한 방식이다. 북은 현재 경제특구에서 이에 준하는 방식을 적용하고 있다. 공장·기업소와 주택에 대해서도 일정 수준의 토지사용료를 받고는 있지만 개인들에게 물권에 해당하는 토지사용권이 부여되지 않기 때문에 큰 틀에서 북은 토지공유제를 유지하고 있다고 볼 수 있다.

북의 토지공유제 실시 및 법제화에도 불구하고 진행되는 부동산투기

극심한 토지투기를 경험한 나진과 지주소작제의 폐해를 경험한 북쪽의 모든 토지는 모두 사회주의 경제이론에 기초하여 국유화가 진행되었다. 1946년 3월 5일 북조선인민위원회는 '토지개혁에 관한 법령'을 공포해 즉시 토지개혁을 단행하고, 1946년 3월 8일에는 '토지개혁법령에 관한 세칙'을 공포해 1946년 3월 말까지 토지개혁을 완료하도록 요구해, 20여일 만에 무상몰수 방법으로 토지개혁을 완료했다. 이 때 토지에 대한 사유권(私有權)을 완전히 부인하지는 않고, 5정보 이상의 개인소유 토지만을 대상으로 무상으로 몰수하고, 무상으로 분배했다. 이후 1954년부터 시작한 농업 집단화 사업을 1958년에 완성함으로써, 토지 사유권을 완전히 소멸시키고 사회주의적 토지소유제를 확립했다. 토지에 대한 사유권을 착취적인 소유권으로 간주해 소멸시키고, 토지소유제를 국가소유권과 협동단체소유권으로 구분한 것은, 중국의 전민소유 및 집체소유와 그 구조가 같다.

북은 토지개혁과 사회주의적 토지소유제를 확립한 후, 1963년에 토지법을 제정했고, 1972년에 헌법에서 다시 추인했다. 그리고 1977년에 토지법을 개정해, 토지를 혁명의 고귀한 전취물로 규정하고(제1조), 모든 토지는 국가 및 협동단체소유로 규정하고(제9조 제1항), 토지에 대한 매매를 금지했다(제9조 제2항). 그리고 민법에서 토지에 대한 국가소유권과 사회협동단체소유권만을 규정하고 있으며, 토지의 용익 및 담보로서의 활용에 관한 규정은 없다.

이러한 법제도의 정비만 보면 매매가 불가능하기 때문에 더 이상 토지투기가 일어나지 않을 것처럼 보인다. 그런데 상황이 전혀 그렇지가 않다. 현재 북쪽에서도 지대추구가 진행되고 있다.

계획경제가 한계에 달하자 스스로 생존하라는 자력갱생의 대원칙 하에서 시장과 거래가 활성화되면서 소위 '돈주'라는 자본가가 형성되었는데, 이들이 급기야 정부 관료와 결탁해 아파트 등 부동산 개발을 통해 막대한 부를 창출하고 있다.

핵-민생경제 병진노선을 채택한 김정은 정권은 미래과학자 거리와 려명거리를 새롭게 개발하면서, 아파트 신축 등 건설사업을 활발하게 추진하고 있는데, 이 때 해당 부서에서 자체적으로 자재를 조달하고 건설을 책임지는 방식을 적용하고 있다. 그러다 보니 해당 단위들은 자재 확보를 위해서 지하자원을 수출하거나 다른 사업을 전개하기도 한다. 여기에 더해 소위 돈주들에게 이권을 보장하는 식으로 주택건설 사업 등 대형 사업에 투자하도록 유도하고 있다.

현재 북한 내에서 가장 수익성이 높은 사업은 아파트 건축사업과 부동산 임대사업이라는 이야기가 돌고 있다. 법률상 주택 매매가 불법이지만 돈주들이 정부 관료와 결탁하는 방식으로 매매를 하고 있으며, 막대한 투기적 이익을 향유하고 있다.

평화는 공정하고 지속가능한 경제체제와 함께 가야

남쪽의 남북경협 담당자와 관련 연구자들 사이에서 북쪽은 마지막 남은 블루오션(blue ocean)이라고 말한다. 토목 건설업이 한국 경제에서 큰 비중을 차지하고 있는데, 경기가 주춤해지면서 놀고 있는 자본이 진출을 꿈꾸는 곳이 바로 북쪽이기 때문이다. 도로도 새로 정비해야 하고 노후한 도시도 재생해야 한다. 제2의 개성공단 건설, 지하자원 채굴, 러시아로 이어지는 천연가스망 건설, 중국과 러시아를 통해 유럽으로 진출하는 철도망 정비 등 새로 창출되는 개발수요가 엄청날 것이다. 이렇게만 된다면 북쪽보다 더 나은 블루오션도 없어 보인다.

그런데 수많은 개발사업이 동시 다발적으로 진행되면 토지가치(지가)가 급등할 것이고 나진시에서 보였던 토지투기가 그리고 현재 평양을 중심으로 보이고 있는 아파트 투기가 전국적으로 확산될 것은 자명하다. 그렇게 되면 프랑스 사회학자 뒤르켐이 꿈꾼 사회적 연대는 무너진다.

자신의 존재가 보호받으면서 발전하려는 욕구는 한 개인이든 한 사회이든 동일하다. 그런데 오늘날의 금융 자본주의 시스템은 발전에 대한 욕구를 강하게 자극하면서 결과적으로 한 개인과 사회를 위기에 빠뜨리는 경향이 강하다.

필자는 이와 같은 파괴적인 구조를 '토지+금융 매트릭스'라고 표현하는데, '매트릭스'라는 표현은 영화 '매트릭스'에서 따온 말이다. 경제의 최하위에 토지 매트릭스가 있다면, 최상위에는 금융 매트릭스가 있다. 토지 매트릭스에서는 토지 불로소득을 사유화하여 빈부 격차를 심화시키고 서민들이 가난에서 빠져나오지 못하도록 한다.

금융 매트릭스에서는 강제된 성장 메커니즘이 정부나 기업 및 가계가 영원히 갚을 수 없는 부채의 늪에서 빠져나오지 못하도록 한다. 이제 두 매트릭스가 만나서 형성된 '토지+금융 매트릭스'는 개별적인 매트릭스가 지닌 파괴력을 극대화하여, 괴테의 말대로, 우리 스스로를 자유인이라고 믿도록 하는 노예의 삶으로 전락시킨다.

평화체제가 형성되고, 남북 간 그리고 국제적인 경제협력이 진행된다고 할 때, 북이라고 '토지+금융 매트릭스'에서 예외가 아니다. 북은 토지 소유권이 국가에게 있으며, 은행도 모두 국가소유이지만, 평양을 중심으로 부동산의 투기적 개발이 진행되고 있으며, 농촌 마을에서는 고금리 가계부채 문제가 심각한 상황이다.

물론 정도에 있어서 차이가 있고, 지역적 편향성이 있기는 하지만, 드러나는 문제 양상만 놓고 보면 한국 자본주의 시스템이 초래하는 문제와 본질적으로 차이가 없다. 여기서 북이 경험하고 있는 두 가지 문제의 중심에는 소위 시장 허용 및 확대를 통해 형성된 '돈주'라는 자본가가 자리하고 있다. 여기에 더해 향후 투기적인 해외 자본이 물밀 듯이 들어오면 상황은 더욱 심각해질 것이다. 따라서 북이 경제개방을 허용하더라도 특히 토지와 금융에 있어서 지대추구를 허용하지 않으면서도 지속가능한 경제발전이 가능하도록 하는 제도 구축이 매우 중요하다.

대안을 찾아서

따라서 정치적인 차원에서 평화체제 로드맵이 합의되어 그 절차를 밟아가는 동시에 남과 북은 지속가능한 경제체제 전환을 위해 준비해야 한다. 이때 중요한 경제 변수가 토지와 금융이다. 먼저 정상국가를 추구하는 북의 김정은 정부는 토지제도에 있어서도 정상국가를 추구해야 한다.

그 방향성을 필자는 공공토지임대제에 기초해서 추진하자고 제안하는 것이다. 북이 경제특구를 중심으로 실행하고 있는 토지개혁 조치들을 전국으로 확대하고, 향후 남과 북이 본격적으로 경제협력을 진행할 때 토지가 투기 대상이 되지 못하도록 재산권 구조를 잘 설계해야 한다. 남쪽 역시 토지공개념에 부합하는 지대개혁이 추진되어야 한다.

북의 금융 문제는 상당히 복잡하다. 이미 여러 차례 화폐개혁을 하면서 북의 화폐는 대중의 신뢰를 잃었고, 그 결과 달러와 위안화가 주요 결제수단으로 활용되고 있다. 이를 달러라이제이션(dollarization)이라고 하는데, 북은 먼저 자국의 화폐에 대한 신뢰 회복이 급선무다.

이러한 전제에서, 토지에서의 지대추구를 막게 되면 투기적 금융이 부동산에 몰리는 것들을 막을 수 있다. 그래도 문제는 남는다. 오늘날의 화폐가 기본적으로 빚에 기초한 신용화폐이기 때문에 지속적으로 정부나 기업은 물론 개인을 부채 구조로 몰아가게 된다.

이를 막기 위해 독일의 화폐학자 실비오 게젤(1862~1930)은 시간이 흐름에 따라 감가하는 화폐를 제안하고 실험도 했다. 그의 이론은 케인즈에게도 영향을 미쳤다. 이러한 흐름은 오늘날 다양한 대안화폐 운동의 원천이 되었다. 이러한 실험을 국가 단위에서 추진하는 것은 큰 결단이 필요하다.

그런데 토지와 은행이 모두 국가소유이고 신용화폐 창출 기능이 아직은 미약한 북에서는 돈주의 영향력이 더 커지기 전에 추진할 수 있다. 이처럼 토지 및 금융 제도에 있어서 공정하고 지속가능한 경제체제로 전환해야만 다음 단계로 통일을 향한 새로운 그림을 그려나갈 수 있다.

7-2. 해방 후 북한의 토지제도 변화 및 나아갈 방향

조성찬(2018년)

경제적 어려움을 겪은 북은 부분적인 개혁과 개방을 시도하기 시작했다. 첫 시도는 1984년에 외국인 투자를 유치하기 위해 '합영법'을 제정한 것이다. 그 후 1992년에 '외국인투자법'을 제정·공포하고, 제 15조에서 외국의 투자기업 또는 개인투자자에게 토지이용권 설정 가능성을 인정했다.

토지부문 개혁에서 가장 중요한 변화는 1993년에 '토지임대법'을 제정(1999년 개정)한 것과 이에 근거한 토지이용권의 인정이라 할 수 있다. 토지이용권 제도는 사회주의적 토지소유제에 의해 이념적으로 토지 소유권은 국가 또는 협동단체에 속하지만, 외국기업이 장기간 토지이용권을 설정 받아 토지를 사용할 수 있는 권리를 보장해 주는 것이다. "임대"라고 부르지만 실제적으로는 "토지이용권"의 설정이라고 할 수 있다.

그리고 북에 투자하는 외국의 기업과 개인 및 합영, 합작기업에 출자하려는 북의 기관, 기업소, 단체는 토지이용권을 설정 받을 수 있도록 했다('토지임대법' 제2조, 제5조). 그 전제로, '합영법'을 개정해 토지이용권을 합영기업에 출자할 수 있도록 했다(합영법 제11조). 토지이용권은 토지관리기관과의 임대계약에 의해 최장 50년까지 설정할 수 있다.

북은 1992년 헌법 개정 이후, 1998년에 다시 헌법을 개정해 개혁과 개방을 좀 더 넓게 추진할 수 있는 헌법적 기초를 마련했다. 1998년 개정 헌법에서는, 생산수단의 소유주체를 종래에는 국가와 협동단체로만 인정했던 것을 국가와 사회협동단체로 확대

했으며, 도로, 해상운송 분야의 건설 및 운영사업에 외국인 또는 외국기업이 진출할 수 있도록 교통부문에 있어서 국가소유의 대상을 철도, 항공운수로 제한했고, 중국의 경제특구와 같은 "특수경제지대" 창설을 위한 헌법적 근거를 마련했다.

북이 추진하고 있는 개혁·개방 정책의 핵심은, 중국이 추진했던 큰 틀의 경제체제 개혁 보다는, 당면한 경제적 난관을 벗어나기 위해 외자를 유치하려는 대외개방에 치중하고 있다는 점이다. 이러한 이유로 토지이용권 유상사용은 주로 경제특구(개발구 포함) 내에서 이루어지고 있다. 한편, 2002년 7월 1일에 발표된 '7. 1 경제관리개선조치'와, 같은 해 7월 31일에 '토지사용료 납부규정'이 발표된 이후, 농민들이 농업생산물중 일부를 지대로 국가에 납부하는 현물지대 납부방식의 토지 유상사용이 초보적으로 적용되기 시작했다.

현재 주택 유지보수를 위해 낮은 수준의 살림집 사용료를 부과하고, 장마당 자릿세를 부과하기는 하지만 물권에 해당하는 토지이용권 설정에 기초하는 방식이 아니어서 필자가 지지하는 공공토지임대제 개혁 확대로 보기에는 무리다.

공공토지임대제의 기본 개념은 토지 등 공유자원을 사회 전체가 소유 및 관리하면서, 배타적인 토지사용이 더 바람직한 경우 물권에 해당하는 토지사용권을 장기간 부여하고 대신 사용자는 사회에 토지사용료를 납부하여 공공재정으로 사용하는 것이다.

토지사용료 수입을 기본소득으로 나눠줄 수도 있다. 여하튼 북이 자립경제 전략을 효과적으로 추진하기 위해서는 공공토지임대제 개혁을 경제특구와 개발구를 넘어 전국으로 확대할 필요가 있다.

경제특구와 개발구에서 진행된 공공토지임대제 개혁

기본적으로 북의 경제특구 토지제도는 토지의 국유를 유지하면서 물권 성격의 토지이용권만 분리해 유상설정해 주는 방식이다. 북은 아직까지 "토지이용권의 설정"을 전면적으로 허용하지 않고, 라선경제무역지대, 신의주특별행정구, 개성공업지구, 금강산관광지구 같은 특구와, 최근 설립한 지방급 개발구에서만 허용하고 있으므로, 중국의 개혁·개방 초기 실험단계를 크게 벗어나지 못하고 있다.

북이 제정한 '토지임대법'은 특구가 아니더라도 일반 도시에서 토지이용권 설정이 가능하다고 규정하고 있다. 이와 같이 토지이용권을 확대 설정할 수 있는 법적장치는 마련되어 있으나, 실질적인 토지이용권의 설정이 허용되고 있지 않으며, 구체적인 토지이용권의 설정은 특구 및 개발구에서만 이루어지고 있다. 또한, 외국투자기업 및 외국의 개인투자자를 주 대상으로 하고, 북 내에서는 합영, 합작기업에 출자하는 북측 기관, 기업소 및 단체로 제한된다.

북측 경제특구의 토지유상사용 방식을 핵심적으로 정리하면 50년 단위의 토지이용권을 매각하면서 일시에 임대료를 받고, 매년 토지사용료를 납부하는 방식이다.

구체적인 내용에 있어서도 토지이용권 등기 등을 통해 물권적 규정을 두고 있는 점, 토지사용권 기한을 50년으로 비교적 충분한 기간을 설정하고 있다는 점, 토지이용권 계약은 일반적으로 협의방식을 적용하면서도 나진선봉 자유무역지구의 경우 입찰, 경매방식을 적용할 수 있는 점, 토지사용자의 권리를 보호하기 위한 규정을 두고 있는 점, 저당대출이 가능한 점 등 토지 유상사용제도가 갖추어야 할 체계들을 나름대로 취하고 있다.

또한, 토지이용권의 유상사용은 주로 외국기업 및 외국인에게 국한되어 있으며, 용도변경이 어렵다는 점, '토지법'이나 '토지임대법'에서 아직 토지이용권을 물권의 일종으로 명확하게 규정하고 있지 않다는 점 등을 특징으로 한다. 그럼에도 북측 경제특구에서 적용되는 토지이용권 유상사용제도는 필자가 정의하는 공공토지임대제에 매우 가까운 형태다.

북은 외국인투자 유치를 위해 2013년 5월 경제개발구법을 제정하고, 그 해 11월에 13개의 경제개발구를 지정했다. 이후 평양시를 포함한 전국 각 지역에 20개 이상의 경제개발구를 지정, 추진하고 있다. 가장 최근에 설치된 것은 2017년 12월 21일 발표된 것으로, 평양시 강남군 고읍리의 일부 지역에 설치되는 강남 경제개발구이다. 경제개발구의 기본적인 토지사용 방식은 기본적으로 경제특구와 유사하다.

경제개발구의 기본 전략은 각 도 등 지방정부로 하여금 자력갱생을 추진하기 위한 것이다. 그런데 인프라 등 설치에 있어서 북측 지방정부가 책임지는 구조가 아니라 외국 투자기업이 책임지는 구조여서 경제개발구 사업 추진에 한계가 크다. 이 지점에서 평화체제 형성 전후에 남측의 건강한 자본과 지식이 적극적으로 북측 경제개발구에 참여할 필요성이 분명해짐을 알 수 있다.

평화체제 준비를 위해 공공토지임대제 제도개선 및 확대 필요

평화체제 이행 전후에, 북이 의미 있는 자립경제로 나아가기 위해서는 체제 내부의 자원에만 의존하는 전략이 아니라 외부 경제와의 유기적인 결합이 중요하다. 즉, 한국 지방정부, 시민사회 및 경제계가 주도적으로 참여하여 북과 협력할 수 있어야 한다. 이것이 두 나라가 살길이다.

그런데 북이 남의 도움을 일방적으로 받는 구조가 아니라 서로 협력하고 상생하기 위해서는 공공토지임대제라는 큰 틀에서 안정적이면서도 상호간 이익을 공유할 수 있는 토지 재산권 제도를 마련해야 한다.

개성공단 사례처럼 50년 토지사용에 대해 1㎡당 1달러(미국)라는 낮은 수준의 지대는 남측 기업에는 유리할지 몰라도 북측에게는 매우 불합리하다. 물론 토지사용료 납부를 10년 동안 유예한 후 2015년부터 부과할 예정이었지만 말이다.

더 중요한 것은 향후 문재인 정부의 신경제지도 구상이 북의 동의를 얻어 북에서 철도와 도로 등 기간시설 개발사업이 본격화되면, 과거 1932년 일제 강점기 시절, 한반도 최초로 토지투기가 발생한 나선시 사례처럼 필연적으로 토지투기가 따라오게 되는데 이러한 부작용을 사전에 막기 위해서도 토지 재산권 제도는 매우 중요하다.

현재로서는 경제특구과 개발구를 중심으로 공공토지임대제 방식의 제도들이 마련되어 있다. 그런데 북의 토지제도를 살펴보아서 알 수 있듯이, 아쉽게도 경제특구와 개발구도 충분히 활성화되어 있지 못할 뿐만 아니라, 외부의 일반 도시에까지 확대 적용되지 못하고 있어서 북한 경제의 유기적인 산업연관효과가 낮다.

또한 그 제도에 있어서 보완할 지점들이 있다. 따라서 경제특구와 개발구에서 제도 개혁에 대한 실험이 안정적으로 마무리되었다면 다음 수순으로 제도개혁을 완비하여 외부 공간으로 확대할 필요가 있다.

다시 토지와 자유, 그리고 희년

어느 학자가 이렇게 말했다. “사회주의의 이상은 위대하고 숭고하다. 또 실현 가능성도 있다고 생각한다.” 독자들은 이 말을 마르크스가 했을 거라 생각하겠지만, 사실은 마르크스와 이론적으로 날선 대립을 했던 헨리 조지다.

그의 말을 끝까지 들어보자. “그러나 이런 사회는 인위적으로 되는 것이 아니라 자연스럽게 성장하여야 한다. 사회는 유기체이지 기계는 아니다. 사회는 사회를 구성하는 개인의 삶에 의해서만 지속된다. 각 개인의 자유롭고 자연스러운 발전 속에서 전체의 조화가 이루어진다. 사회가 새롭게 태어나는 데 필요한 것은 (중략) ‘토지와 자유’다.”

현재로서 남북간에 종전선언이 이루어지고 평화체제가 수립되는 것이 무엇보다 중요하다. 그리고 나면 결국 중요해지는 것은 경제발전이다. 이는 북에게도, 그리고 청년실업 및 중장년층 실업이 심각한 한국에게도 마찬가지다.

이를 위해서는 지속가능하며 공정하고 성장의 과실이 골고루 돌아갈 수 있는 경제발전 전략이 매우 중요하다. 경쟁력 있는 혁신기업이란 먼저 출현한다고 해서 되는 것이 아니다. 오히려 다양한 시행착오를 분석한 이후 장기적으로 경쟁력 있는 아이디어를 가지고 시장에 나오는 기업이 더 생명력이 있다.

혁신기업에 비유하자면, 마지막 사회주의 계획경제 국가인 북은 혁신기업의 유리한 입장에 서 있다. 북이 한국보다 더 건강한 경제발전 전략을 취할 수 있다고 말하는 것이 지나친 낙관일까? 다만 그 관건은 건강한 토지 소유 및 사용제도이다. 조물주는 이미 그 원칙을 기독교 성서의 ‘희년’(jubilee)을 통해서 보여주셨다.

토지정책, 무엇이 올바른 길인가

저　　자 반영운 외 한국토지정책학회 회원
발 행 처 충북대학교 출판부
발 행 인 김 수 갑
주　　소 28644 충북 청주시 서원구 충대로 1
전　　화 (043) 261-2952, 3014
팩　　스 (043) 274-1256
이 메 일 presscbu@chungbuk.ac.kr
등　　록 제1983-2001-7호
초판 1쇄 2022.02.28
인 쇄 처 삼성디자인기획 042)221-3111

ISBN 978-89-7295-536-8 93320

값 16,000원

* 이 저서는 2021학년도 충북대학교 국립대학 육성사업에 의하여 지원 발간되었음.